VORWORT VON MARIO ANDRETTI

mario andretti, 53 victory lane, nazareth, pennsylvania 18064 · business phone 215/759-5118

I have known Heinz Prüller for 12 years and I am confident that readers of Grand Prix '78 will enjoy his most accurate and exiting account of Formula I racing.

My dream of becoming World Champion is finally a reality, but not so easily earned. Follow the race to race trials and tribulations described herein and you will surely realize why I am so grateful to Colin Chapman and Team Lotus for helping me to acquire the most coveted title in motor racing.

Happy reading to race fans everywhere!

nazareth 10th Oct. 1978

Ich kenne nun Heinz Prüller schon 12 Jahre und bin sicher, daß die Leser von „Grand Prix '78" diesen äußerst genauen und begeisternden Bericht über die Formel 1 genießen werden. Mein Traum, Weltmeister zu werden, ist schließlich wahr geworden, wenn es auch nicht einfach war. Wenn Sie die Höhen und Tiefen von Rennen zu Rennen verfolgen, die hier noch einmal beschrieben sind, werden Sie bestimmt verstehen, warum ich Colin Chapman und dem Lotus-Team für die Unterstützung beim Erringen des begehrtesten Titels im Automobilsport so dankbar bin.

Den Rennfans in aller Welt wünsche ich viel Spaß beim Lesen.

Mario Andretti
Nazareth, 10. Oktober 1978

HEINZ PRÜLLER

GRAND PRIX STORY 78

Andretti, Nummer 1

VERLAG ORAC WIEN
MOTORBUCH VERLAG STUTTGART

Bildquellennachweis: Thomas Streimelweger, Wien (22); Jeff Hutchinson, Chessnaz (27); D.P.P.I., Levallois (5); A. H. Rottensteiner, Wien (13); Heinz G. Zeggl, Mauer-Öhling (1); Archiv (4).

Schutzumschlag, Vorderseite: Jeff Hutchinson, Chessnaz.

Schutzumschlag, Rückseite: Thomas Streimelweger, Wien.

Abbildung auf der hinteren Klappe: Jutta Kausel, Köngen.

ISBN 385 368-848-9

1. Auflage 1978

Satz: F. Brandstetter, Wien
Gesamtherstellung: Wiener Verlag, Wien

Inhaltsverzeichnis

WELTMEISTER MIT TRAUERFLOR

„Graf Trips tot — Phil Hill Weltmeister", erschütterten die Zeitungsschlagzeilen 1961 aus Monza. Das Titelduell zweier Ferrari-Piloten (denen Enzo Ferrari keinerlei Stallorder aufgezwungen hatte) mündete in eine Katastrophe: Der Deutsche verunglückte bei einer Kollision mit dem aufgehenden Lotus-Star Jim Clark, der Amerikaner wurde World Champion. 17 Jahre später wiederholten sich Triumph und Tragik beim Titelrennen der zwei Lotus-Fahrer Mario Andretti und Ronnie Peterson — von denen Colin Chapman den einen von Saisonbeginn an zum Weltmeister programmiert, den anderen aber durch Stallbefehl gebremst hatte.

Der Sonntagabend von Monza: der seltsamste des ganzen Jahres. Der Sieger des abgebrochenen, dann ein zweitesmal gestarteten Rennens, Niki Lauda, noch im Renndress, schon bei Dämmerlicht, mit dem letzten Hubschrauberflug aus dem grauenhaften Monza-Chaos geflüchtet, ohne Siegerehrung, „weil ich vor diesen Affen, die uns beschimpft und zum zweiten Start gezwungen haben, nicht aufs Podest steig'n will" — Ronnie Peterson (acht Beinbrüche) und Vittorio Brambilla (Schädelverletzungen), die Opfer der Massenkarambolage von elf Autos, verletzt im Spital — Mario Andretti als Erster abgewunken, aber wegen einer Strafminute (Frühstart) nicht Sieger, sondern Sechster. Trotzdem: neuer Weltmeister.

Vorm schwarz-gold-lackierten Lotus-Wohnbus: eine Riesenflasche Champagner. „Schade für Mario", sagt Chapman, „seit ewig hat er sich auf diesen Tag gefreut. Und jetzt haben Ronnies Unfall und die Strafminute alles ruiniert." Ich treffe Andretti drinnen im Wohnbus — zusammengekauert im hintersten Eck der Sitzbank, traurige Augen, matte Stimme. „Ann", bittet er das blonde Lotus-Girl, „ich hab Durst. Nein, keinen Champagner. Wasser oder ein Bier."

Seit 30 Jahren, seit er im Monza-Autodrom das vergötterte Idol seiner Kindheit, Doppelweltmeister Alberto Ascari, rennfahren sah, hat Italo-Amerikaner Andretti (geb. in Montana bei Triest) vom WM-Titel geträumt. Seit zehn Jahren, seit er, gleichfalls in Monza, zum erstenmal in einen Formel-1-Lotus gestiegen ist, darauf hingearbeitet. Jetzt hat er ihn — aber der Triumph schmeckt gallenbitter.

„Du weißt: Ich wollte diesen Titel mehr als alles andere im Leben“, sagt mir Mario, „aber auf andere Art. Neben einem gesunden Ronnie. Oder sogar im direkten Fight mit ihm. Aber nie unter solchen Umständen.“
Tags darauf sagt Andretti mit Tränen in den Augen: „. . . aber nie um diesen Preis.“ Denn als er und Chapman Montag früh ins Mailänder „Niguarda“-Spital kommen, ist Peterson bereits klinisch tot. Schocklunge — von den italienischen Ärzten buchstäblich zu Tode operiert. Ein grausamer Irrtum: Die Gefahr, an solchen Verletzungen zu sterben, war nur 2 bis 4 Prozent — nicht größer. Kurz nach 9 Uhr früh ist Ronnie tot, schuldlos umgekommen, wie acht Jahre zuvor sein großes Vorbild Jochen Rindt: auch in Monza, auch mit einem Lotus, im gleichen Krankenhaus.
Ronnie Peterson ist 123 Große Preise, aber nur 34 Jahre alt geworden.

*

In Schweden wehen die Flaggen auf halbmast, als sich vier Tage später die Grand-Prix-Familie in Örebro trifft. Fast alle kommen mit Privatflugzeugen. Es ist kalt und windig wie im November. Örebro: eine Kleinstadt an der Autobahn Oslo—Stockholm, kaum bekannt geworden, hätte nicht Peterson von hier aus mit einem klapprigen Diesel-Mercedes seine Weltkarriere gestartet. Der Pfarrer erinnert daran, bis seine Stimme in Tränen erstickt. Mario Andretti fehlt in der St. Nicolai-Kirche: Rennverpflichtungen halten den neuen Weltmeister in den USA fest.
Andere Kameraden tragen den Sarg: Niki Lauda, zusammen mit Ronnie groß geworden, Teamkollege bei March 1971/72; Emerson Fittipaldi, sein Lotus-Teamgefährte von 1973/74; James Hunt, der den Schweden in Monza aus dem brennenden Lotus gerissen hat, der dafür von Prinz Bertil mit dem „Goldenen Schild“ ausgezeichnet wird, dessen heldenhafter Rettungseinsatz letztlich vergeblich war; Gunnar Nilsson, der seit einem Jahr gegen seine Krebserkrankung ankämpft und der Peterson überlebt hat; dazu Jody Scheckter und John Watson.
Chapman hat nach Jim Clark und Jochen Rindt zum drittenmal

einen Weltklassefahrer verloren (zum erstenmal ohne seine Schuld), hält sich aber nie lang mit Vergangenem auf: „Wenn du rückwärts schaust, ist es schon zu spät. Und wenn du oft zurückblickst, wirst du nicht alt." Der Lotus-Chef sagte mir schon vor vielen Jahren: „Ohne Risiko wäre das Leben furchtbar langweilig. Das Leben der Rennfahrer ist gefährlich, aber auch voll Ruhm. Der Fahrer ist derjenige, der verletzt wird; aber auch derjenige, der Glanz und Glorie empfängt. Du bekommst nur, wofür du bezahlst. Rennfahrer bieten einem Millionenpublikum Vergnügen, Unterhaltung, Spannung, Inspiration. Ihr Sterben ist ein Teil davon."

Mag sein, daß sich an dieser Philosophie trotz verschärftem Sicherheitsdenken seit der Rindt-Zeit nichts geändert hat. Peterson ist weder der erste Rennfahrer, der für seinen Sport mit dem Leben bezahlt hat, noch wird er der letzte sein. Das Problem ist nur, daß er ein so netter Kerl war. „Immer anständig, immer aufrichtig", sagt Lauda, „und nie hat er linke Sachen gemacht." Als Lauda 1976 nach dem Traktorunfall verletzt im Bett lag und Ferrari sein Auto (hinter Nikis Rücken) Peterson anbot, da meldete sich Ronnie sofort bei Lauda: „Glaub mir, das war nicht meine Idee." Er konnte einfach nie lügen. Er galt jahrelang als heimlicher Weltmeister und „schnellster Mann auf der Erde", aber zum WM-Titel fehlte ihm zumeist das richtige Auto. 1978 hätte er es erstmals haben können, als Ronnie den Weg zurück zu Lotus fand.

DIE GOLDENE FESSEL: DER LOTUS-VERTRAG

Peterson hat 1973/74 bei Lotus sieben GP-Rennen binnen 15 Monaten gewonnen, anfangs 1976 jedoch resigniert: „Das neue Auto (Lotus 76) war mir zu gefährlich, im Team fehlte das Geld — all das führte zu Problemen." Ronnie wanderte ab zu March, dann zu Tyrrell, sackte ab auf Mittelplätze, sein Ruf war ruiniert. Viele sagten: „Ronnie ist fertig, am Ende, längst kein hungriger Weltklassepilot mehr, sondern nur noch Mitläufer. Und saturierter Familienvater."

Peterson verlor Rennen, aber nie das Vertrauen zu sich selbst. „Ich wußte immer: Alles, was mir fehlt, ist ein konkurrenzfähiges Auto.

Und im Herbst 1977 war mir klar: Ich brauch das dringender als je zuvor."

Blenden wir zurück: Februar 1976: Peterson verläßt Lotus. Juni 1976: Andretti führt im GP von Schweden, erstmals seit Monza 1974 wieder ein Lotus-Wagen in Front — da tanzt Chapman auf Peterson zu, umarmt ihn und sagt: „I am sorry, du bist ein bissl zu früh von mir weggegangen." August 1977: Peterson kann sich keine schlechte Saison mehr leisten, und der Lotus ist das beste Auto.

Wichtige Figur im Formel-1-Schach: Graf „Guggi" Zanon, italienischer Businessman, schwerreich, rennverrückt — er hat früher Galli, Brambilla, die Lombardi unterstützt und hilft seit vier Jahren auch Ronnie. Zanon also redet 1977 in Zeltweg Chapman an: „Willst du Ronnie zurückhaben?"

Man muß wissen: Chapman ist nicht der Teamchef, dem man sich anbietet. Von ihm angesprochen zu werden, gilt schon als Ehre. „No, no", lehnt „Mr. Lotus" das Zanon-Angebot ab, „ich wärm keine kalten Suppen auf." Auch Andretti widersetzt sich: „Ich mag Ronnie nicht im Team. Er verdient überall anders die Nr. 1 zu sein, warum erniedrigt er sich zum ‚paying driver', der fürs Rennfahren bezahlt?"

Also klopft Zanon bei Brabham an. Bernie Ecclestone handelt zwei Wochen Frist aus (bis er Niki Laudas Unterschrift hat) dann sagt er ab.

Eine Woche vor Monza hört Peterson, daß a) „Nilsson so dumm ist, von Lotus zu Arrows zu wechseln" und b) „Andretti zu Ferrari übertreten soll." Die Andretti-Version scheint Ronnie wahrscheinlicher, in Wahrheit geht aber Nilsson. Bei Lotus wird ein Platz frei. Diesmal redet Peterson direkt mit Chapman und hört als Antwort: „Wenn wir's bei Mario durchkriegen, von mir aus."

Also setzt sich Peterson mit dem „programmierten Weltmeister" Andretti zusammen. Der berühmte Nummer-2-Vertrag wird fixiert. Genauer Wortlaut der Klausel: „Peterson ist es untersagt, Andretti WM-Punkte wegzunehmen."

Über diesen Nichtangriffspakt sagt mir später Mario: „Ich mußte darauf bestehen ... weil ich verdammt genau wußte, wie schnell Ronnie ist." Und Ronnie selber: „Ich hab die Statistik durchforstet. Doppelsiege von Fahrern der gleichen Marke sind selten genug. Also kann ich diese Vertragsfessel akzeptieren. Ein Auto, Mario's oder meins, wird immer zusammenbrechen — damit löst sich dieses Problem von selbst." Zanon zahlt Sponsorgeld ans Lotus-Team. „Ob ich mein Geld direkt oder indirekt krieg", lächelt Ronnie, „ist ja egal."

Niki Lauda streckt Peterson schon im September die Hand hin: „Gratuliere, Lotus-Fahrer!" Nikis Übertritt von Ferrari zu Brabham-Alfa ist der zweite Schlüsseltransfer: Zum erstenmal seit 1966/67 (Denny Hulme von Brabham zu McLaren) hat der amtierende Weltmeister das Team gewechselt — und seit 1959/60 (Jack Brabham himself) hat noch kein World Champion seinen Titel erfolgreich verteidigt. „Parmalat" finanziert das Projekt.

Erstes Rendezvous Lauda—Brabham—Alfa: in Vallelunga bei Rom, wo Niki 1972 — damals kaum registriert, heute vergessen — einen entsetzlichen Unfall hatte: Reifenplatzer am March-Formel-1 bei Tempo 250. „Der Rettungsarzt hat mir ein Glas Schnaps in die Hand gedrückt — da bin ich aus dem Rettungswagen gesprungen."

„Ich dachte immer, der Ferrari wäre so einfach zu fahren. Aber vier Jahre Ferrari machen betriebsblind. Ich hab mich 1977 oft gewundert: Wieso können Watson und Stuck so oft über die Kerben räubern, und der Brabham bleibt doch in einem Stück?" fragt sich Lauda. „Jetzt weiß ich: Der Brabham verträgt solche Schläge, ist im Grenzbereich viel gutmütiger als der Ferrari."

In Vallelunga entspinnt sich ein Teammatch Brabham—Ferrari. Niki legt Bestzeiten vor, Ferrari schlägt mit superweichen Michelin-Pneus zurück und ist noch schneller. Goodyear ist alarmiert und befiehlt Lauda — mitten aus seiner Wiener Rennwagenshow — zu Reifentests nach Rio.

Ein neuer Unsicherheitsfaktor ist da: das „schwarze Gold". Die Reifen-Revolution macht Schlagzeilen. Als Lauda öffentlich erklärt: „Vielleicht erzwingt Michelin am Saisonbeginn eine Überraschung, aber auf lange Sicht müßte Goodyear besser sein", kommt aus der Europazentrale sofort ein scharfes Telex: „Es muß heißen, Goodyear ist immer am besten . . ."

Die zweite technische Revolution 77/78: Tyrrell begräbt das Sechsradprojekt und baut — mittels Computerhilfe — wieder einen konventionellen Wagen, genannt 008. „Sieh nach, welche Teile du vom

‚Project 34‘ fürs neue Auto brauchen kannst“, fordert Ken Tyrrell Maurice Philippe auf. Als der neue Designer antwortet: „Den Cosworth-Motor, das Hewland-Getriebe und die Lenksäule“, fällt Tyrrell vor Schreck um. Worauf sich Philippe ein Herz nimmt: „Ich verwend' auch noch den Schalthebel.“ Patrick Depailler bleibt Nr. 1, als Newcomer kommt Didier Pironi ins Team.

Hier die totale Übersicht, welche Fahrer 77/78 den Rennstall wechselten oder neu in die Formel 1 kamen:

	1977	1978
Ferrari	Lauda (14), Reutemann (17), Villeneuve (2)	Reutemann (16), Villeneuve (16)
JPS-Lotus	Andretti (17), Nilsson (16)	Andretti (16), Peterson (14), Jarier (2)
Privat-Lotus	—	Rebaque (9)
Marlboro-McLaren	Hunt (17), Mass (17), Villeneuve (1), Giacomelli (1)	Hunt (16), Tambay (15), Giacomelli (5)
Privat-McLaren	Lunger, Villota	Lunger (9), Piquet (3) (Villota, Trimmer)
Wolf	Scheckter (17)	Scheckter (16), Rahal (2)
Privat-Wolf	—	Rosberg (3)
Brabham-Alfa	Pace (3), Watson (17), Stuck (14)	Lauda (16), Watson (16), Piquet (1)
elf-Tyrrell	Peterson (17), Depailler (17)	Depailler (16), Pironi (16)
Privat-Tyrell	Takahashi (1)	—
Shadow	Pryce (3), Zorzi (5), Jones (14), Patrese (9), Oliver (1), Merzario (1)	Regazzoni (11), Stuck (14)
Privat-Shadow	—	(Ongais)
Ligier-Matra	Laffite (17)	Laffite (16)
Copersucar	Fittipaldi (14), Hoffmann (2)	Fittipaldi (16)
Ensign	Regazzoni (15), Ickx (1), Tambay (7)	Ongais (2), Leoni (2), Ickx (3), Daly (6), Piquet (1), Ertl (2), Lunger (1) (Lees)
Boro-Ensign	(Henton)	—
Surtees	Brambilla (17), Binder, Perkins, Schuppan (Tambay)	Brambilla (11), Keegan (6), Arnoux (2) („Gimax“, Gabbiani)
ATS (Penske)	Jarier (12), Heyer, Binder	Mass (10), Jarier (4), Rosberg (5), Bleekemolen (1) (Colombo, Binder, Ertl)
Privat-Penske	Ongais (2)	—
March	Ribeiro, Ian Scheckter (Stuck, Henton)	—
Privat-March	Lunger, Hayje, Merzario, Henton (de Drijver, Kozarowitzky, Sutcliffe)	—
Arrows	—	Patrese (14), Stommelen (9)
Martini	—	Arnoux (4)
Hesketh	Keegan (12), Ertl (3), Rebaque (1), Ashley (1)	Cheever (1) (Galica, Daly)
Lec	Purley (3)	—
BRM	Perkins (1), (Andersson, Pilette, Edwards)	—
Merzario	—	Merzario (8) (Colombo)
Renault-Turbo	Jabouille (4)	Jabouille (14)
Williams	Neve (8)	Jones (16)
Ralt-Theodore	—	Rosberg (1) (Cheever)
Kojima	Hoshino (1), Takahara (1)	—

(Die Klammern geben die Zahl der tatsächlich gefahrenen Rennen an; in Klammern gesetzte Fahrer haben nur trainiert, sich jedoch nicht qualifiziert.)

Jochen Mass von McLaren zu ATS: „25 WM-Punkte“, gibt Boss Günter Schmid als Saisonziel an, „soviel, wie Jochen 1977 bei McLaren herausgefahren hat“ (es wird nicht einmal einer). Für eine halbe Million Mark kauft Felgenerzeuger Schmid von March die Mitgliedschaft zur „FOCA“ (Formula-One-Constructor's-Association) ab, engagiert aber nur (kurzfristig) Robin Herd, nicht Max Mosley, „weil sonst alle Leute aufschreien: Das ist ja wieder die alte Bande“, sagt Herd, der erstmals in seinem Leben ein Rennauto bauen kann, ohne aufs Geld schauen zu müssen; und das weidlich ausnützt.

Patrick Tambay von Ensign zu McLaren: „Wenn es mir gelingt, zu den Leuten ein gutes Verhältnis aufzubauen, muß ich weit nach oben kommen“, trompetet der Ex-Skirennläufer.

Clay Regazzoni von Ensign zu Shadow: „Ich könnte dich wegen Vertragsbruchs verklagen“, schimpft Ensign-Chef Mo Nunn am Telefon, „aber ich wünsch dir Frohe Weihnachten. Zerreiß den Kontrakt und heiz damit den Kamin. Nur meine Frau Silvia wird dich umbringen, sobald sie dich sieht.“

Hans-Joachim Stuck von Brabham zu Shadow: „Da fährt der, der mir mein Auto weggenommen hat“, sagt „Strietzel“ anfangs immer, wenn Lauda vorbeirauscht — und grinst.

Jacky Ickx von nirgendwo zu Ensign: „Bist du willens, wirklich 100 Prozent Leistung zu geben?“ fragt Nunn. Ickx, der noch 1976 gegiftet hat: „Den Lotus muß ich nimmer fahren, warum soll ich in den Ensign steigen?“ nickt — und verletzt sich beim Skifahren in Österreich bös an der Schulter. Als Ersatz kauft sich Lamberti Leoni ein. Mit einem 25.000-Pfund-Scheck einer italienischen Bank — ungedeckt. Nunn hat den wertlosen Fetzen Papier heute noch.

Rupert Keegan von Hesketh zu Surtees: Der Millionärssohn feiert seinen Vertrag in einer Londoner Discothek, bis er im Morgengrauen mit akuter Blinddarmentzündung kollabiert. Teamsponsor: die englische Präservativfirma „Durex“. Schrecklich, wie unmoralisch, man sollte solche Aufkleber verbieten, heuchelt die Formel-1-Sippschaft

Empörung — und versucht heimlich alle Tricks, das Geld von Surtees abzuzweigen; in den eigenen Sack, natürlich.
Noch schmutziger ist das Kapitel Shadow—Arrows. Eine Gruppe Abtrünniger verrät den Shadow-Boss Don Nichols, versucht, ihm Sponsorgelder und FOCA-Mitgliedschaft zu entwenden, stiehlt Pläne und Teile des neuen Shadow DN 9, der (als haargenaue Kopie) im Jänner als „Arrows FA 1" debütiert. Die Sternstunde folgt im März, der aufsehenerregende Copyright-Prozeß im Sommer.
Keinen Shadow oder Arrows, auch keinen Ferrari, aber eine ganze Reihe von Formel-1-Autos testet Ex-Champion Jackie Stewart für eine Fernsehserie. „Dazu brauch ich keine zusätzliche Lebensversicherung, das ist in der normalen Prämie drin." Stewart dreht sich mit dem Wolf bei Regen in Silverstone, was ihn ärgert — die anderen Boliden beurteilt er so: „Der McLaren M 26 bringt am besten die Kraft auf den Boden. Den Lotus 78 mußt du ganz präzise fahren, dann ist er am schnellsten. Der Brabham-BT 46 ist das gutmütigste, bequemste Rennauto, sogar zu komfortabel — ein Rennwagen muß ein frecher Bastard sein, damit man das letzte rausquetschen kann."
Was Brabham-Designer Gordon Murray abstreitet: „Wir bauen absichtlich gutmütige Autos. In nervösen Wagen werden die Piloten zu rasch müde." Das Kainszeichen von 1977 war der enorme Durst der Alfa-12-Zylinder. Lauda hat ihn mit den Alfa-Ingenieuren längst reduziert: „Durch ein neues Mischungsverhältnis brauch ich 14 Prozent weniger Sprit als Watson und Stuck 1977." Ans ungewohnte Sechsganggetriebe hat sich Niki „binnen zwei Tagen gewöhnt". Dann sind alle Tests fertig, Lauda „weiß nimmer weiter, jetzt wart ich voll Ungeduld aufs erste Rennen".
Nicht Lauda, sondern Andretti wettet Stewart als WM-Favoriten 1978. Mario hat „den ganzen Winter gebraucht, um meine vielen verpatzten Starts von 1977 zu analysieren, aber jetzt schwör ich: Sie passieren mir nie mehr wieder!" donnert der Kampflärm aus Nazareth, Pennsylvania. James Hunt dagegen ist den halben Winter von einem Buchmacher zum anderen gehetzt. „Ich hab mit Freunden ein perfektes System ausgeklügelt, mit dem wir Millionen gewinnen müssen, und abenteuerliche Summen gewettet." Die Kurse: Andretti 6:1, Hunt 7:1, Lauda und Reutemann 8:1, Peterson 12:1.

Der Brabham-Alfa: Zu gutmütig — oder ein frecher Bastard?

Knapp zweieinhalb Monate, nachdem er am Fuß des japanischen Fujijama auseinandergeflattert ist, trifft der Formel-1-Zirkus also wieder zusammen: in der hitzeschmorenden Riesenbratpfanne Buenos Aires, in der Woche der Fußball-WM-Auslosung.
Anfangs fürchtet man, einer müsse fehlen: Carlos Reutemann.

BUENOS AIRES: 1:0 FÜR MARIO

Wenige Tage vor seinem Heimat-Grand-Prix wird Reutemann, der argentinische Renngott, vermißt, von einigen sogar totgeglaubt. Rio Parana, bei Santa Fé, strahlender Sonnenschein, Familienausflug der Reutemanns mit dem 120-PS-Motorboot. Plötzlich stirbt das Triebwerk ab: Wasser in der Zündung. Gleichzeitig kommt ein fürchterlicher Sturm auf. Langsam zerlegt sich das Boot in seine Bestandteile, Stück für Stück.
Reutemann versucht verzweifelt, mit den Wasserskiern zu rudern. Dann gehen sie alle über Bord, der Ferrari-Pilot, seine Frau Mimicha und seine beiden kleinen Töchter (drei und sieben Jahre alt). Sie retten sich auf eine kleine Insel. Carlos bastelt aus den Wrackteilen eine Schutzhütte für die Kinder und macht Feuer, um Würmer und Giftschlangen zu verjagen. Den Eiskasten aus dem Boot schickt er als Flaschenpost ab — doch dieser samt Rettungstext wird zurückgespült. Glücklicherweise finden Suchmannschaften Teile des Wracks.
Anrufe des Reutemann-Schwiegervaters, der eine argentinische TV-Gesellschaft besitzt, und der Polizei bei Ferrari in Maranello lösen Angst und Panik aus. Am Rio Parana wird die Suchaktion abgebrochen und die Reutemann-Familie bereits aufgegeben. Man findet sie durch Zufall nach 13 Stunden — von einem Hubschrauber aus. „Es waren die längsten meines Lebens", gesteht Carlos Reutemann, „und schlimmer als jeder 300 km/h-Rennunfall."
Sein Familiensinn ist genauso stark wie seine Rennleidenschaft — und sein totales Interesse für jedweden Sport. Reutemann diskutiert mit Skirennläufern (Klammer, Grissmann) Konditions- und Trainingsfragen; zur Zeit der Fußball-WM versäumt er keine einzige Matchübertragung, auch nicht nach Mitternacht.

Der argentinische Journalist Esteban Garcia, der Carlos sehr gut kennt, weiß ein paar bemerkenswerte Tatsachen: „Als er zwölf war, schickten ihn die Eltern auf eine strenge Jesuitenschule. Dort wurde größtenteils sein Charakter geprägt: Still, manchmal scheu." Die Klischeevorstellung vom „sensiblen Reutemann" und seiner „schwankenden Kampfmoral", sagt mir der Ferrari-Pilot, „ist alles Unsinn. Ich hab meinen Paß, kann beweisen, daß ich 36 bin. Ich weiß, was ich im Leben tun muß. In der Formel I heißt das: soviel Siegen wie möglich — aber für mich, für die Rekordbücher, das nimmt mir keiner weg."

Wenn ich ein Geheimnis verraten darf: Jahrelang bediente sich Carlos des früheren Jackie-Stewart-Mechanikers als „Spion". Er kaufte ihm alle Daten der Stewart-Getriebeübersetzungen ab.

Kein Trick ist Reutemann fremd. Esteban Garcia verrät, warum Reutemann bei seinen ersten Europa-Auftritten so geglänzt hat: „Er hatte das Jochen-Rindt-Notizbuch, das der Österreicher bei der Temporada verloren hatte, in der Tasche. Jochen hatte darin alle Getriebeübersetzungen für alle Strecken aufgezeichnet." Und, was die psychologische Kriegsführung betrifft: „Reutemann lebt im Jimmy-Connors-Stil: Er benützt andere Hotels als die Konkurrenten, isoliert sich von ihnen, lernt, sie zu hassen. Das ist gegen seine Natur, aber notwendig." Soweit Garcia, der dabei war, als Reutemann und Ecclestone 1971 die Brabham-Vertragsunterzeichnung feierten: Beim Konzert von Sammy Davis jr. — natürlich erste Reihe Mitte.

Ist der „Indianer" bei Ferrari restlos glücklich? „Im Moment ja." Fiat steht voll hinter Carlos (wegen dem südamerikanischen Automarkt), Ferrari brennt darauf, ihn nach Laudas Weggang quasi zum „Gegenpapst" aufzubauen. Bei der „Autosprint"-Ehrung in Bologna, wo Lauda den „Casco d'Oro" (Goldhelm) der Piloten bekam, Walter Wolf jenen der Teams, vermutet Wolf: „Enzo Ferrari ahnt, daß Nikis WM-Titel der letzte ist, den Ferrari zu seinen Lebzeiten gewinnt — außer Reutemann vollbringt Wundertaten."

Aber die Legende bleibt. Fast alle großen Piloten sind irgendwann einmal in einem Ferrari gesessen, wennzwar (wie Stewart, Graham Hill, Peterson) teilweise nur im Prototyp oder Sportwagen — mit drei Ausnahmen: Fittipaldi, Hunt, Scheckter. Aber Emerson wurde

dreimal das Auto offeriert, James stand 1973 (parallel mit Lauda) auf der Wunschliste, und Jody zieht 1979 in Maranello ein.
Als der 80jährige Commendatore in „Autosprint" Generationen von Piloten analysiert, sagt er Fangio nach: „Als Mensch blieb er mir immer ein Rätsel", lobt Trips („er verfügte über ein hohes Maß an geistigem Adel"), Moss („er war wie Nuvolari darauf versessen, Rennen zu fahren"), Rindt („er vollbrachte wahrhaft akrobatische Einlagen"), Stewart („er wußte, was er wollte, und zwar in jedem Moment") und Andretti („einer der mutigsten Piloten, der seinen Beruf sehr ernst nimmt"). Über Reutemann urteilt Enzo Ferrari: „Er hat die Ernsthaftigkeit eines wahren Profis, ist ein unermüdlicher Arbeiter und besitzt viel technischen Sachverstand. Er kann ein Auto optimal abstimmen. Reutemann hat noch eine lange Karriere vor sich — mit beachtenswerten Erfolgen." Und Niki Lauda? „An Lauda möchte ich mich nicht erinnern ..."
Ferrari ohne Lauda: Wie sieht Nikis altes Team 1978 aus? Die (größtenteils) älteren Mechaniker erwecken unverändert den Eindruck, als könnten sie (im Gegensatz zu anderen Formel-1-Monteuren) auch Straßenautos reparieren. Aber der Rennleiter ist neu: Marco Piccinini (25), aus steinreicher Familie, in Monte Carlo wohnhaft, dort in einer Bank tätig. Sein Vater war schon immer ein Busenfreund des alten Commendatore — Grund genug, Piccinini als Rennleiter einzustellen. Und der „Neue" tritt gleich mit Vollgas ins Fettnäpfchen.
„Niki, gib mir deine Ausweise vom letzten Jahr zurück, die Plastikfleppen zum freien Eintritt", schnauzt Piccinini beim Frühstück im „Sheraton" von Buenos Aires den Weltmeister an. Lauda schickt Piccinini weiter: „Mußt du dir von Bernie holen." Bernie hetzt ihn weiter zu Max Mosley. Den ganzen Formel-1-Zirkus amüsiert, wie der „Neue" wie beim Blinde-Kuh-Spiel herumtappt — nur Piccinini merkt nicht, daß er auf der Schaufel steht. „Niki is bad children", beschwert er sich in hilflosem Englisch bei Andretti.
Piccinini: Schlurfiges Auftreten, das Michelin-Kappl tief ins Gesicht gezogen. Ecclestone: „Er sieht aus wie ein Playboy — ohne Girls." Chefkonstrukteur Mauro Forghieri erkundigt sich längst: „Was hat Niki in seinem Buch über mich geschrieben?" Die Antwort: daß er ein Dickkopf sei, nur die eigene Meinung gelten lasse. Forghieri, nach-

denklich: „Manchmal hatte ich recht. Aber sicher habe ich Niki unterschätzt. Wieviel Geld er bei Parmalat herausholt, muß gigantisch sein." Typisch Forghieri: Er sieht nur, was einer nimmt, nicht, was einer gibt. . . . was gegen Saisonende auch Reutemann merken wird.
Nr. 2 im Ferrari-Team bleibt Gilles Villeneuve, der 25jährige, pfiffigaufgeweckte Franco-Kanadier. Er sieht aus, als wäre er noch zu jung für einen Führerschein und redet wie ein Austauschstudent, der von Amerikaferien zurückkommt. Die Fuji-Katastrophe (Kollision mit Peterson, vier Tote) hat Villeneuve ins Kreuzfeuer der Kritik gerückt. „Für ihn", sagt Lauda voraus, „brechen bei Ferrari schwere Zeiten an."
Nicht Villeneuve, sondern Reutemann, der neue Chefpilot, spult im „Autodromo Municipal" von Buenos Aires vier Testtage ab — gleich nach dem Bootsunglück, mit sieben Nähten im Bein. Prompt fliegt er im offiziellen Training der Konkurrenz anfangs um eine Sekunde davon. „Unfair, daß Reutemann vier Tage trainiert hat. Alle oder keiner", findet Marlene Lauda, die sich selber zweimal dabei ertappt, „daß ich für Nr. 11 die Daumen drück. Sie war so typisch für Niki."
Das große Nummerntauschen nach stürmischer Transferzeit beschert z. B. Shadow 16 (für Stuck) und 17 (für Regazzoni) — die Unglückszahl der Italiener, wie bei uns die 13. „Tausch doch mit Stuck", wird Regazzoni vorgeschlagen, aber Stuck beharrt: „Don Nichols hat mir Nr. 16 garantiert, wegen des Nr.-1-Status." Worauf Clay den Streit lässig beendet: „Behalt, was du willst, ich bin nicht abergläubisch."
Neue Nummern, neue Kombinationen, neue Vergleiche. Stuck: „Die Shadow-Bremsen sind weit besser, als sie beim Brabham waren. Alle anderen Bewegungsabläufe, Kuppeln, Schalten, Lenken, erfordern viel mehr Zeit und Kraft." Und Regazzoni: „Der Ensign war leichter zu steuern, der Shadow hat mehr Bodenhaftung."
Für Jochen Mass ist vorerst kein ATS-Sitz da (und sorgt später für blaue Flecken). Auch die 50 kg Übergewicht tun weh, und der Fahrtwind verursacht böse Kopfschmerzen. „Wenn's schiefgeht, vergißt Schmid, daß wir Freunde sind", befürchtet Mass, „dann wird auch er zum Giftzwerg."
Am glücklichsten wirken: Lauda bei Brabham, Peterson bei Lotus.
„Wie in alten Zeiten: schwarz und gold", lächelt Ronnie. „Ich hab

nicht gewußt, was mir abgeht, als ich wegging, aber schnell kapiert: Ich brauch diese Leute."
Also auch Colin Chapman?
„Er ist genau wie immer: Charmant, wenn er gute Laune hat — und bei schlechter Laune kenn ich ihn nicht mehr."
Der Lotus 78?
„Muß das beste Rennauto sein, das ich je gefahren hab. Wenn nichts Dummes passiert, steh ich heuer glänzend da."
„Und deine WM-Titelchance?", frage ich Ronnie in Buenos Aires.
„Die muß größer sein als je zuvor, aber mein Ehrgeiz ist auch gestiegen — nach den vielen Ohrfeigen der letzten Jahre. Jetzt muß alles zusammenpassen."
Auch das Trio Lauda—Brabham—Alfa funktioniert auf Anhieb. Konstrukteur Gordon Murray ist ein Mann perfekt nach Nikis Geschmack: „Er kommt in der Früh, grüßt, dann wird gearbeitet." Murray vergleicht Nikis Kooperation mit jener von Carlos Pace, „der in unserem Rennauto fast Tag und Nacht gelebt hat." Bernie Ecclestone nickt: „Niki ist Profi, ich bin Profi, wir arbeiten einfach wie normale Menschen. Er weiß, was er will und wir gebens ihm."
Welch heißer Jahresanfang: Rechts von Lauda und Brabham die Lotus-Box — links Ferrari mit dem hektisch-cholerischen Forghieri, der alles fallen läßt, um Reutemann hysterisch zu applaudieren. Bei Brabham fällt das Boxenschild herunter, direkt auf Chitis weißen Kopf. Regazzoni wird von der Tafel „Stuck" fast erschlagen. Und überall: Militärpolizisten, Gewehr im Anschlag, dazu die Bluthunde ... aber diese Sicherheitsmaßnahmen, unvorstellbar für europäische Begriffe, gelten dem Schutz der Rennfahrer.
Lauda gegen Ferrari: Der erste Saisonhit 1978. Der Reifenkrieg Goodyear — Michelin: in Buenos Aires nur ein Manöver, noch nicht der totale Kampf bis aufs Messer. Nicht weniger als 3000 Gummiwalzen hat Goodyear eingeflogen — gegen lächerliche 280 von Michelin. „Alles hängt von diesen vier schwarzen Dingern am Ferrari ab. Ob sie überleben — oder nicht", prophezeit Murray. Lange sieht es nach der ersten Pole-Position eines Nicht-Goodyear-Autos seit fünf Jahren aus (Buenos Aires 1973, Regazzoni, BRM und Firestone) — aber in der vorletzten Trainingsrunde kämpft Andretti Reutemann

um 0,09 nieder. In der letzten hat Mario Motorschaden. Peterson—Watson bilden die zweite Reihe, Lauda—Hunt die dritte. Das heißt: Andretti fängt 1978 an, wo er 1977 aufgehört hat: Als schnellster Mann der Truppe.

Das Autodrom von Buenos Aires ist berühmt für seine Hitzeschlachten. 1955 waren fünf Ferrari-Piloten nötig, um (abwechselnd am Lenkrad) zwei Ferrari ins Ziel zu schleppen. Und 1977 machten Fahrer und Autos serienweise schlapp. Darum mixt Dr. Raffaele Grajales-Robles — Rennarzt von Lauda, Hunt, Mass und Fittipaldi — 50 Liter eines Zaubertrankes: Elektrolyte, Salzlösung, Protein, Süßstoffe. „Damit keiner, wie voriges Jahr Carlos Pace, zusammenbricht, rate ich allen Fahrern: Trinkt vorm Rennen je einen Liter und nochmals einen halben beim Boxenstop."

Lauda will das Hitzerennen vorsichtig, materialschonend beginnen: „Erstes Rennen für ein neues Team: Das ist, wie wenn du mit dem Rennfahren anfängst. Ankommen ist das wichtigste." Andretti gambelt mit den weichsten Reifen. Reutemann—Villeneuve haben sich fürs Ferrari-Premierenrennen mit den Michelin-Pneus auf die schnelle „S-10"-Mischung geeinigt — wegen der übergroßen Hitze am Renntag disponiert Forghieri jedoch um: „Wir nehmen ‚S 3'. Langsamer, aber sicherer."

Schon in der Aufwärmrunde geht Petersons Tourenzähler k.o. Ronnie muß, was nie unbedingt seine Stärke war, nach Gefühl und Gehör schalten. Hunt verpatzt den Start völlig. Andretti zischt als erster in die erste Kurve — dann ist er auf und davon und hat bis ins Ziel keine Probleme. So mag Mario seine Rennen: „Von der Spitze kontrollieren und mein Tempo total auf die Geschwindigkeit des zweiten Mannes abstimmen. Wie schnell oder langsam er fährt — so schnell fahr auch ich: Also nicht mehr mein, sondern sein Rennen."

Die Verfolger wechseln. Zuerst Reutemann, dessen Rennen seinen Seelenzustand spiegelt: 2. Platz, Rückfall wegen der Reifen, Kollision mit Laffite, Boxenstop, „weil das Lenkrad schiefstand", bei Halbzeit gleich totaler Reifenwechsel binnen 48 Sekunden, Aufholjagd mit den neu montierten „S 10" (pro Runde zwei Sekunden schneller als zuvor!), schließlich Siebenter — unmittelbar vor Ferrari-Jungkollegen Villeneuve, der zugibt: „Wir hatten die falschen Reifen."

Nach Reutemann (3. bis 38. Runde) erhält Andretti Plus-Signale auf Watson — dreimal greift der Ire an, dreimal kontert Mario lässig, worauf sich Watson geschlagen gibt — bis dem Iren sämtliches Kühlwasser ausrinnt und der Motor des Dauerpechvogels festgeht. Dafür greift der berühmte Lauda-Instinkt auf Brabham-Alfa über, rettet der „Mann, der immer ankommt", seine legendäre Ankunftsquote ins neue Team hinüber. Anfangs Fünfter, hat Niki in der 8. Runde Peterson überholt, in der 15. Reutemann und wird in der 38. von Watson vorbeigewunken. Andretti ist bereits zwanzig Sekunden weggelaufen. „Aber den Mario", sagt Niki, „muß ich sowieso vergessen. Man kann nicht das Team wechseln und gleich auf Anhieb die beste Kombination, Andretti—Lotus, schlagen. Das kann vielleicht der liebe Gott, aber nicht ich."

Wann immer Lauda in den Finalrunden in den Rückspiegel blickt, sieht er — formatfüllend — Depailler: Im ersten vierrädrigen Tyrrell seit Jarama 1976; im ersten Tyrrell, den nicht Derek Gardner konstruiert hat, Letzter am ersten Trainingstag. „Da wollte ich vor Verzweiflung schon Zyankali schlucken", gibt Ken Tyrrell später zu, und Lauda würgt hinunter, was er sagen wollte: „Hättest du nur." Achter nach der ersten Runde, tigert sich Depailler bis in den Clinch mit Lauda vor. In der letzten Runde, vor der S-Kurven-Kombination, ist Depailler schon Seite an Seite mit Lauda, sogar um Zentimeter vorn.

Niki fürchtet: „Jetzt hat er mich, zu blöd, was tun? Ich brems extrem spät, zieh mein Auto rüber und sag im Geist zu Depailler: ‚Verhunger draußen oder schau selber, wie du aus dem Schlamassel rauskommst.' "

Dem Rennleiter Juan-Manuel Fangio passiert ein peinlicher Irrtum: Er verwechselt die beiden Lotus, winkt statt Nr. 5 (Andretti) die Nr. 6 (Peterson) ab, gefolgt von Tambay und Reutemann — der sofort an die Box rollt und die letzte Runde gar nicht mehr fertigfährt. Also verkürzen die Argentinier nachträglich auf 52 Runden — damit Carlos wenigstens Siebenter wird. Andere schleppen brüchige, zerrissene, fast luftlose Reifen bis ins Ziel . . .

Sieger Andretti hat gewußt: „Heute schlägt mich keiner!" 13,21 Sekunden hinter Mario, aber nur 0,43 vor Depailler schafft Lauda die gleiche Premiere wie beim Ferrari-Einstand 1974: zweiter Platz. Hunt

wird Vierter, Peterson Fünfter, Tambay Sechster, nach langem, schwerem Kampf mit Villeneuve. „Ich hab mich hinter dem Ferrari nie wohl gefühlt, immer nur die schrecklichen Bilder der Fuji-Katastrophe gesehen“, gesteht der Franzose. Also haben drei, die umgestiegen sind, gleich auf Anhieb gepunktet.
Bei der Siegerehrung will Depailler anfangen, zu jammern. Also fragt ihn Lauda: „Hättest du an meiner Stelle das gleiche getan? Ja oder nein?“ Depailler nickt. „Na, also“, grinst Niki, „dann brauchen wir ja nimmer weiterzureden.“
Später kommt Ken Tyrrell in die Brabham-Garage: „Ein großartiges Rennen.“ Niki geht in Deckung wie ein Boxer, „weil ich fürchte, er klopft mir wegen Depailler gleich eine auf den Schädel“. Dem kleinen, zähen Franzosen bescheinigt Forghieri: „Er war außer Mario der einzige, der ein gutes Rennen fuhr: gekämpft wie ein Verrückter von der ersten bis zur letzten Runde, wie ein Rennfahrer kämpfen soll!“ Und Lauda? „Ich hab Niki im Rennen nie gesehen, er hat mich auch nie interessiert — aber was solls, ich bin ja nicht das Genie, sondern der Trottel.“
„Der Andretti, der Teufel, hat schon neun Punkte.“ Der Satz allein beweist den Lauda-Ehrgeiz. Ingenieur Chiti lobt, daß Niki „keine Emotion wegen Ferrari aufkommen hat lassen“ und Ecclestone kann seinem Piloten nur zubrüllen: „Seh dich in Rio“, weil er zum Flugplatz hetzt.
Als Regazzoni aus dem Autodrom fährt, rempelt er einen Militärlastwagen. Clay ist im Nu umzingelt, muß aussteigen, die Arme aufs Autodach legen — erst nach einer halben Stunde wird er freigelassen. Tags darauf fliegt Regazzoni mit seinem Vater, mit Brambilla und Laffite auf acht Tage zum Fischen nach Bariloche — wo Regazzoni senior eine 11-Kilo-Forelle fängt. Lauda stürzt sich kopfüber in den Strandrummel von Rio de Janeiro: „Meine ersten Ferien seit vier Jahren.“
Andretti ruft seine Familie auf dem Landsitz „Open Woods“ („Offene Wälder“) an, fragt: „Wieviel Schnee habt ihr?“, ist über die Auskunft entzückt und fliegt sofort heim — um mit dem neuen „Snowmobil“ herumzuteufeln. Mit 140 km/h überschlägt sich Mario — fast die Parallele zu Niki Lauda, der 1976 geschockt unterm Traktor hervor-

kroch. Andrettis Blessur: Schnittwunden im Gesicht, ein dick geschwollenes Knie.
„Um Himmels willen, was ist dir passiert?“ fragt Chapman, als er seinen WM-Favoriten zehn Tage später im Sheraton-Hotel von Rio de Janeiro trifft.
„Nichts“, knautscht Mario lässig, „mir ist nur das Rasiermesser ausgerutscht.“

RIO: SOLO FÜR REUTEMANN

Chapman ist, wie alle wichtigen Formel-1-Bosse, über Akron (Ohio) nach Rio gekommen: Sie alle alarmieren die Goodyear-Zentrale wegen Michelin: „Die Gefahr ist größer, als ihr glaubt.“
Fünfeinhalb Jahre oder 80 Grand Prix (seit Fittipaldis Lotus-Firestone-Sieg 1972 in Monza) ist Goodyear pausenlos siegreich, vier Jahre davon in Monopolstellung — aber jetzt greift Michelin an: Der Kampf um die Vorherrschaft in der Formel 1 entbrennt. Bis jetzt hat Goodyear die WM nach Belieben beherrscht, Sekunden einfrieren lassen können. Und jetzt „ist jeder sauer auf Michelin“, sagt Reutemann. Der Kampf hat ideologischen Background: Goodyear-Diagonalreifen gegen Michelin-Radialpneus. Und die Franzosen unterspielen: „Wir sind nicht in der Formel 1 um zu gewinnen, sondern bloß, um Erfahrung zu sammeln: herauszufinden, ob Radialreifen auch im Rennsport funktionieren — und die Formel 1 ist das extremste Testgebiet“, sagt Chefingenieur Pierre Dupasquier, der bestätigt: „Seit zehn Jahren testen wir mit Ferrari, aber privat. Und natürlich geheim.“
Michelin rüstet die Produktion bei Ferrari zu 100 Prozent aus, bei Fiat zu 20, bei Lancia zu 40, bei Autobianchi zu 60 Prozent. Und den Formel-1-Zirkus zu zehn Prozent: Zwei Ferrari und ein Renault-Turbo (von durchschnittlich 30 Wagen). „Michelin hat es einfacher als wir“, jammern die Goodyear-Strategen bald, „die Franzosen müssen sich nur um drei Autos kümmern, wir um 27.“
Aber für die drei, Reutemann, Villeneuve und Jabouille, ist kein Aufwand zu hoch: Bei Testfahrten auf der neuen Rennstrecke außer-

halb von Rio de Janeiro (eine Woche vor dem Grand Prix) arbeiten die Michelin-Techniker mit der Sorgfalt von Chirurgen, die Gehirntumore operieren: Sie nehmen genaue Asphalt-Messungen vor (ähnlich dem Schweizer Skichef Adolf Ogi, der 1971 den mysteriösen „Sapporo-Schnee", in Flaschen abgefüllt, von Japan in die Schweiz transportierte), fliegen mit den Daten sowie Asphaltproben zurück nach Paris, brauen in ihren Hexenküchen eine spezielle Reifenmixtur zusammen und bringen die „Wunderwaffen" erst Sonntag früh zum Rennen nach Rio.

„Die Reifen sind heutzutage wichtiger als Chassis, Aerodynamik und sogar Piloten", kalkuliert Jackie Stewart — heute noch monatelang in exotischen Landen als Goodyear-Werbetrommler unterwegs.

„Heuer entscheiden die Reifen, wer Weltmeister wird", prophezeit Reutemann. „Könnte leicht passieren", stimmt Andretti zu. Die beiden sind die ersten Diebstahlsopfer, als sie in der zauberhaften Bucht von Ipanema — dem Nebenstrand der berühmten Copacabana — in der Sonne dösen: Beiden wird die Armbanduhr geklaut. Mario ist traurig, Carlos erwischt den Dieb. Und der junge Surtees-Pilot Keegan schlägt einen Hotelkellner, der ihm nichts servieren will, schwer k.o. Ein Salto in die Blumenbeete beendet den Streit, ob Mr. Keegan noch zu essen bekommt oder nicht.

Autorennen in Südamerika, das heißt: Lärm, Leidenschaft, Chaos, oft unvorstellbare Backofenhitze. Gegen die neue Strecke von Rio, in eine Sumpflandschaft gemeißelt, hatte Buenos Aires nur Frühlingswetter. Hier aber: 45 Grad Außentemperatur, 70 Grad in den Cockpits, kochendes Kühlwasser (130 Grad), heißes Öl (110 Grad), glühende Pedale. Als Stuck ohne Handschuhe den Schalthebel antippt, schreit er auf. Regazzoni, kopfschüttelnd: „Die heutige Jugend hält nichts mehr aus. Ich finds nur angenehm warm."

Donnerstag, inoffizielles Training: Nach spätestens fünf Runden taumelt jeder aus dem Auto. Lauda versucht, eine Stunde lang im Cockpit zu bleiben — unmöglich. In alle Autos werden Luftschläuche, Trinkflaschen usw. eingebaut, Chapman heckt sogar ein spezielles System aus: Mit einem kleinen Unterdruckventil im Trinkschlauch. Die McLaren-Mechaniker schrauben Tambay einen 10-Liter-Wassertank aufs Getriebe, blasen Hunt bei jedem Boxenstop (mittels Preßluftanlage) Kühlluft in den Overall. Die Ferrari-Mechaniker halten Reutemann, wann immer er anhält, einen Riesenventilator ins Cockpit.

Im stinkend-heißen Autodrom, einer höllischen Mixtur aus Jarama und Anderstorp, entspinnt sich zuerst ein Trainingsduell Andretti gegen Hunt. Peterson muß, wie in Buenos Aires, das spezielle Lotus-Getriebe testen — wieder bricht nach vier Runden das Kegel- und Tellerrad. Laudas argentinische Probleme verschlimmern sich: Mit der neuen, schweren Schnauze in langsamen Kurven zuviel Bodendruck, in schnellen zuwenig. Später kollabiert das rechte Radlager: Locker geworden — Bolzen gerissen — totaler Bremsdefekt, als Niki aufs Bremspedal steigt. Er tritt ins Leere, kann den Brabham jedoch abfangen. Watson passiert Schlimmeres: Wegen der Hitze explodiert die Preßluftflasche des Luftstarters bei voller Fahrt — was den Heckflügel zerfetzt. Als wäre im Heck eine Bombe losgegangen. Reaktion bei Brabham: „Weniger Luftdruck reinpumpen."

„Niki, ich hätte ein wunderschönes, gelbes Auto für dich, genauso gut wie dein jetziges", kommt Fittipaldi-Manager Domingos strahlend angetanzt. Emersons Lachen: von einem Ohr zum anderen: „Ich hab euch immer geschworen: Ich bring das verdammte Ding noch zum Laufen!" Straft „Fitti" alle Lügen, die in dem gelbschillernden „Copersucar" keinen Paradiesvogel, sondern einen Pleitegeier gewittert haben? Und das schon zwei Jahre lang?

„Früher sind wir mit dem Finger auf der Trainingsliste ganz unten herumgefahren: Qualifiziert, ja oder nein?", erinnert sich Maria-Helena, die Frau des zweifachen Ex-Weltmeisters. „Und jetzt fahren wir wieder vorne mit." Fittipaldi hat seine „goldenen Tage" nicht ad acta gelegt — solang sie auch zurückliegen (letzter Sieg: Silverstone 1975): „Sie kommen wieder. Es geht jetzt schon aufwärst, immerhin." Für 1978 hat Emerson sein Team völlig umgekrempelt, zwei Leute hinausgeworfen: Jo Ramirez und John Baldwin (die am Fittipaldi-Auto versagt hatten) fanden bei Shadow Zuflucht. „Ich mußte weggehen", dreht Ramirez den Spieß um, „weil die Fittipaldi-Brüder fast alle Sponsorgelder einstecken und fürs Team herzlich wenig übrigbleibt". Die alte Leier: Fittipaldi, der für Geld alle Chancen verkauft hat.

„Stimmt nicht", dementiert Emerson und verrät mir: „Unser Budget beträgt 1978 zwei Millionen Dollar, alles inklusive." Und sein freundlicher Schatten, Domingos: „1979 wird auf 2,5 Millionen aufgestockt" (immer noch weniger als z. B. Tyrrell).

„Emerson würde woanders mehr verdienen, als er 1976/77 bei Copersucar kassiert hat", rechnet Domingos vor. Bei Ferrari und Lotus beispielsweise. Aber Emerson gibt's „mehr Motivation, ein brasilianisches Auto hinaufzuboxen, als mit einem Lotus oder Ferrari automatisch zu gewinnen" (sagt er). Darum hat er jetzt gute Leute eingekauft: Peter McIntosh ist neuer Teammanager, „weil ich jemanden brauche, der sich in der Formel-1-Politik perfekt auskennt". Ing. Caliri, der von Ferrari kommt, hilft beim neuen Auto mit, Ralph Bellamy soll es fertigstellen. Teile werden in Brasilien gefertigt (der Sturzbügel sogar binnen drei Tagen), zusammengeschraubt wird das Auto in England. „Die Brasilianer sind enthusiastisch wie die Italiener vor zehn Jahren. Eine große Familie", gefällt es Caliri. „Ich verstehe kein Portugiesisch, aber das brasilianische Denken, und das ist einfach." 15 Formel-1-Autos, zumeist innerhalb einer Sekunde: Das dokumentiert, daß in der Formel 1 Stillstand gleichbedeutend mit Rückschritt ist.

Nach seinem 100. Grand Prix (Buenos Aires) kämpft sich Fittipaldi sukzessive wieder nach oben, für die Europäer langsam, fast unbemerkt, aber nicht für die Brasilianer. Für sie ist und bleibt Emerson der Renngott. „Manche wollen nicht verstehen, warum ich von Copersucar nicht längst abgehauen bin. Aber in ein paar Jahren werden's die Leute besser begreifen." Jetzt hat er „endlich ein Auto, das leichtgängig ist wie ein Formel-2 und damit hab ich auch neuen Mut gefunden, schnell zu fahren. Ich bin wieder zurück im Business." Emerson in seilumspannter Box, unter Polizeischutz, mit Leibwächtern, die Fans verjagen — wie lang ist das her?

„Fittis" erster Sieg: Er gewinnt das Radrennen bei Gluthitze in 8:20 Minuten vor Scheckter, Depailler und Regazzoni. Lauda hat schon vorm Start beschlossen: „Ich fahr 300 Meter, dann simuliere ich einen Reifenschaden." Und Scheckter läßt seine Frau Pamela den Drahtesel am Startplatz 30 Minuten in der prallen Sonne halten, ehe er aus dem Schatten hervorkriecht. Die Hitze wirft Pamela um, als der Meister kommt.

Im Abschlußtraining bricht Fittipaldi die Halbachse. Halb Brasilien rennt, hilft und schiebt den Copersucar an die Box. Dort wird nicht nur am Auto gedoktert, sondern auch an Emersons Bruder Wilson: Kreislaufkollaps.

Andretti kopiert das Lauda-Experiment: „Ich versuch anderthalb Stunden pausenlos im Auto zu bleiben, um zu sehen, ob ich's aushalt oder stirb.“ Fazit? „Ich bin fast gestorben ... kein Fahrtwind kühlt. Und wenn du das Visier öffnest, haucht dich die Hölle an.“ So wie Mario redet keiner: „Heiß da draußen, I tell you, man.“ Der kochende Asphalt und die hitzeflimmernde Luft. Der Geschmack von Salztabletten — die wie Hostien schmecken, wenn man sie zergehen läßt. Doch Andretti hat ein anderes Rezept: „Gatorade“. Klingt wie Katzenfutter, ist aber der Geheimtip für Astronauten und amerikanische Football-Spieler.

Ronnie Peterson schnappt Hunt um 0,08 und Andretti um 0,17 die Pole-Position weg. Am Swimmingpool laufen die Diskussionen heiß: „Nicht das beste Auto gewinnt, sondern der stärkste Pilot, der am meisten fit ist, der am besten durchhält.“ Aber wer? Der wie ein US-Vietnam-Kämpfer gedrillte Andretti? Fittipaldi, der nach dem Programm der US-Astronauten und der brasilianischen Fußball-Nationalelf trainiert? Hunt, der Dauerläufe in Gluthitze gewohnt ist? Reutemann, der als einziger sagt: „Mir macht Hitze nichts.“? Aber wahrscheinlich sind Training und Rennen zweierlei: Unglaublich, was der menschliche Körper alles aushält, wenn zusätzlich Adrenalin in die Adern gepumpt wird.

„Spielt nicht um jeden Preis den Tapferen oder den Supermann“, appelliert Dr. Grajales an die Piloten. „Sobald die ersten Kreislaufschwächen auftreten: Sofort an die Box! Lieber aussteigen als an Hitzschlag sterben.“ Sein Vorschlag an die Rennleitung, von 63 auf 50 Runden zu verkürzen, wird abgelehnt. Andretti donnert: „Ich komm nur an die Box, wenn ich am Sterben bin“, und daneben sagt Lauda zu Murray: „Wenn ich reinkomm, kannst du sicher sein, daß auch mein Herz nimmer lang zuckt.“ Er prophezeit: „Heut werdens

umschmeißen, umfallen wie die Fliegen" und: „Das wird ein gutes Rennen. Ich tät mirs gern im Fernsehen anschauen."
Im Aufwärmtraining fährt Reutemann — bereift mit den frisch eingeflogenen Michelins — unter 1:42. Niemand glaubt, daß der Ferrari vollgetankt ist — aber er ist es. Damit steht der Sieger eigentlich schon außer Zweifel.
Tatsächlich weiß Reutemann „schon nach zwei Minuten des Rennens, was los ist". Pro Umlauf fliegt er der Konkurrenz um zwei Sekunden davon, später, als Andretti an die zweite Stelle vorkommt, nur noch um eine. „Aber dieser Tag gehört Carlos, dieses Rennen, dieser Sieg, dagegen ist nichts zu machen", gibt Andretti zu. Lotus-Kollege Peterson beginnt zurückhaltend, schont die Reifen, läßt Hunt und Andretti vorbei. „Ich fahr nicht hart", sagt Ronnie, „ich hab meine eigene Idee, wie ich fertigfahren und gewinnen muß." Villeneuve zerstört diesen Plan: Karambolage in der 15. Runde. Lauda ist Augenzeuge: „Keine Diskussion, Villeneuve schießt Ronnie von hinten ab."
Der Kanadier rechtfertigt sich später: „Als ich innen bin, schmeißt mir Peterson die Tür zu, mein rechtes Hinterrad steigt über sein linkes Hinterrad in die Luft, beim Landen sprühen die Funken."
Dagegen Peterson: „Villeneuve will mich an einer Stelle ausbremsen, wo es kein vernünftiger Mensch riskiert, wo man mit Kopf fahren sollte, statt blödsinnige Dinge zu tun." Die zweite schwere Karambolage Peterson—Villeneuve in drei Rennen (vorher: Fuji) — und wochenlang wird Ronnie sagen: „Immer, wenn ich den Ferrari im Rückspiegel sehe, kriege ich Gänsehaut."
In Rio müssen beide an die Box. Die Lotus-Mechaniker wechseln den defekten Reifen, übersehen aber die gebrochene Hinterradaufhängung — nach einer halben Runde stoppt Ronnie auf der Strecke. Dort zeigt er Villeneuve die Faust. Später muß auch der Ferrari-Fahrer Reifen wechseln ... und fliegt mit frischen, noch kalten Pneus von der Bahn.
Im Mittelfeld wütet Patrese beim Premieren-Rennen des Arrows: Er kollidiert mit Watson, behindert Hunt, bis der Ex-Weltmeister „vor lauter Zorn" einen Unfall baut. Tambay im zweiten McLaren ist das erste Hitzeopfer: Völlig erschöpft und kraftlos, Flimmern vor den Augen, knacht er in die Fangzäune.
Freiwillig gibt keiner auf. „Du redest dir nur immer wieder ein: Fahr

weiter, bleib nicht stehen. Du fährst wie eine Maschine", berichtet Lauda. Er hat sich clever vorgearbeitet, in der fünften Runde Tambay überholt, in der neunten Hunt, in der 15. Villeneuve und Peterson. In der 25. passiert die Schrecksekunde: Vordermann Stuck verliert ein Auswuchtteil eines Hinterrades, das 20-Gramm-Metallstück fliegt wie ein Geschoß auf Lauda zu, zertrümmert die Brabham-Scheibe, verfehlt knapp Nikis Kopf, durchschlägt die Karosserie und bleibt im Heckflügel stecken. Niki sieht, wie die Scheibe in Trümmer geht, fährt aber „das heißeste Rennen meiner Karriere" zu Ende.

An der Spitze braucht Reutemann „nichts zu trinken: Atmosphäre im Cockpit: Very good. Ich muß auch nicht arbeiten, bloß drinsitzen und Gas geben." Die Reutemann-Michelin-Show ist unheimlich: 16 Sekunden Vorsprung in der 8. Runde, 33 in der 22., 43,6 in der 40., 52,4 in der 51. Was Carlos aufführt, bezeichnet Lauda als taktisch unklug: „Hätte er nicht mit Minutenvorsprung gewonnen, sondern nur knapp, mit Tempobremse, er hätte den Michelin-Vorteil verschleiert. Und Goodyear wäre nie so rasch aufgewacht!"

So aber fährt sich Andretti „das Herz aus dem Leib" — und sieht Reutemann während des ganzen Rennens nie: „Wenn ich in die Gerade einbieg, ist der Ferrari längst verschwunden. Das deprimiert." Kurz vor Schluß klemmt im Lotus der vierte Gang. Fittipaldi, dann Lauda huschen an Andretti vorbei: Zweiter und Dritter. Als „Fitti" als Zweiter abgewunken wird, gibt es in der Copersucar-Box die nächste Ohnmacht: Sissi Fittipaldi. Reutemann steigt verblüffend frisch aus. „Nächstes Mal demolierst du alle mit drei Sekunden pro Runde!", lachen seine Mechaniker.

Erster Ferrari-Sieg der Ära nach Lauda, eine Ohrfeige für Goodyear. „Haben meine Fahrer viel gelitten?" fragt Enzo Ferrari am Telefon. Die Spaghetti-Presse überschlägt sich: „Das war Reutemanns Rache." Aber die „Gazetta dello Sport" wertet Lauda bereits zum WM-Favoriten auf: „Andretti und Reutemann werden sich die Siege teilen — aber Lauda mischt immer mit."

Mit dem alten BT 45 C kaum noch, eher mit dem BT 46. Laudas Kriegsruf: „Wir brauchen dringend das neue Auto! Und neue Reifen."

KYALAMI: EIN RENNEN WIE EIN KRIMI

Goodyear schlägt im Reifenkrieg zurück: Neukonstruktionen, neue Mischungen müssen her. Aber nicht für alle, nur jene, denen man zutraut, die Ferrari zu besiegen. Erst mit Beginn der Europa-Saison wird die Liste der „Auserwählten" offiziell, aber die Regel gilt praktisch ab Kyalami. Lauda, Watson, Depailler, Andretti, Peterson, Hunt, Scheckter und Fittipaldi erhalten den „schnellsten Gummi", alles verfügbare, beste Material, der Rest der Formel 1 muß sich mit „Control Rubber" (den Standardreifen) begnügen. Klar, daß bald der Negeraufstand losbricht, denn der Unterschied beträgt 1,5 Sekunden pro Runde. „Schon in Ordnung, auch ich hab mich ja erst hochstrampeln müssen", beschwichtigt Lauda. „Goodyear will gewinnen, nicht Leute aus der letzten in die vorletzte Startreihe bringen."

Zu den acht Bevorzugten kommen bald an jedem Wochenende ein, zwei Piloten dazu: Jene, die im ersten Training auf Standardreifen mitmischen (etwa unter die ersten zehn kommen), erhalten gleichfalls Superpneus. Zumeist sind dies: Laffite, Jones, Patrese. Aber der „Achter-Klub" weitet sich automatisch aus: Depailler-Reifen für Pironi, Hunt-Pneus für Tambay. Die Michelins dazugerechnet, kämpft die Mittelklasse (etwa Stuck, Regazzoni also) bestenfalls um Platz 15.

Die Deutschen toben. Mass verlangt eine Gesetzesänderung: „Gleiche Reifen, sogar gleichen Fabrikats für alle Piloten; wie bei den USAC-Rennen." Sein Chef Schmid begeht die Todsünde, öffentlich auf Goodyear zu schimpfen. „Zur Strafe kriegt er jetzt die Holzreifen", sagt Dieter Quester voraus, „oder zumindest Vollgummi." Tatsächlich: Manche Formel-1-Reifen halten drei Formel-1-Tage durch, Testen, Training, Rennen — und sind noch immer nicht auf Temperatur (ideal: 110 Grad).

Es vergehen Monate, bis von den Boxen der Reifen-Prasser ein paar ausgemistete Pneus für jene abfallen, die den Lazarus spielen müssen. Bald herrscht totale Verwirrung: Goodyear numeriert alle Reifen nach einem Codesystem, das von Ingenieuren, Teamchefs und einigen cleveren Piloten erst dechiffriert werden muß. James Bond in der Formel 1 — warum eigentlich? „Weil es für Michelin zu leicht wäre, herauszufinden, was wir tun", gibt Goodyear-Chef Paul Lauritzen

(32), ein gebürtiger Däne, das Reifen-Lotto offen zu. „Da ist es mir lieber, wir verwirren auch ein paar unserer eigenen Teams." Denn: „Oft bringen wir den gleichen Reifen, den wir schon bei einem vorhergegangenen GP verwendet haben, wieder mit, deklarieren ihn nur anders und geben ihm eine falsche Nummer." Im Reifenkrieg wird zurückgeschossen. Was Goodyear betrifft, mit 20 verschiedenen Mischungen 1978! Darunter sind jene „Qualifikationsreifen", die für maximal zwei, drei schnelle Runden bestimmt sind, dann jedoch hoffnungslos in Fetzen fliegen. Von diesen Pneus können die „Unterprivilegierten" nur träumen, von den Siegesprämien auch: 1977 bekam der Sieger 500 Pfund, 1978 zahlt Goodyear das Doppelte.
Spionage und Konterspionage ... schon öfter sind im Grand-Prix-Zirkus Rennreifen auf mysteriöse Art verschwunden. „Pfui, welch häßliche Frage", mimen die Amerikaner Entrüstung. Umgekehrt fehlt irgendwann ein Brabham-Reifen. Goodyear findet bald über die Michelins heraus: sie funktionieren nur auf Streckenbelägen mit starker Adhäsion perfekt — schleudern auf Öl extrem — kennen keinen „schleichenden Plattfuß", sondern verlieren bei Defekt sofort alle Luft. Bei Le-Mans-Testfahrten auf der hermetisch abgeriegelten Militärteststrecke von Istre überleben Depailler und Tambay (Renault) bei 350 km/h je zwei Reifenunfälle. „Dagegen hat Fittipaldi 1973 in Barcelona zehn Runden mit Patschen fahren können und sogar gewonnen", trommelt die Goodyear-Propaganda. Und droht: „Wir zwingen Michelin, immer weichere Pneus zu fabrizieren." Immer weicher = immer gefährlicher.
Zwei Teams haben 1978 einen offiziellen Testvertrag mit Goodyear: Brabham und Wolf. Die Entlohnung: 17 Pfund pro Meile, also ein besseres Kilometergeld, als Staubsauger-Vertreter verrechnen. Seine Testpiloten qualifiziert Lauritzen so: „Andretti ist sehr gut, Lauda natürlich auch, sogar Scheckter, dem alle nachsagen: Je mehr Reifen, desto mehr ist er verwirrt. Das mag stimmen, wenn's zum Rennen kommt — aber um vorher ein Testprogramm durchzuziehen, ist Jody nicht schlecht. Gut: Auch Hunt und Depailler. Viel besser als erwartet: Peterson. Und die neuen Regenreifen entwickeln wir bei zweitägigen Tests in Ohio mit Alan Jones."
In Kyalami (Südafrika) läuft Ende Februar eine Woche lang ein

Monster-Testprogramm: Neue Reifen, neue Autos — der Brabham BT 46 und der Ferrari 312 T 3, den Reutemann so skizziert: „Dem Lotus nachgebaut, Karosserie ganz auf Abtrieb, leichter zu fahren, Super-Kontrolle. Aber ich unterschreib jeden Scheck, wenn du mir garantierst, daß ich ins Ziel komm." Der T 3 sieht aus wie ein Rennboot auf Rädern. Dem BT 46 sind Wellenberge von Wundernachrichten vorausgeeilt — wirklich erfüllt ist nur ein Extra: Der integrierte Wagenheber. Auf Knopfdruck schießt das Auto hoch, Zeitgewinn beim Reifenwechsel: 50 Prozent: Die Oberflächenkühlung funktioniert nicht (wie von Porsche und BMW angekündigt), die Digitalanzeige im Cockpit (Ablesen der Rundenzeit sofort) auch nicht: Flimmern ab 8000 Touren.

An einem Testtag sind Lauda und Villeneuve genau gleich schnell. Weil aber Niki gerade seinen 29. Geburtstag feiert, wird nach Europa gemeldet: „Lauda eine Hundertstelsekunde voran."

Danach fliegt Lauda mit Parmalat-Chef Tanzi auf Blitzsafari in den Krüger-Park. „Damit wir landen können, müssen wir die Giraffen auf der Runway verscheuchen." Zurück in der Kyalami-Ranch, grinst Niki den WM-Leader Andretti an, der krebsrot in der Sonne döst: „Na, du Lobster!" Auf dem Tennisplatz gewinnt Regazzoni das Duell gegen Laffite (um den besten Tennisspieler der Formel 1) 6:4, 10:8.

Ferienstimmung im Bungalow-Hotel, Nachtschicht in den Kyalami-Boxen. Für Lauda wird eine neue Karosserie aus England, werden Räder aus Italien eingeflogen. Nachts um drei ist der BT 46 fertig. Zeit genug, denn das Training beginnt viereinhalb Stunden verspätet, weil Fangzäune und Leitplanken schlampig montiert sind. Grund für Ecclestone, Gift zu spritzen. Er spielt Piccinini die Nachricht zu: „Die Goodyear-Teams verschleppen das Training so lange, bis die Wunderreifen durch den Zoll sind." Piccinini steigt prompt auf die Seife, rutscht aus und geht sich zum Rennleiter beschweren.

Als es endlich losgeht, bricht Lauda der Drehzahlmesser, dann karamboliert er (seine Schuld) mit Jarier. „Aha, darum stieg Jarier drei Meter in die Luft", wundert sich Ferrari-Sturzpilot Villeneuve. „Also passiert das nicht nur mir." Lauda, der Vollprofi, ackert sich durch sechs verschiedene Reifensätze, am Abend hat er Bestzeit, die auch den zweiten Trainingstag überdauert: Pole-Position für eine Neukon-

„The genius" und sein World Champion: Colin Chapman mit Mario Andretti

John Player Special
Valvoline
John Player Special
John Player Special
Valvoline
Valvoline
John Player
Valvoline
John Player Special
VALVOLINE
John
Player
Special
OLYMPUS
CAMERAS

Die „schwarzen Lotus-Teufel“: Andretti (5), der von Saisonbeginn an zum Weltmeister programmiert war, und Peterson (6), der nicht gewinnen durfte. Ihr Wettrennen um den Titel endete tragisch

Andretti mal zwei? Rechts stehend der echte Mario, sitzend sein Zwillingsbruder Aldo. Die beiden waren 15, als sie mit ihren Eltern von Italien nach Amerika auswanderten. „Unser Vater hatte 75 Dollar im Sack – mehr nicht."

Vom Flüchtlingskind zum vielfachen Millionär. Andretti hat wenig Freizeit – aber wenn, genießt er sie in vollen Zügen. Er hat einen eigenen See

parmalat
parmalat
MICHELIN
MICHELIN

parmalat
parmalat
MICHELIN

parmalat
parmalat
parmalat
MICHELIN

Long Beach, erste Kurve: Watson (2) innen, mit blockierten Rädern, Reutemann (11) kann erst spät einschlagen und Villeneuve (12) geht in Führung. Dahinter Lauda (1) und Andretti (5)

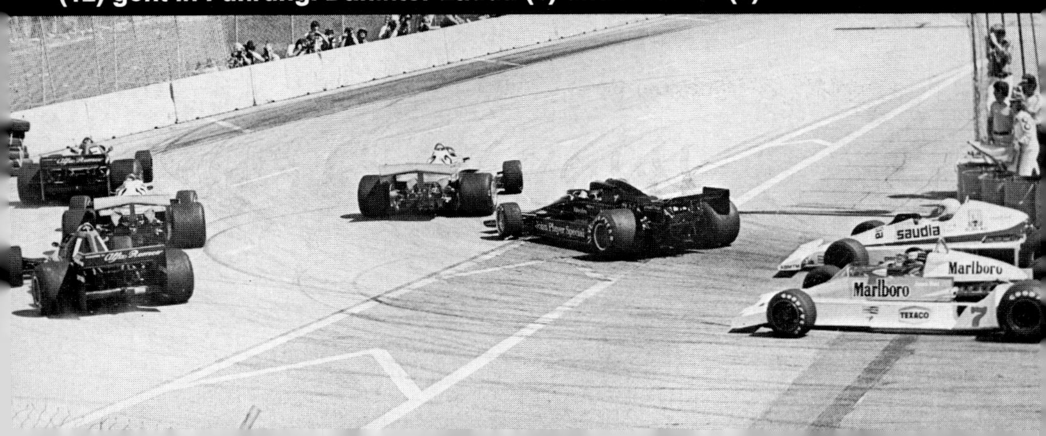

Wenn Helden leiden müssen: Kaltes Wasser für die von den heißen Pedalen fast verbrannten Schuhe. Andrettis Gesicht sagt alles

struktion, das haben vor Lauda in Kyalami nur Jackie Stewart (1970, March) und Denis Hulme (1973, McLaren) geschafft. Wieder einmal schreibt Lauda Renngeschichte.

Und Andretti braucht einen Schutzengel: Mario rollt an die Box — plötzlich geht die Lenkung ins Leere. Lenkung gebrochen! „Jesus Christus, hab ich Glück gehabt", sagt mir Mario. Lauda spricht aus, was Andretti wohl denkt: „Wenn das draußen auf der Strecke passiert, in einer Bergabpassage, ist Mario tot." Moss und Clark hatten früher in Spa (Belgien) ähnliche Lotus-Alptraum-Defekte.

Mann des Tages im Abschlußtraining ist Riccardo Patrese. Im Frühtraining („meine Schuld") böse ausgeritten — aber nachmittags die Sensation: Erst nach 30 Minuten, als Lauda wegen gebrochener Benzinfeder aussteigt, mit repariertem Unfall-Auto auf der Strecke — und Tagesbestzeit. Der Schock kommt verspätet: CSI-Ingenieur Schild mißt das Arrows-Cockpit nach: um vier Zentimeter zu schmal (statt 45 mal 30 nur 41 mal 30 cm). „Wir disqualifizieren dich nicht, aber fürs Rennen muß das Cockpit ausgeschnitten werden." Die Tat hat Symbolwert: Arrows und Patrese — immer hart am Limit.

Arrows ist ein neues Team in der Formel 1. Die Idee, die Anfangsbuchstaben ihrer Namen aneinanderzuhängen, haben die Arrows-Leute von March gestohlen, das Auto von Shadow — hart ausgedrückt. Denn fünf Monate später, als es zum aufsehenerregenden Copyright-Prozeß kommt, dringt manches ans Licht, das in Rio (überhitzte Benzinpumpe beim Premierenrennen) und Kyalami noch ungeteilten Applaus verlangt. „Ein Team mit Zukunft!" urteilt Lauda — dem Oliver schon im Juni 1977 ein Angebot gemacht hat; Andretti allerdings auch. Aber Mario hatte seine eigenen Verbindungen, um herauszufinden, woher die dunklen Gelder des Sponsors Ambrosio kommen — und sagte rasch ab. Lauda hat gar nicht nachgedacht.

„Arrows" fügt sich so zusammen: „A" und „R" für den undurchsichtigen italienischen Geschäftsmann Franco Ambrosio und seine Frau (über die er alle Geschäfte abwickelt, also auch das Mäzenatentum für Shadow 1977); „R" für Alan Rees, den dicklichen Teammanager; „O" für Jacky Oliver, vor zehn Jahren noch Lotus-Nr.-2-Pilot, jetzt Teamchef auf der anderen Seite der Leitplanken, „weil ich, wenn schon nicht selber, mit einem jungen Fahrer Weltmeister werden

möchte"; „W" für Dave Wass, den Zeichner; und „S" für Tony Southgate, den Konstrukteur. Oliver, Rees und Southgate stehen an der Spitze der Shadow-Abtrünnigen ... und darum später, Ende Juli, vor Gericht.

„Am 28. 11. 1977 wurde das Team gegründet, am 13. 12. erfolgten die ersten Handgriffe, am 18. 1. 1978 war schon das erste Auto fertig — in nur 53 Tagen gebaut!" triumphiert die Arrows-Propaganda. „Wir hatten nichts, jetzt gehören uns eine komplett eingerichtete Fabrik und neun Motoren, das Budget ist gedeckt", jubelt Oliver, „aber ich hab auch viel eigenes Geld reingesteckt."

Von Ambrosio kommt weniger, als man glaubt. 850.000 Pfund (etwa 25 Millionen Schilling) sind vereinbart, auf zwei Raten flattern im Oktober 1977 und Jänner 1978 je 200.000 Pfund aufs Arrows-Konto. Aber der Schachzug ist längst vorgeplant. Vor Gericht tauchen später Dokumente auf, die beweisen, daß Oliver und Ambrosio schon am 11. 6. 1977 brieflich zwei Pläne ausgeheckt haben. Plan A: Das heruntergekommene Shadow-Team mit Schuldscheinen aufzukaufen, Teambesitzer Don Nichols hinauszutreten und automatisch die Formel-1-Mitgliedschaft zu übernehmen. Plan B: Mit den wichtigsten Leuten von Shadow abzuhauen und ein neues Team aufzustellen — eben Arrows. Plan B fliegt auf, als Oliver und Co. bei einer Zubehörfirma einen Autoteil bestellen — der jedoch automatisch an Shadow (nicht an Arrows) fakturiert wird. Als Shadow-Besitzer Don Nichols später die ersten Fotos des neuen Arrows sieht, trifft ihn fast der Schlag: „Das ist ja mein Auto!" Tatsächlich ist Tony Southgate, der bei Shadow noch den DN 9 konstruiert hat, mit 113 Zeichnungen (wie der Prozeß ergibt) zu Arrows übergelaufen. Und hat dort das gleiche Auto ein zweites Mal gebaut ...

Daß Arrows für Southgate blitzschnell ein Konstruktionsbüro gründet („Er ist unabhängiger Designer"), nützt nichts. Anfangs warten die unbeteiligten Teamchefs mit zynischer Spannung, wie der Kampf Arrows — Shadow ausgeht, dann schlägt das Pendel zugunsten von Shadow aus. Nichols: „Weil alle plötzlich kapieren, daß ihnen das gleiche passieren kann. Rein theoretisch: Was passiert, wenn Gordon Murray bei Brabham türmt, zu Hause in der Garage ein Formel-1-Auto baut, jemanden hineinsetzt und mit ihm Weltmeister wird?"

Soweit sind die Arrows-Piloten noch nicht — oder nicht mehr. Ursprünglich hat Oliver das Projekt um Gunnar Nilsson aufgebaut. Doch zur gleichen Zeit erkrankt der Schwede an Krebs. Die ersten Warnzeichen: Schmerzen ab Monza 77. Aber erst im Dezember, bei der Durchuntersuchung, lernt der Schwede die bittere, tragische Wahrheit kennen. Eine Serie von Operationen beginnt, wochenlange Krankenhausaufenthalte werden immer wieder unterbrochen — manchmal absolviert Gunnar in Londoner Parks bereits Konditionstraining. Lotus zahlt ihm eine Londoner Wohnung, Arrows die Spitalskosten.

Rennfahrer haben schon gegen alle möglichen Schicksalsschläge angekämpft, sind von den schrecklichsten Unfällen auf die Pisten zurückgekehrt (Lauda) — aber Nilssons heroischer Kampf ist ein anderer. „Oft war's schwer, nicht aufzugeben." Nilsson magert auf 48 Kilo ab. Als ihn Peterson im Februar besucht, erkennt er ihn kaum wieder. Durch die Kobalt-Bestrahlung hat Gunnar alle Haare auf dem Kopf verloren. Darum nennt ihn Andretti: „Kojak" — wie Telly Savallas in der gleichnamigen TV-Serie. Als ich Nilsson später in Brands Hatch treffe, erzählt er: „Mario und Ronnie haben die ganze Zeit mit mir Kontakt gehabt. Das hilft unheimlich. Depailler wohnt nur hundert Meter von mir, ich seh' ihn fast täglich. Und die anderen rufen oft an."

Wann immer ein Grand Prix im Fernsehen übertragen wird, ist Nilsson im BBC-Studio eingeladen. Dann sagt er oft: „Ich muß wieder fahren, Colin Chapman bitten, ob er mir ein altes Auto zum Testen borgt, irgendwann nächstes Jahr." Und Arrows schwört: „Wann immer Gunnar wieder fahren kann, ist ein Auto für ihn da, egal, wer dann aussteigen muß." Patrese und Stommelen fahren die „weißen Haie", die später, mit Warsteiner-„Gold" verziert, zum „Goldpfeil" werden. Man spricht von 600.000 DM, die bei Vertragsabschluß mit der Bier-Firma (23. 2.) bezahlt werden. Rolf hat die Drähte gezogen, also steigt er nach 18 Monaten Grand-Prix-Pause wieder ein. „Nicht als Ersatzfahrer für Nilsson", dementiert er, „weil ich schon im Gespräch war, bevor Gunnar erkrankte." Oliver betitelt Stommelen so: „Unser Senior-Driver."

Mehr als zehn Jahre jünger (nämlich 24) ist Riccardo Patrese. „Ein Naturtalent, wie es alle heiligen Zeiten einmal geboren wird", lobt ihn

Oliver. „Patrese ist unheimlich sensibel, ganz sanft zum Auto, aber aggressiv gegen jeden Gegner, brutal im Zweikampf", formuliert Alan Rees. Die Italiener, für ihre Marktschreierei bekannt, feiern ihn schon längst als den „neuen Ascari". Still, fast scheu, etwas trotzig: Patreses Auftreten ist im krassen Gegensatz zu seinem Erfolgshunger, unstillbaren Drang, nach oben zu kommen.
Früher fuhr er — wie Tambay — einsame Rennen: Auf Skiern. „Ich hab als Skirennläufer nie Geld kassiert, keine lumpige Lira, aber auch nichts zahlen müssen", erzählt mir Riccardo. „Das Material bekam ich immer umsonst. Und ich belegte viele erste Plätze in allen Arten von Rennen. Bei der ‚Trofeo Toppolino' — immer das Sprungbrett zur großen Karriere. Dann bei der Kinder- und Juniorenmeisterschaft." Patrese kommt aus Padua. „In meiner Region habe ich fast alle Rennen gewonnen und mit 18 war ich sogar Juniorenchampion im Riesenslalom." Bei den ganz großen Rennen, „wenn ich gegen Gustav Thöni und alle Kanonen antrat, war es schwieriger."
Trotzdem: Sein Talent brach durch, und 1974/75 bot ihm der italienische Skiverband an: „Du kommst ins Team, kannst mit den Großen mittrainieren, aber du mußt von Padua wegziehen, du mußt in die Berge." Flachländer Patrese fuhr bereits zweigleisig: Im Winter Ski-, im Sommer Autorennen, davor Go-Kart-Europameister. 1975 kämpfte er bereits im Stallgewitter der Formel 3. Seine Karriere war am Scheideweg: Ski oder Auto? Das Machtwort sprach die Mutter: „Du ziehst nicht in die Berge, sondern bleibst daheim in Padua." Als braver Sohn gehorchte Riccardo seiner „Mama", ging nicht in den Schnee, blieb im Trockenen — und debütierte 1977 bereits in der Formel 1: Monte Carlo, neunter Platz.
Profitiert er heute noch von seiner Skikarriere? „Ja, weil mein Gedächtnis gut trainiert ist. Früher merkte ich mir Slalomkurse mühelos auswendig — deshalb lerne ich heute neue Rennstrecken genauso rasch." Wenn ihm der Rennstreß zu arg wird, flüchtet Patrese heute noch in die Berge, um auszuspannen. Wie jede höhere italienische Familie, hat auch die Patrese-Sippe ein Chalet in Cortina . . . in dem Riccardo Erfolge feiert oder über Enttäuschungen weint.
Southgate hingegen fliegt von Kyalami — noch vorm Rennen — nach England, um sofort weiterzuarbeiten: Das ist Arrows-Tempo. Den

Brabham-Mechanikern gibt Murray eine Arbeitsliste mit 300 Punkten: Fast ein totaler Flugzeug-Check. Siegeschancen, im Lauda-Stenodeutsch: „Ans Gewinnen denkst immer, wenn das Auto hält. Und wennst keinen Blödsinn machst. Und jetzt heißt's beten, daß die Kraxen durchhält." Der BT 46 wird vollgetankt. Dagegen befiehlt Chapman den Andretti-Mechanikern: „Pumpt Mario 15 Liter raus."

„Patrese gewinnt, Rolf wird Sechster!" prophezeit Marlene Stommelen. Ihr Tip ist der einzige, der fast stimmt. Alle anderen Prognosen werden vom Rennverlauf weggespült: Verrückt, verwirrend, sensationell.

Da verschaltet sich Lauda, das Fahrgenie, gleich nach dem Start — vom ersten in den vierten Gang, daraufhin eingeklemmt in eine Windschattenschlacht von Andretti (dem Ersten) bis zu Peterson (dem Elften). Da tippen Ecclestone und Stewart: „James Hunt gewinnt" — prompt ist Hunt mit faustgroßem Loch im Motor der erste Ausfall. Da hat Lauda den Scheckter-Boß Wolf angegrinst: „Merk dir, Kojote: Solange ich fahr, hat dein Jody keine Chance." Prompt liegt Niki volle 30 Runden lang hinter Scheckter, bis in der 53. sein Alfa-Motor festgeht (dritter Platz).

13 Piloten (also das halbe Starterfeld) liegen irgendwann in den Punkterängen 1 bis 6, fünf Mann führen:

Vom Start bis zur 20. Runde: Andretti — bis er sich (wie in Fuji 1976) zurückfallen läßt, um auf der reifenmordenden Strecke seine Pneus fürs Finale zu schonen.

20. bis 26. Runde: Scheckter — aber im Gegensatz zu Andretti hält er das Spitzenrudel eher auf. Dann verschleißt Jody seine Hinterreifen, der Motor stirbt ab, im Bergabteil reißt eine Ölspur den Südafrikaner von seiner Heimatstrecke. Schuld ist Keegan, der trotz gerissener Ölleitung weiterfährt, die Bahn ölverseucht und auch Reutemann aufs Kreuz legt — der linke Ferrari-Benzintank geht beim Aufprall auf die Fangzäune in Flammen auf. Carlos springt ins Freie und Piccinini fühlt sich bemüßigt, ein Ferrari-Communiqué herauszugeben: „Reutemann ist rausgeflogen."

26. bis 63. Runde: Patrese — aber auch er hat die Führung nicht geerbt, sondern bitterhart erkämpft. Patrese in seinem zehnten, der Arrows im zweiten Rennen: Ein unheimliches Feuerwerk, eine fast

unwirkliche Show: Der neue „Wunderwagen“ stürmt den Verfolgern um 30 Sekunden davon. Die Geburt eines Superchampions? Aber statt der Sensation ein bitteres Ende: Motorschaden. Weinend kommt Riccardo an die Box, zu Fuß, geknickt, trotzig. „My champion“, empfängt ihn Oliver, „1979 wirst du Weltmeister.“

Patrese schaut nur trotzig: „Sag mir bitte nicht: ‚Dann eben nächstes Mal.‘ Ein Monat Pause bis Long Beach. Ich hasse es, jetzt vier Wochen dazusitzen und zu denken: Ich hätte gewinnen können.“

Oliver: „Was dir heute passiert ist, hat Andretti letztes Jahr dreimal am eigenen Leib verspürt.“

Patrese: „Gut, aber wie oft hat er gewonnen?“

Oliver: „Viermal.“

Patrese: „Na, eben — ich war noch nie unter den ersten drei. Dabei könnte ich jetzt schon in der Weltmeisterschaft führen.“ Kleine Pause: „Und Southgates Gesicht hätte ich heute gerne gesehen.“

Oliver lächelt: „Wahrscheinlich hat er in England den Fernsehapparat zertrümmert.“

Damit führt jetzt Depailler, der „ewige Zweite“, dem aber „der liebe Gott wohl verboten hat, jemals einen Grand Prix zu gewinnen“, glaubt Tyrrell-Chefmechaniker Roger Hill. Sechs Runden vor Schluß fängt Patricks Motor an zu stottern (defekte Benzinpumpe), setzt immer häufiger und länger aus. „Ich bin absolut hilflos.“ Als das Lotus-Duo Andretti—Peterson aus einem Zehn-Sekunden-Rückstand angreift, steht Depailler mit dem Rücken zur Wand. „Ich fahr jede Kurve um einen Gang höher, um Benzin zu sparen, versuche fast kriminelle Dinge, aber nichts nützt.“ Die Plus-Signale auf Andretti werden immer kleiner. Andretti rüstet zum Endspurt — hinter ihm macht sich Peterson bereits mit Platz drei vertraut.

Doch plötzlich: Andretti wird langsamer. Der Sprit geht zur Neige. Mario schaltet blitzschnell die elektrische Benzinpumpe zu, drückt verzweifelt alle Knöpfe im Cockpit, irrtümlich schaltet er auch die Heckleuchte ein — daraus leiten später englische Experten ab: „Andretti und Peterson haben ein Geheimsignal: Wenn Mario das Hecklicht einschaltet, darf Ronnie überholen.“ Doch Ronnie, durch die Stallorder hinter Andretti zurückgezwungen, hat auf Mario eine Sekunde pro Runde gutgemacht, ist 15 Runden hinter ihm geblieben, ohne zu überholen — „weil das auch bei Teamkollegen immer ein Risiko ist. Manchmal wird man von der Piste geboxt. Und wer weiß, wie Chapman reagiert hätte."

Drittletzte Runde: Andretti stottert zum Nachtanken an die Box — Peterson geht vorbei und fängt den führenden Tyrrell ein. Patrick, durch das näherkommende Lotus-Duo längst alarmiert, verliert in der vorletzten Runde allein vier Sekunden. Damit hat er Peterson bereits im Nacken. Bis drei Kurven vor Schluß wehrt sich Depailler gegen die Niederlage, boxt, rempelt — und wird doch besiegt. Peterson gewinnt den Krimi von Kyalami, aber seine Frau Barbro sieht die Zieldurchfahrt gar nicht: „Ich hab Andretti nachgestarrt und plötzlich fliegt schon Chapmans schwarze Mütze."

Seltsame Siegerehrung: „Wieso du? Ich dachte, Mario hätte gewonnen", grinst Depailler den Sieger Peterson an. Als Dritter klettert Watson aufs Podest, „nach einer halben Flasche Champagner schon betrunken" — und Andretti bleibt nur der siebente Rang.

Chapmans zwei Gesichter: Als Andretti nachtanken muß — wütend, ein zorniger Tritt auf den Beton. Als Peterson den Pokal bekommt: „Ronnie, um Himmels willen, hat es doch geschafft." Kurze Umarmung mit dem besiegten Ken Tyrrell, da Gratulation, dort Mitgefühl. Dann stellt Goodyear-Rennchef Lauritzen mit amerikanischer Härte den Satz in den Raum: „Besser, es wäre Mario gewesen." Chapman schreckt auf: „Du hast recht", sagt er leise.

Unten, in den Boxen, toben Andrettis Mechaniker. Eine Rarität bei Lotus, wo Chapman die Monteure geißelt. „Das hat man davon: Zwei Wochen Hunds- und Dreckarbeit, im letzten Moment noch den Motor gewechselt, dann rechnet einer den Benzinverbrauch aus, der andere läßt abzapfen — so bekommt man seine Ohrfeigen." Andretti verläßt Kyalami wütend und verbittert, mit Peterson fliege ich im Hubschrauber zurück in die Kyalami-Ranch: „Da bin ich also", freut sich Ronnie, „in der WM so gut plaziert wie nie mehr seit 1971, Sieger auf dem schlechtesten Lotus-Kurs, den es gibt. Normal hätte ich gar nicht gewinnen dürfen!"

Sonntag früh: Auf den Balkongittern der Kyalami-Ranch hängen durchgeschwitzte Overalls zum Trocknen. Patrese, die Sensation von gestern, spielt eine lustlose Partie Tennis. Am Swimmingpool führt

Stewart das große Wort, entreißt dem Negerkellner die Rechnung und sagt: „Ich unterschreib für alle.“ Dann kritzelt er: „Room 137, Ronnie Peterson.“ Nach der alten Weisheit: „Der Sieger zahlt alles.“
Der Sieger, der aus dem Nichts kam, als keiner mit ihm gerechnet hat. In den schwedischen Zeitungen: Trotzdem nur eine kleine Notiz. „Für die Schweden ist Rennfahren ein brutaler, ungezogener Sport“, erklärt mir Ronnie, „als braver Schwede sollst du außerdem ja nicht mehr als 2000 Kronen verdienen.“ Seltsam: Da ist Ski-Champion Stenmark, dem alle nachrennen und der kaum redet — und da ist Peterson, der sich wie eine Blume öffnet und von dem so wenige etwas wollen. Schade, eigentlich.

LONG BEACH: DAS GROSSE SPEKTAKEL

Andretti 12, Peterson 11, Lauda und Depailler je 10, Reutemann 9 Punkte: Nur drei Punkte trennen die ersten Fünf in der WM. Gespannt wartet der Formel-1-Zirkus auf zwei neue Autos: Lotus 79 und Shadow DN 9. Wieso braucht Lotus ein neues Auto? „Sieh dir nur die Topspeed-Messungen an: Jabouille mit dem Renault-Turbo mit 288 km/h am schnellsten, Lauda mittendrin, Ronnie 274, Mario 273 km/h“, rechnet Chapman vor. Regazzoni fiebert seit Kyalami dem DN 9 entgegen: „Wenn der nur halbwegs so läuft wie der Arrows, ist sogar ein Sieg drin! Denn es ist ja das gleiche Auto.“
Beim International Trophy-Rennen von Silverstone ist Weltpremiere — bei strömendem Regen. Andretti verschaltet sich und rutscht in die Fangzäune, Regazzoni knallt ihm mittendrauf: Zwei Totalschäden. (Laudas Brabham ist schon im Aufwärmtraining im Schlamm versunken.) Nur vier Autos kommen ins Ziel: der Aufstand der Kleinen, der große Tag der „Underdogs“. Derek Daly (Hesketh) führt in seinem allerersten Formel-1-Rennen, bis auch er von der Straße gespült wird, Keke Rosberg (Ralt) duscht Fittipaldi in den Regenfontänen und landet einen Sensationssieg — um 7 km/h langsamer als Nelson Piquet bei seinem Formel-3-Erfolg.
Dann ruft der Grand Prix wie von der Filmleinwand: Long Beach in Kalifornien. Pausenlos die schlüpfrige Reklame: „Die besten Renn-

fahrer der Welt tun's auf der Straße." Im Mittelpunkt der US-Busenstar Linda Vaughn (Oberweite 132), High Life auf der legendären „Queen Mary", die jetzt für 30 Millionen Dollar verkauft wird. „Am besten an einen Ölscheich, damit er ein schwimmendes Bordell einrichtet", schlägt Jochen Mass vor.

Fad wird keinem, schon gar nicht Lauda und Andretti. Niki präsentiert in einem Blitzlicht-Gewitter seine Weltpremiere: Das Alfa-Romeo-Cabriolet 2000 „Edizione Niki Lauda", rot-blau lackiert wie sein Formel 1, dazu Heckspoiler, viele Streifen und Lauda-Autogramm. 300 Stück, alle handsigniert, werden für den US-Markt gebaut, 5000 weltweit verkauft. Autos tragen bereits Laudas Namen — Flugzeuge noch nicht. In Los Angeles besteht Niki alle Simultantests mit einer DC 10, Start- und Landemanöver eingeschlossen, und kommt mit glänzenden Augen zurück — im Handkoffer ein Zertifikat mit Goldprägung: „Das kriegen nur DC-10-Piloten."

45 Autominuten von Long Beach: „Grand Prix International", eine der vielen Micky-Maus-Rennstrecken, die Andretti gehören; schnell genug für 100 km/h. Mario, Ronnie und Formel-1-Girl Divina Galica haben ihren großen Auftritt. Die Superstars fahren, die Fans fordern sie. Für einen Dollar kann jeder eine Runde drehen: Wie man im Zirkus dem berühmten Tormann einen Elfmeter schießt. Peterson tritt mit Bauchweh in die Zirkus-Arena: „Voriges Jahr fuhren wir alle bis zum Gehtnichtmehr, keiner konnte mehr schneller. Dann kam ein Boy aus dem Publikum — und schlug mich um zwei Sekunden ..."

Die anderen testen in Willow Springs fürs Training. In der Qualifikation setzen sich zwei bombensicher durch: Patrese, Stommelen. Empörung bei Shadow, weil sich der eingekaufte Hawaiianer Ongais mit seinem nagelneuen DN 9 nicht qualifizieren kann, sich aber weigert, sein Auto Regazzoni zu leihen (oder zumindest das Getriebe für Stuck auszubauen). Später wird Stuck von Keegan abgeschossen: „Ich hab den Himmel gesehen ... und bin aufs rechte Vorderrad gekracht." Die Deutschen ziehen das Unheil magnetisch an: Scheckter kracht Stommelen ins Heck. Rolf fischt das Beweisstück (aus Plastik) aus dem Getriebekasten: „Der Wolf hat mich gebissen."

Lauda hat seinen sechsten Gang ausgebaut („bringt nix außer Blasen") und die Ferrari-Überlegenheit gefürchtet: „Reutemann war schon in den langsamen Ecken von Kyalami um 0,5 schneller." Diesmal zwickt der „Indianer" der Konkurrenz volle 2,2 Sekunden ab: Fast peinlich, wie die Ferrari in dieser Kurvenorgie auftrumpfen, so verbissen sich auch Lauda, Hunt, Andretti dem neuen Wunderreifen S 51 entgegenstemmen. Ratlosigkeit, dann Ärger, am Ende der große Krach: Long Beach erlebt den größten Zeitnehmerskandal in der Geschichte der Formel 1! Die Zeitnahme ist total unfähig, die Ranglisten geraten falscher und falscher, bis zu drei Sekunden. „Zuwenig Platz, zuviel Lärm", entschuldigen sich die Offiziellen, zu schwache Batterien, keine Handstoppung.

Worauf die Wunderfee auftaucht: Michele Dubosc, Boxen-Lady bei Ligier-Matra, bekannt für ihren präzisen Daumen. Daher der Beschluß: Micheles Zeiten ersetzen die offiziellen — worauf die Weltagenturen prompt die neuen Ergebnisse hinausfunken. Der Haken an der Sache: Michele hat nur 23 der 26 Autos gestoppt (alle außer Merzario, Keegan, Leoni).

Jedes Auto in jeder Runde jedes Grand Prix zu timen — das hat nur die sagenhafte „Baby" Caracciola zuwege gebracht, sonst keine. Michele hat vor 18 Jahren begonnen, für ihren rennfahrenden Freund Jose Rosinski die Stoppuhr zu drücken. Der Freund ist längst verheiratet — Michele stoppt immer noch. So begehrt wie Freitag abend war die Pariserin noch nie. Reutemann kommt daher: „Gibst du mir auch ganz bestimmt Pole-Position?" Scheckter, augenzwinkernd: „Streich mir bitte ein paar Hundertstel." Andretti schäumt: „Ich bin weder Fünfter noch Sechster, ich bin Dritter." Fittipaldi wundert sich: „Warum zieht man die Startaufstellung nicht gleich aus dem Hut?" Zwanzig Millionen Schilling kostet dieser GP, aber für eine korrekte Zeitnehmung ist kein Geld da.

Und Niki Lauda, typisch realistisch: „Wennst einen Affen in den Brabham setzt, fährt der auch nicht. Warum sollte die Zeitnehmung funktionieren: Mit dem Greißler vom Eck oder mit dem Tankwart von Long Beach?"

Bernie Ecclestone reißt die Geduld. Er setzt sich mit Brabham-Zeitnehmer Sante Ghedini und Ferrari-Stopper Jean Campiche zusammen, arbeitet eine Tabelle aus und sagt: „So, die gilt jetzt." Der Boß hat entschieden, keiner widerspricht.

Reutemann werden 1:20,6 gutgeschrieben, wirklich gefahren ist er 1:20,9. Aber keiner glaubt, daß sich etwas ändert — bis Samstag Villeneuve 1:20,8 fährt und Lauda 1:20,9. Carlos rettet also seine Pole-Position mit Mühe. Tatsächlich Schnellster ist Villeneuve.

Vor Jahresfrist galt er als Wunderknabe und wurde — als ihn Walter Wolf persönlich Enzo Ferrari vorstellte — schon zum „kommenden Weltmeister" hochgejubelt. Bald jedoch mit der Einschränkung: „Wenn er überlebt." Der Franco-Kanadier Gilles Villeneuve (25) war eine Zeitlang ein Synonym für Ausritte, Dreher, Karambolagen, speziell nach dem Fuji-Massaker, viele fragten schon schadenfroh: „Wann setzt ihn Ferrari vor die Tür?" Aus dem nächsten World-Champion war ein Geachteter geworden.

Nur wenige glaubten felsenfest an ihn, vor allem McLaren-Youngster Patrick Tambay: „Gilles ist viel besser, als alle glauben." Tambay hat mit Villeneuve seit Jahresanfang eine Privatwette laufen: „Wer von uns beiden als erster seinen Teamkapitän im Training schlägt, also entweder er Carlos Reutemann oder ich James Hunt, muß den anderen zum großen Galadiner einladen." In Kyalami war Gilles erstmals schneller als Carlos. Das Essen droht teuer zu werden: Tambay hat Monte Carlo ausgewählt ... Ursprünglich hätte ja Villeneuve 1978 für McLaren fahren sollen, Tambay für Ferrari. Aber Teddy Mayer verglich in Silverstone die Leistungen: Beide gleich schnell, Villeneuve jedoch mit drei Drehern. „Das beweist mir: Der Mann ist überfordert."

Vielfach vergißt man, wie wenig Rennroutine Villeneuve hat: Von allen Piloten, die 1978 regelmäßig in der Formel 1 konkurrieren, hat keiner so wenige Rennen „under his belt" (wie die Kanadier sagen) wie die Nr. 2 von Ferrari. Im ersten Jahr: vier Formel-Ford-Rennen, im zweiten: zehn Rennen, im dritten: etwa dasselbe, im vierten: sieben Formel Atlantic, 9 CanAm und drei Formel-1-Rennen, mehr nicht. Freilich: 50 Prozent der Formel-Atlantic-Rennen werden auf Straßenkursen ausgekämpft — und die mag Villeneuve.

Was ihm fehlt, lernt er schnell. Zum Beispiel: Sein Fahrstil frißt mehr Reifengummi als jener Reutemanns. Er testet viel, lebt aber nicht Tag

und Nacht im Ferrari: „Wir testen auf allen Strecken, tagtäglich ist es sowieso unmöglich — wenn nötig, fahr ich eben von Cannes nach Fiorano. Im Durchschnitt: Einmal pro Woche." Bei Ferrari fühlt er sich „easy und happy", Druck spürt er keinen. „Das beste ist, keine italienischen Zeitungen zu lesen — ich schau mir nur die Fotos an."
Niki Lauda hat — flüchtiger Eindruck — seinen Ferrari-Nachfolger nicht gerade ins Herz geschlossen. Es dauert bis September (bis zur Marlboro-Party am Monza-Freitag am Comosee), bis sich Lauda und Villeneuve zu einer längeren Plauderei zusammensetzen. Anfangs sitzt Gilles fast habtacht, saugt jedes Wort des Champions in sich auf. Lauda gibt ihm Tips, wie er mit Forghieri zurechtkommt („Ein Genie, aber unmöglich, mit ihm zusammenzuarbeiten — außer du sagst ihm gewisse Dinge, die er hören will"). Dann knabbert er vom Goldschatz seiner Ferrari- und Monza-Erfahrungen ein paar Gramm für Villeneuve ab. Der Kleine ist dankbar und erkämpft sich tags darauf prompt die erste Startreihe — wie in Long Beach.
Wo Villeneuve ist, weht immer ein Hauch von Kanada: Wohnwagen hinter der Box, die kochende Frau, manchmal die Kinder: Gilles braucht die Familienatmosphäre.
Und Forghieri das Chaos. „Wir müssen uns in 20 Minuten entscheiden: Fliegen wir neue Reifen aus Frankreich nach Los Angeles — ja oder nein?" Als Lauda davon hört, grinst er: „Hoffentlich hat der Flieger Verspätung." Im riesigen Auditorium zahlen jeweils 5000 Race-Fans fünf Dollar Eintritt, um die Formel-1-Autos anzugaffen. Dazu spielt eine Dixieland-Band, unterbrochen nur vom Hofpoeten des Formel-1-Zirkus, Anthony March, der die Grand-Prix-Stars einzeln vors Mikrophon zerrt: „Your friend and my friend", trompetet er, „Mario Andretti." Mario garantiert vollen Druck auf die Ferrari. „Wenn ich als erster wegkomm', müssen Reutemann und Villeneuve in meinem Dampf braten" (was im Andretti-Englisch viel härter klingt).
Villeneuve denkt „nicht wirklich ans Gewinnen. Ich hoff', Carlos und ich starten gut, dann bleib ich hinter ihm ... wenn ich kann." Von Taktik sagt bei Ferrari keiner etwas. „Aber normal", unterspielt Gilles, „kann ich Carlos nicht besiegen."
Aber Reutemann ist in Long Beach noch nie über die erste Kurve

hinausgekommen ... denkt er auch diesmal dran? „Ich seh im Rückspiegel, wie Watson nach dem Start in einer Rauchwolke, alle vier Räder blockiert, auf mich zuschießt, geh also sofort in Deckung und mach einen weiten Bogen um die erste Kurve." Dabei touchiert er mit Andretti. Die Reihenfolge danach: 1. Villeneuve, 2. Watson, 3. Lauda, 4. Reutemann — ein mitreißendes Teammatch Ferrari — Brabham-Alfa, bis beide Ecclestone-Autos ausfallen. Watson wegen „einer Explosion im Heck, als wäre eine Bombe losgegangen", Lauda, weil er mutmaßt: „Der Benzindruck ist weg." Niki ist schon längst in der Luft, auf Heimatkurs, als sein Mechaniker Cuoghi in der Garage den wahren Ausfallgrund findet: Eine defekte Zündbox.

Watsons Ausfall bleibt ein totales Rätsel: Vier Tage später wird der BT 46 in England komplett auseinandergenommen, gefunden wird nichts. Watson steht zitternd daneben: Unangenehm für ihn, die ersten Vorwürfe — bis man durch Zufall doch den Defekt findet: „Der Entlüftungsschlauch des Öltank rieb sich hinten an der Bremsscheibe, bis er sich entzündete — ein Funken schoß in den Öltank — die Explosion zerfetzte auch (knapp hinterm Sitz) das Monocoque. Also: Freispruch für Watson.

Long Beach wird die befürchtete Spazierfahrt zweier Ferrari-Chauffeure. Immer: Villeneuve vor Reutemann, trotz gebrochenem Drehzahlmesser und herausspringendem zweiten Gang. Gilles kann das Auto aus allen möglichen Winkeln einfangen, unter Kontrolle bringen — „denn der T 3 verzeiht alles, ist viel gutmütiger. Und mit dem (aus dem Cockpit) verstellbaren Stabilisator und den Schürzen an der Unterseite um 20 Prozent besser als der T 2."

Als Lauda draußen ist, atmet Villeneuve auf: Der ärgste Druck ist weg. Doch die Bahn ist ölverschmiert, sehr rutschig, ab der 30. Runde mit unheimlich viel Gummiabrieb. Jetzt holt Reutemann auf und zieht Alan Jones mit sich. Abgehängt: Andretti. Zum Reifenwechsel 40 Sekunden angehalten: Peterson. Nach zwei Kollisionen und mit zerbrochenem Rad an der Box: Patrese.

Fittipaldi hat in seinem erst vierten Grand Prix zum ersten Mal gewonnen (Watkins Glen 1970), Regazzoni im fünften (Monza 1970), Stewart in seinem siebenten (Monza 1965), Ickx in seinem achten (Rouen 1968). Villeneuve kommandiert in seinem erst siebenten

Grand Prix, bis ihm genau bei Halbzeit (39. Runde) ein Stolperstein in den Weg gerät: Der zu überrundende Regazzoni, der gerade mit dem Turbo-Piloten Jabouille um den zwölften Platz kämpft, während Villeneuve das Verfolger-Duo Reutemann—Jones im Nacken spürt.

Villeneuve ist in der Zwickmühle: Zu lange warten könnte heißen, daß Jones beide Ferraris austrickst. Sofortiges Überrunden ist gefährlich. „Mein Pech ist, daß ich so schnell aus der Haarnadel herauskomm — und überrascht bin, daß Regazzoni so früh bremst." In dieser Passage kann — laut Clay — „kein Rennwagen einen anderen überholen. Bestenfalls ein Fahrrad". Villeneuves zwei Möglichkeiten: Gegen Regazzonis Heck zu krachen oder zu versuchen, innen auszuweichen — „in der Hoffnung, daß mich Clay sieht ... und Platz macht". Regazzoni sieht nicht in den Rückspiegel, „aber das tut an dieser Stelle keiner. Außerdem: Ich weiß ja den Ferrari hinter mir". Der Crash ist unvermeidbar, aber eher Villeneuves Schuld. Der Aufprall katapultiert ihn in die Luft. Regazzoni sieht den Ferrari von unten und spreizt — unfreundliche Geste — zwei Finger. Dann klatscht der Ferrari auf den Shadow. Ein Reifen hinterläßt überall Spuren: Auf dem Heckflügel, dem Überrollbügel, der Karosserie, sogar auf Regazzonis rot-weißem Sturzhelm!

Clay kann weiterfahren (er wird Zehnter), Villeneuves Siegestraum aber zerschellt. „Schade um Villeneuve, immer diese Pensionisten", empört sich Walter Wolf — neben der TV-Übertragung bei mir vor dem Mikrofon — im ersten Zorn. „Hoffentlich gewinnt jetzt Alan Jones." Reutemann führt, aber Jones attackiert heftigst. Was niemand weiß: Am Williams-Auto hat man die alten March-Vorderflügelhalterungen montiert — und prompt brechen sie, beide Frontspoiler schleifen auf der Erde. Aber was Millionen auf dem Fernsehschirm sehen, weiß Jones gar nicht. Beinahe kämpft er Reutemann nieder — erst als der Benzindruck sinkt, als Jones' Helm durch die Motoraussetzer vor- und rückwärts gerissen wird, fällt er Platz um Platz zurück. Er wird Siebenter.

Kurz vor Schluß dreht sich Reutemann. So holt Andretti von 18 auf 13 Sekunden auf. Aber Chapman sagt: „Mehr als Marios zweiter Platz freut mich Ronnies vierter — nach dem Boxenstop."

Carlos ist wie immer ein Sieger ohne viele Worte: „Das Rennen?

Harte Arbeit. Villeneuve? Kein Problem.“ Der Außenseiter, der nach Villeneuves Ausfall das Rennen fast auf den Kopf gestellt hätte, feiert die schnellste Runde mit ein paar Dosen Bier: Alan Jones. Das Spoiler-Malheur entdeckt er erst in der Garage: „Wenn das im Training passiert, schlägt man einen Riesenwirbel. Und da schleppt man sich durch einen ganzen Grand Prix, ohne es zu merken.“ Williams und Jones sind umringt von ihren arabischen Geldgebern. Inchallah, die Show war gut.

Jones hat, im Grund genommen, etwas recht Gescheites getan. Einen GP hat er gewonnen (Zeltweg 1977), daß er eher nicht Weltmeister wird, hat er auch begriffen — also geht er aufs Geldverdienen los. Sein Frank-Williams-Vertrag erlaubt ihm alle finanzträchtigen Rennaktivitäten in den USA, die CanAm-Serie vor allem, und das Ausbleiben von Formel-1-Lorbeer würde jeder entschuldigen: „Er fährt ja nur für Williams“ — der seit 1969 (Piers Courage/Brabham) keine Top-Kombination mehr gehabt hat, vermutlich aber auch keinen so materialschonend fahrenden Piloten wie Alan Jones: „Die Aufhängungen, Räder, Reifen etc. sind zum Geradeausfahren konstruiert, also soll man so wenig wie möglich seitwärts fahren, immer so weich wie möglich. Das hat mir schon mein Vater eingetrichtert.“

Williams hat Jones 1977 in Monza angeredet. „Aber ich hab erst die Ohren gespitzt, als ich die Reißbrettzeichnungen des neuen Autos sah.“ Von Patrick Heard konstruiert, klein, wendig, mit 580 kg knapp am Gewichtslimit. Ideal für enge, winkelige Kurse — aber auch sauschnell auf den Geraden. „Man hat mein Auto nachgebaut“, reklamiert Walter Wolf.

Geld ist für Williams, erstmals in seinem Leben, kein Problem mehr: seit er neue Geldquellen angebohrt hat, seit er am arabischen Ölreichtum profitiert. 1977 hat es angefangen: kleine Aufkleber am Williams-March. Doch der clevere Frank lud die Araber zum Rennen nach Silverstone ein — und die orientalischen Gäste („jeder einzelne reich genug, um Walter Wolf mit einem Fingerschnippen aufzukaufen“) waren hellauf begeistert: „Let's do it properly — machen wir es für 1978 gleich ordentlich.“

So begann der Williams-Traum von 1001 Nacht. Plötzlich fliegt der Mann, der früher oft genug nur Tee trank, während er seinen Fahrern beim Essen zusah, lässig erster Klasse („was soll's?") und erinnert sich an den Spruch: „Über Geld redet man nicht, Geld hat man." Wieviel, ist Franks Geheimnis. „Aber es wird immer mehr." Man merkt's an den arabischen Aufschriften, „Fly Saudia", wird auf dem Heckflügel für die Fluglinie geworben. „Abilad" kommt hinzu. „Nur eine Firma, irgendeine, die der königlichen Familie gehört", grinst Williams, „besser gesagt: eine der Firmen, über die der König Geschäfte macht. Wie in England vor 600 Jahren."

Förmlich auf fliegenden Teppichen kommen die Saudis zu den Rennen: neun Cousins des Königs Khalid nach Long Beach — ein halbes Dutzend Prinzen später nach Monte Carlo. „Sie sind alle rennverrückt, jeder will mein Auto wenigstens probieren; aber ich habe strikte Befehle, sie ja nicht fahren zu lassen", sagt Williams. Noch ein strenger Befehl: „Weder ich noch Alan Jones darf jemals verraten, welcher Prinz oder welcher Minister zum Rennen kommt — aus Sicherheitsgründen." Und noch etwas bleibt streng geheim: die Sponsorsumme. Manchmal geben die Araber ein Fest — wie im „Metropol"-Hotel von Monte Carlo wird die Hotelsuite einfach in „Nummer 27" umgeändert: die Startnummer von Alan Jones. Und die ganze Crew trägt grüne Pullover mit Nr. 27. Die Arbeitskleidung spendet der einzige nicht-arabische Teamsponsor, die US-Textilfirma „Fruit of the loom" (Amerikas ältestes Reklame-Emblem nach Coca-Cola).

Für Williams in der Formel 1, für Carl Haas in der CanAm: Alan Jones fährt 1978 „für zwei völlig unproblematische, unpolitische Teams". Seine Frau Beverly begleitet ihn zumeist auf den Transatlantikflügen. „Wir fliegen immer mit der Concorde. Den Aufpreis bezahl ich selber. Man kommt relaxed an, schont die Gesundheit, ist wieder fit fürs Geldverdienen. Ich seh das vom philosophischen Standpunkt." Mit dem Lola 333 SC hat Jones weitaus weniger Probleme als mit dem Williams — „immer wieder sind es kleine, blödsinnige Defekte, die uns Siege kosten", klagt Jones, über den Williams vorbehaltlos trompetet: „He is a winner."

Später, in Hockenheim, schleppt Williams bereits den neuen Vertrag in seiner Aktenmappe mit und am Zeltweg-Wochenende wird er zu Geldverhandlungen nach Saudi-Arabien befohlen: Frank Williams — der Kara Ben Nemsi der Formel 1? „Ich kann nicht reiten", wehrt

er ab, „nur laufen, und ich bin mein ganzes Leben gerannt." Dafür denkt Williams bei seinem grazilen weißen Renner an Rih, das Wunderpferd der Karl-May-Romane: „It's a lovely car."
Als Lauda nach Dubai fliegt (um die Araber beim Bau einer Rennstrecke zu beraten), holt er sich eine schwere Grippe. „Ich geh Skilaufen, Fitneß tanken, Kondition aufbauen", kündigt er Ecclestone an. Bernie („als Spion" schon zweimal beim Hahnenkammrennen, weil ihn das Millionengeschäft Ski interessiert) fragt nur: „Are you crazy" („Spinnst du?"), aber Lauda läßt sich nichts verbieten — und stürzt am Arlberg gleich beim Lift so heftig, daß seine rechte Daumensehne reißt. Mit lädierter Schalthand kommt Niki nach Monte Carlo: dorthin, wo er sie am dringendsten braucht. 23mal pro Runde, im Rennen also 1725mal.

MONTE CARLO: ENDLICH DEPAILLER

18:18 steht das WM-Duell Reutemann — Andretti, als der Formel-1-Zirkus nach Europa kommt. Peterson und Depailler (je 14) folgen, Lauda (10) ist abgehängt. Kein Zweifel: Anfang Mai ist Reutemann WM-Favorit. „Carlos ist mit dem Titel weg, bevor alle schauen können", schwört Ex-Ferrari-Rennleiter Franco Lini. „Für den Commendatore wäre es die beste Medizin." Bei Reifentests in Jarama deklassiert der Ferrari-Indianer den schnellsten Goodyear-Mann Andretti um 2,3 Sekunden. Mario: „. . . als hätte man mir eine Pistole angesetzt."
„Alle Leute vergessen, daß Ferrari 1977 mit Goodyear die WM gewonnen hat. Jetzt heißt es nur noch: Die Reifen, das Auto — aber wo bin ich?" klagt mir Reutemann, Enttäuschung im Gesicht.
Die neuen Waffen der Konkurrenz: Der Lotus 79 mit umgebautem Heck (von Andretti nur im Training pilotiert) und der Wolf WR 5 für Scheckter: Entwickelt wurde er im Stil einer Weltraumrakete: 120 Stunden im Windkanal — sechs Monate im Zerreißtest auf der englischen Miura-Teststrecke — zuletzt 400 Kilometer im Pisteneinsatz erprobt. „Er geht wie der Teufel", preist Wolf sein neues Lieblingsspielzeug, das 600.000 Dollar gekostet hat. Fürs Rennen

wählt Jody trotzdem den alten WR 1: „Langsamer, aber dafür weniger Risiko." In der Rennfahrersprache: Lieber einen alten Teufel, den man kennt, als sich vom neuen Teufel zwicken lassen.
Radaufhängungen brechen im Monte-Carlo-Training wie Streichhölzer: Bei Depailler zweimal, bei Reutemann und Lauda je einmal; freilich haben Carlos und Niki vorher die Hafen-Schikane touchiert. Tyrrell-Designer Philippe fliegt sofort nach England, um neue, stärkere Radius-Arme zu holen. Sein Rückflug verzögert sich: Bombenalarm auf dem Londoner Flughafen. Philippe erreicht Nizza in letzter Minute, hetzt von dort nach Monaco, kommt gerade rechtzeitig.
Laudas Radaufhängungsschaden: Der dritte nach Rio und Jarama (beim Testen). Bei 200 km/h, voll im vierten Gang, in der Linkskurve „Tobaccos Corner". Reaktion: „Mit stehendem Herzen . . . und ganz fest gebremst." Im Tunnel aus Stahlschienen fängt Niki den Brabham ab. „Unsere Bolzen sind für die zwölffache Belastung konstruiert", rechnet Murray vor. Lauda sieht den Teufelskreis so: „Bessere Reifen — mehr Bodenhaftung — dadurch stärkere Belastung der Aufhängungen — darum brechen sie."
Peterson baut einen Sturzflug in der Hafenkurve. Der Lotus ist bös zerknittert. Andretti grinst sarkastisch: „Mach Pause, Ronnie, ruh dich nur aus." Der Schwede giftet zurück: „Bis Samstag, damit ich dich vom Thron stürzen kann . . .", dann lacht er selber.
Nach der Pole-Position greift kein Lotus-Pilot. Zuerst kann nur Lauda das Ferrari-Höllentempo halbwegs mithalten: 0,50 hinter Reutemann, 0,26 vor Andretti. Völlig relaxed schaut Niki nach Mitternacht kurz in die Spielhölle des Hotels „Leuuw", schläft am trainingsfreien Freitag bis Mittag, sieht dann Cuoghi („er ist meine Lebensversicherung") beim Arbeiten zu und geht wieder schlafen: Energien sammeln für die mörderische Zerreißprobe des Abschlußtrainings.
Samstag hält Reutemann Pole-Zeit. Lauda braucht nur 20 Minuten, um Tagesbestzeit aufzustellen, die restlichen 40 Minuten sieht er aus der Box zu: „Schneller geht's nimmer." Der Schreck kommt in letzter Minute, ausgerechnet durch Teamkollegen John Watson. John ist kurz nach Trainingsbeginn in der Casino-Kurve ausgerutscht, 40 Minuten haben die Brabham-Mechaniker geschuftet, um den Schaden zu repa-

rieren — aber dann schlägt Watson zu: Eine Superrunde, in der vorletzten, ehe die Schachbrettflagge herauskommt: um eine Huntertstelsekunde schneller als Lauda . . .
„Glatt verschlafen", ärgert sich Niki. „Das Hundertstel tut mir weh. Ich hoff nur, es ist nicht rennentscheidend. Sonst hau ich mich um die Erd."
Samstag nachmittag: Walter Wolf plätschert mit seinem 1000-PS-Riva-Boot im Hafenbecken — Jochen Mass reagiert seinen Zorn über die Nichtqualifikation beim Segeln ab — und Lauda/Watson hocken auf der Reeling des Parmalat-Schiffes, voller Eintracht, für einen TV-Werbespot. Niki schenkt John Milch ein, Prost, beide trinken. Applaus der Skistars Klammer, Walcher, Grissmann — schließlich will Parmalat für sechs Millionen Schilling auch den Ski-Weltcup sponsern (wird aber von „Evian" ausgebremst). Parmalat (im Yachtklub) und Tyrrell-Sponsor Elf (im Sporting Club) präsentieren ihre „Opera Litografica" bzw. ihren Rennfilm, buhlen um die Reichen, Schönen oder Berühmten. Spätabends gehen Klammer, Grissmann ins „Leuuws"-Hotel („den armen Niki aufrichten"). Grissmann gewinnt im Casino, „aber nur an Erfahrung".
Stewart bietet Wetten an, wer Gracia Patricia in der Fürstenloge die Hand küssen wird: „Reutemann gewinnt vor Lauda und Andretti." Dann tänzelt er zur Fürstenparty ins Grimaldi-Schloß, der Walter Wolf fernbleibt. Wie schon 1977, als er einen Hofschranzen, der ihn zum Fürsten einlud, freundlich abwehrte: „Tell the prince to piss off . . ." zu Walters Entsetzen haben Fernsehleute diese Szene aufgenommen — und prompt in einem 50-Minuten-Wolf-Porträt im kanadischen Fernsehen gesendet. Im Mirabeau-Hotel beschwert sich Wolf, daß Autorowdies von seinem Lamborghini-Countach die Zierleiste ausgerissen haben. Die Skirennläufer reißen ihm die Mütze vom Kopf und füllen sie spontan mit Francs-Scheinen: „Spende von uns, du armer Teufel, damit du dir die Reparatur leisten kannst."
Aber da ist nicht nur Glanz und Glitter: Ein Drama am Pistenrand — als Beweis, welchen Tantalusqualen Formel-1-Piloten in Monte Carlo ausgesetzt sind: Rolf Stommelen hat sich im Cockpit zwei Rippen gebrochen, ringt nach Atemluft, wird aber starten — und am längsten von allen Deutschen durchhalten. Bette Hill, Witwe des fünffachen

Monte-Carlo-Helden Graham, ist wie alljährlich da: verarmt, leidgeprüft, als Sekretärin arbeitend, um ihre Kinder durchzubringen. Bette hat gerade ein Buch geschrieben: „The other side of the Hill." Von Monte Carlo muß viel drinstehen.

Auch Ken Tyrrell hat zweimal in Monte Carlo gewonnen: Mit Stewart. Und diesmal die Prognose riskiert: „Mit der möglichen Ausnahme von Lauda schlägt uns keiner. Und wenn Niki Probleme hat, gewinnt Depailler!"

Ken Tyrrells Budget für 1978: Eineinviertel Millionen Pfund (fast 40 Millionen Schilling), aufgebracht von „elf" und der „First National" (je zur Hälfte). Wieviel Tyrrell davon privat bleibt, ist zweitrangig — Harald Ertl aber schwört: „Formel-1-Teams arbeiten verdammt hart. In der Industrie würden die Leute mit gleichem Einsatz weit mehr Geld verdienen." Befremdend jedenfalls, daß Tyrrell an Rennfotografen und -kalenderhersteller Drohbriefe adressiert: „Ich bin der Lizenznehmer für fast alle Formel-1-Teams, ich muß für jede Veröffentlichung Genehmigung erteilen oder Lizenzgebühr kassieren."

Als die Sponsoren (die auch nicht aus christlicher Nächstenliebe Millionen in die Formel 1 pulvern) davon hören, brennt der Hut. „elf" ist in Frankreich sowieso im Kreuzfeuer: „Warum wird nicht alles Geld auf Renault oder wenigstens Ligier-Matra umdirigiert — warum steckt ihr Millionen in ein englisches Team?"

Freilich, manche Millionen macht Tyrrell selbst. Mit der Tyrrell-Rennkleidung für Fans (Jahresumsatz 4,5 Millionen Schilling) und dem Spielzeugmodell des Sechsradautos (von dem schon zehn Millionen Stück verkauft wurden).

Für Tyrrell fährt der markentreueste Pilot: Patrick Depailler, die fünfte Saison beim gleichen Brötchengeber, „obwohl mein echtes Traumauto die gleichen Farben hat: Blau-weiß", verrät mir Depailler. Also: Ligier-Matra, geponsert von Gitanes. Will der Kettenraucher Depailler umsteigen, damit er kostenlos rauchen kann? „Gitanes schickt mir schon seit zwei Jahren gratis Zigaretten, schon zwei Jahre haben wir verhandelt, aber nie hat das Rennbudget ausgereicht."

Das Ligier-Werk ist 60 km von Depaillers Heimatstadt (Clermont-Ferrand), zu Tyrrell muß er über den Kanal. Streng genommen muß Tyrrell seit zwei Jahren befürchten, was am Monza-Samstag tatsäch-

lich passiert: Patrick kommt in den Wohnwagen und sagt: „Ken, ich geh weg", worauf Tyrrell erwidert: „I am sorry!" Und unterspielt, wie hart es ihn trifft.
Denn Patrick Depailler erfüllt die sechs Bedingungen, die Tyrrell an seinen Nummer-1-Piloten stellt, perfekt:
1. Er muß zum WM-Titel befähigt sein.
2. Er muß intelligent sein, „weil es noch nie ein Trottel zum World-Champion gebracht hat".
3. Er muß leicht sein — wegen des Gewichtsvorteils.
4. Er darf alle Gegner, die ihm im Weg sind, nicht einfach wegboxen.
5. Er muß eine volle Saison bestreiten und darf nicht vorzeitig aufhören, auch wenn er zwei Läufe vor Schluß schon den Titel sicher hat — eine offensichtliche Anpöbelung Laudas, der 1977 nach seiner „Scheidung" von Ferrari auf Mosport und Fuji verzichtet hat, was ihm prompt einen offiziellen Rüffel des CSI-Präsidenten Ugeux eintrug. „Mein Gott", philosophierte Niki damals, „einmal im Jahr steht es den älteren Herren zu, uns kleine Buben maßzuregeln, denn am liebsten würden die Funktionäre ja selber rennfahren . . . oder was sie darunter verstehen."
6. Um Tyrrells Forderungen abzuschließen: Er darf um Himmels willen nicht mehr als 20.000 Pfund kosten (knapp 600.000 S).
Depailler ist keiner, der Tyrrell arm macht. Der Computerspezialist Karl Kempf kostet kaum weniger und hat ausgetüftelt: „Nach meinen Berechnungen müssen Rennfahrern in einem gewissen Schwingungsbereich des Motors Erstickungsanfälle drohen — weil die Frequenz der Atmungsorgane mit der des Motors übereinstimmt." Patrick registriert das anders: „Nicht vom Motor, sondern von den Reifen. Wenn sie mit einer bestimmten Frequenz vibrieren, kriegst du keine Luft, wirst schrecklich müde. Und wenn die Frequenz extrem hoch ist, glaubst du, du wirst blind, weil du momentan nichts sehen kannst."
Abenteuer in einem Grand Prix, die man von außen nie ahnen kann. Gibt es den fehlerlosen Grand Prix? „Normal macht jeder von uns pro Rennen fünf bis zehn kleine Fehler", erklärt mir Depailler, „Fehler beim Schalten, blockierte Räder, seitwärts im Kurvenausgang. Keine groben Fehler, aber eben doch Irrtümer. Wenn dir pro Grand Prix nur drei bis vier passieren, fühlst du dich grandios."

Seit Herbst 1977 lebt Depailler von seiner hypernervösen, ängstlichen Frau Michèle getrennt. Der kleine, drahtige Formel-1-Jockey ist von zu Hause weggeritten. Zwei Versionen, wie üblich: Sein Freiheitsdrang — oder Michèle ist seiner Affären (ob man sie ihm zutraut oder nicht) müde geworden. Oft ist Patrick jetzt mit einer englischen Rennfotografin zusammen, die in Monaco die schönsten Siegerfotos schießen wird. „Eine Affäre, die nie begonnen, nie aufgehört hat, manchmal ja, manchmal nein — man kennt das von den Franzosen."
Braver ist die Nummer 2, Didier Pironi. Er sieht aus wie der frische, unverbildete Bursch vom Land, muskulös, kräftig, Typ Skirennläufer, stammt aber aus reicher Familie. Der Vater ist Bauingenieur, hat ein Privatflugzeug, vier Generationen von Pironis wohnen außerhalb von Paris wie in einer Mafia-Burg zusammen. Pironi ist den klassischen französischen Weg gegangen: Renault-Cup, von Elf gefördert, glanzvoller Formel-3-Sieger in Monte Carlo (immer das große Sprungbrett), ins Tyrrell-Team gehievt. Kens Prognose: „Pironi wird ein halbes Jahr brauchen, um sich einzugewöhnen" — aber da ist er schon längst beständiger Ankommer in den Punkten.
1978 brillieren Depailler und Pironi fast immer; soferne sie eine klare, kollisionsfreie erste Runde schaffen. Aber gerade Patrick gilt am Start als unberechenbar. Für Fittipaldi kommt er gleich nach Patrese: „Er fährt oft gefährlich zick-zack." Depailler steht in der gestaffelten Startaufstellung auf dem sechsten Platz. Ganz vorn: Die rote 11 (Reutemann), die rote 2 (Watson), die rote 1 (Lauda), die schwarze 5 (Andretti).
Aber beim diesjährigen Auto-Roulette rollen die Kugeln nicht in der Reihenfolge des Trainings: Reutemann verpatzt den Start, zwingt dadurch seinen Hintermann Lauda, ein zweites Mal anzufahren. Knapp 200 Meter später, im Gewirr der Schikane, kommt's zum Crash Niki—Carlos. Die Folge: ein zerbrochenes Ferrari-Hinterrad. Während Lauda weiterfahren kann, muß Reutemann eine ganze Runde an die Box humpeln ... Damit kann der Trainingsschnellste nicht mehr gewinnen. „Reine Absicht von Lauda, Goodyear muß Tausende Dollar bezahlt haben, nur damit Carlos abgeschossen wird!" tobt Azzurri-Rennleiter Piccinini. Lauda kontert später: „Wenn er blöd daherredet, kann ich's auch."

Dabei kommt Reutemann nach dem Rennen fuchsteufelswild in die Brabham-Box gestürzt, zeigt Watson die Fäuste, tobt vor Zorn. Der arme Watson hat keine Ahnung, wovon der „Indianer" redet — Lauda, der verschmitzt grinsend danebensteht, aber schon. „Carlos glaubt, er hat in der ersten Runde mit Watson touchiert. Dabei war's ich." Spät am Abend, wieder zu Hause in Salzburg, studiert Niki den Start dreimal mittels Video-Recorder, ehe er sich selber freispricht: „Ich bin schuldlos."

Watson — Depailler — Lauda heißt das Führungstrio: der Tyrrell eingezwickt zwischen den beiden Brabham-Alfas. „Watson hält mich auf, ich muß wie ein Verrückter raufen, um Niki hinter mir zu halten — währenddessen schont dieser Kerl seine Reifen", ärgert sich Depailler über die clevere Lauda-Fahrt in der Anfangsphase. Niki balanciert das Gewichtshandicap (200 Liter Benzin gegen Depaillers 165) aus, schont die Bremsen — was Watson nicht gelingt: langes Bremspedal, dauerndes Pumpen und in der Schikane zweimal geradeaus. So übernimmt Depailler die Führung, verfolgt von Lauda: „Ich rechne mir schon aus, wo ich ihn austricksen kann." Der Viererzug Andretti — Scheckter — Peterson — Villeneuve schnauft 44 Runden lang, aber mit wachsendem Rückstand, hinter dem Spitzen-Duo einher. Beweis, wie schwierig in Monaco zu überholen ist: Pironi (5.) und Patrese (6.) jagen sich von der 15. bis zur 75. Runde hintereinander durch die Häuserschluchten und kommen so auch ins Ziel.

Depailler steht unter Feuer von Lauda, bis Niki in der 44. Runde Reifenschaden hat, an die Box muß, auf den sechsten Platz zurückfällt, mit einer Minute Rückstand. Unfaßbar, welcher Dynamo jetzt in Niki einsetzt. „Die Aspekte haben sich verschoben. Material schonen und Sechster bleiben bringt nichts, jetzt muß es heißen: Alles oder nichts", analysiert Niki später sein Superrennen. „So absolut voll, überm Limit, jenseits von Sicherheit und Taktik, mit soviel Risiko wie nach dem Boxenstop bin ich schon lange nicht mehr gefahren." Wie lang? Wahrscheinlich seit seinen mörderischen Ferrari-Stallduellen mit Regazzoni 74/75 in Zolder und Zandvoort. Dreimal ist Lauda am Rausfliegen: In der Schikane, am Schwimmbad. „Da mußt eben herumtrickseln, telegraphieren ... und Glück haben." Wie in der 63. Runde: Lauda fängt den zweiten Ferrari (Villeneuve) mit zwei

Sekunden pro Runde ein, wird unten am Hafen von Villeneuve vorbeigewunken. Keine Sekunde zu früh, denn gleich darauf, in der Rechtskrümmung des finsteren Tunnels zerfetzt es den linken Ferrari-Vorderreifen bei 250 km/h voll im fünften Gang. Der Kanadier schlittert, stürzt, radiert 500 Meter die Leitplanke entlang. „Gott sei Dank, daß Lauda schon vorbei ist, sonst hätte ihn mein Sturzflug mitgerissen."

Niki ist so mit sich beschäftigt, daß er das Drama im Rückspiegel gar nicht mitkriegt: „Was war mit Villeneuve?" fragt er mich nachher. Einen Platz gewinnt er kampflos — Peterson muß wegen gebrochenem zweiten Gang aussteigen. Ein Defekt, der an diesem Wochenende zehnmal passiert — Fabrikationsfehler bei Hewland. Andretti bricht der Benzinanzeiger, Sprit ergießt sich ins Cockpit, dreimal muß der Lotus-Star (Overall benzingetränkt) an die Box. Aber Monte Carlo ist typisch für Andrettis Saison 1978: Die Probleme hat er in jenen Rennen, die er ohnehin nicht gewonnen hätte . . . sonst nicht.

Watson überschießt nochmals die Schikane, und kurz vor Schluß kämpft Lauda auch Scheckter nieder: Zum sechstenmal bricht Jody der zweite Gang. Lauda: „Ich hab's nicht nur gesehen, sondern auch hören können." Scheckter rollt nur noch im vierten Gang.

Laudas tolle Aufholjagd: eines der klassischen Verfolgungsrennen — wie Clark 1967 in Monza, Rindt 1970 in Monte Carlo, wie Stewart 1973 in Monza. Seinen 60-Sekunden-Rückstand auf Depailler reduziert Niki bis zur Zielflagge auf 22,45 Sekunden, hat also 38 Sekunden aufgeholt. Dabei schwört der Franzose: „Ich schon mein Auto nur beim Herausbeschleunigen aus den Spitzkehren, sonst gib ich Vollgas — schon allein um mich zur Konzentration zu zwingen, aber eine halbe Sekunde könnte ich schneller fahren." Zuviele Niederlagen, zuviele zweite Plätze. Erst im 69. Anlauf hat's Depailler geschafft: Sein erster Grand-Prix-Sieg, „aber ich glaub erst dran, als ich die Zielflagge seh, keinen Augenblick früher."

Und: „Es ist zu leicht, zu mühelos. Zweiter zu werden, ist schwerer, als zu gewinnen. Niki ist viel müder als ich." Merkwürdig: Da hat Depailler 69 Rennen auf seinen ersten Lorbeerkranz gewartet und dann findet er ihn zu leicht errungen.

„Vive la France", gratuliert Stewart im Fernsehinterview. Was Fürst

Rainer sagt, vergißt Depailler sofort: „Ich bin wie besoffen vor Freude." Und typisch, was Ken Tyrrell als Glückwunsch knurrt: „Oh weh, es wird mich viel Geld kosten, dich 1979 im Team zu halten." Was keiner zugibt: Daß der Depailler-Sieg die Zukunft des Tyrrell-Teams gerettet hat, denn die Sponsors waren schon zum Aussteigen entschlossen. Jetzt zögern sie — nach der unbezahlbaren Reklame vor 200 Millionen Fernsehzuschauern.

„Waschen, putzen, das Auto muß bei der Siegerehrung glänzen. Und stellt den Pokal drauf", kommandiert Ken Tyrrell seine Mechaniker. Depailler diniert am Tisch des Fürstenpaares, und „L'Equipe" formuliert die Schlagzeile: „Endlich Depailler — aber das beste Rennen fuhr Lauda."

Niki hat den BT 46 auf dem schwersten Kurs der Welt der härtesten Zerreißprobe unterzogen. Erstmals hat das Auto durchgehalten. Freilich: In der WM führt jetzt Depailler. „Aber wenn ich rückwärts blick und die alten Ergebnisse nach vorn projiziere, dann ist Depailler kein Gegner für die Weltmeisterschaft."

Patrick feiert ohne Champagner: „Ich brauch mich nicht zu besaufen, wenn ich glücklich bin." Wieviel sein erster Sieg wert ist, kapiert er erst Montag früh. „Aber dann geht schon das volle Testprogramm los, in Le Mans, in Zolder. Als ich das erste Mal wieder ins Cockpit steig, ist kein Monte-Carlo-Gefühl mehr da." Erst zwei Wochen später kehrt es wieder, als Patrick die Aufzeichnung des Rennens sieht: „Nur drei kleine Fehler", entdeckt er: „Zweimal verschaltet, einmal ein Rad blockiert. Ich muß recht gut gewesen sein."

Lauda renkt sich beim Lauftraining einen Rückenwirbel aus. Wieder muß „Wunderheiler" Willi Dungl eingreifen. Aber ab sofort plagt den ganzen Grand-Prix-Zirkus Kopfweh — wegen dem neuen Lotus 79.

ZOLDER: PREMIERENSIEG FÜR DAS WUNDERAUTO

Zwei Paar Männerbeine lugen in den Boxen von Zolder unter dem neuen „Wunderauto" Lotus 79 hervor. Ein Lotus-Techniker packt zu und zieht die Spione ans Tageslicht: Die Konstrukteure Southgate

(Arrows) und Postlethwaite (Wolf). „Wir wollten", entschuldigen sich die beiden Ertappten, „nur technische Nachhilfestunden im Rennwagenbau." Eine Szene, die Symbolwert hat. Ab dem 6. WM-Lauf liegt wirklich alles vor Lotus auf dem Boden, der Lotus 79 ist die neue, totale Wunderwaffe. Erfunden hat sie ein Genie: Colin Chapman.

Genau 30 Jahre ist es her, seit Chapman 1948 mit seiner Abfertigung als Royal-Air-Force-Pilot, Ersparnissen aus seiner Zivilingenieurarbeit und 500 geborgten Pfund (davon 25 von seiner späteren Frau Hazel) in einem Stall im Londoner Stadtteil Tottenham die Firma „Lotus" gegründet hat — und immerhin auch schon sechs Jahre, seit mit Fittipaldi (1972) letztmals ein Lotus-Pilot Weltmeister war.

Der neue Höhenflug begann, als Lotus auf dem absoluten Minuspunkt angekommen war: 1975. Keine Piloten, kein Geld, aber ein Chapman-Genieblitz: „Mr. Lotus" schrieb ein 27 Seiten umfassendes Elaborat über die „Zukunft der Formel-1-Technik" und übergab es seinem technischen Direktor Tony Rudd (vormals BRM). Das waren schon die Grundzüge der späteren Revolution.

Niki Lauda: „Chapman hat als erster erkannt, daß die Heckflügel allein nicht mehr ausreichen, um genügend Bodendruck zu erzielen." Weil aber die äußerste Breite limitiert ist, suchte er eine andere Lösung: Vakuum unter dem Wagenkörper zu erzeugen. Die Luftfahrttechnik hilft, zwei Ziele zu erreichen, die als unvereinbar gelten: a) mehr Anpreßdruck der Räder, damit höhere Kurvengeschwindigkeit und b) weniger Luftwiderstand. Das Geheimnis liegt in den seitlich am Cockpit untergebrachten Kästen, die Wasser- bzw. Ölkühler beinhalten (die Tanks wurden in die Fahrzeugmitte, hinter dem Piloten, transferiert). Die Tragflächen-Profile sind umgekehrt, erhöhen die Anpreßkraft doppelt: Überdruck auf der Oberseite (der das Auto auf den Boden preßt), Unterdruck an der Unterseite. Elastische Plastikschürzen, die in jeder Situation auf dem Boden aufliegen, verhindern, daß Luft einströmt.

Daher der Saugeffekt der Flügel, daher die Mär vom „ground effect car" (Bodeneffekt), vom „wing car" (Flügelauto) und der Saugnapfwirkung. Der Abtrieb ist stark genug, daß man Front- und Heckspoiler flacher stellen kann — darum der um 25 km/h erhöhte Top-

speed. „Wir wollten alle Vorteile des Lotus 78 übernehmen, aber zusätzlich ein bißchen Geschwindigkeit gewinnen."

Anthony Colin Bruce Chapman: Er liegt mitternachts in der Badewanne, schaut sich einen Walt-Disney-Zeichentrickfilm an und plötzlich durchzuckt ihn der große Geistesblitz. Er rennt tropfnaß um einen Notizblock, wirft flüchtige Skizzen aufs Papier, telefoniert einen seiner Ingenieure aus dem Schlaf: „Zeichne dies und jenes genau durch, ich muß das probieren!" Aber Chapman muß auch, sagt Wolf mit leisem Neid, „nicht tagtäglich hinter dem Business herrennen, also hat er Zeit, zu träumen." Colin ist an der Vergangenheit desinteressiert: „Ich will immer nur wissen: Was passiert nächste Woche, nächstes Jahr?"

Irgendwie hat er die gleiche Wellenlänge wie Andretti. Mario über Colin: „Ich hab unheimlichen Respekt vor ihm. Sein Talent ist beispiellos. Sein Rekord spricht für sich. Ein Pionier, ein Eroberer, der nie jemandem etwas nachbaut, sondern immer wieder Trends startet. Glaub mir: Ich kämpf verdammt lieber an seiner Seite als gegen ihn."

Trotzdem: Nicht alles war von Anfang an Milch und Honig. Mario verrät mir ein Geheimnis: „In der Geburtsstunde des Lotus 79 war mir ein Teil suspekt: Die hinteren Verstrebungen. Ich sagte zu Chapman klipp und klar: ‚Die fahr ich nicht!' Colin hat's verstanden und gehandelt. Das kostet 20 Pfund an Mehrgewicht, aber wir leben sicherer, Ronnie und ich. Chapman akzeptiert, wie hart wir über diesen Punkt denken. In der Vergangenheit passierten Defekte, derentwegen manche Fahrer nicht mehr da sind."

Jim Clark — weil die grazile Radaufhängung einem Reifendefekt nicht standhielt. Jochen Rindt — der Chapman (leider vergeblich) vorschlug, sich vertraglich zu verpflichten, für eine gewisse Zeit zwei Kilo abzunehmen, wenn Chapman dafür stärkere Bremswellen baut. Doch Andretti, an Ruhm und Reife ebenbürtig, kann Chapman Paroli bieten: „Er streitet gar nicht mit mir. Klopf auf Holz: Er hat in den letzten Jahren weitaus stärkere Autos gebaut als früher."

Gottlob vorbei sind die Zeiten, da Graham-Hill-Witze kursierten: „Wenn mich mein Hinterrad überholt, weiß ich, daß ich in einem Lotus sitz." Vorbei auch die Tage, da Forghieri durchs Fahrerlager bummelte, unheilschwanger den Kopf schüttelnd: „Hätte ich solche

Teile an meinem Auto wie der Lotus, ich könnte keine Nacht ruhig schlafen." Siegen und sterben lassen steht nicht mehr in der Sensationspresse, als sich Chapman anschickt, in der „ewigen Siegerliste" Ferrari anzugreifen (vor Zolder: 70:64). „Aber ich hab schon gegen Ferrari 54:49 geführt" (ehe Lauda zu den Italienern kam).
1978 kriegt Chapman wieder jenes Lächeln, das an eine Katze erinnert, die eine Maus frißt. Oder hat sein langjähriger Rennleiter Andrew Ferguson recht? „Colin ist der netteste Mensch der Welt, wenn sein Auto am 17. Startplatz steht. Aber wehe, er hat Pole-Position. Dann glaubt er, er ist Napoleon." Chapman sagt mir: „Wenn du einmal gewinnst, freuen sich alle, aber gewinn ein zweites Mal, und alle hassen dich."
Schon zweimal haben Lotus-Wagen ihren ersten Grand Prix gewonnen: Clark 1963 in Zandvoort (Lotus 33), nochmals Clark 1967 (wieder in Zandvoort), Lotus 49, der erste mit Ford-Motor. Wo rangiert der Lotus 79? „Genauso epochemachend wie der Lotus 33, der erste Formel 1 in Schalenrahmenbauweise (Monocoque). Jetzt startet der Lotus 79 eine neue Rennwagengeneration: Die Flügelautos."
1978 hat Chapman Geld wie Mist. „John Player" hat nichts dagegen, daß Olympus-Kameras als Co-Sponsor eintritt und kauft Chapman sogar ein zweites Flugzeug: Schwarz-gold lackiert, Kennzeichen „G-Prix". Aber dieser Flieger ist zu klein für das mörderische Abenteuer, das Mario Andretti am belgischen Grand-Prix-Wochenende plant. Freitag Training in Zolder, mit einer gecharterten Concorde (!) nach Indianapolis, um sich fürs 500-Meilen-Rennen zu qualifizieren, Sonntag Rückflug nach Belgien.
Kostenpunkt: Weit über 100.000 Dollar. Aber Mario regt sich nicht mehr auf, als müßte er mit der Tramway zweimal umsteigen ... Chapman kann Andretti nichts verbieten, ihm nur die Sache ausreden. Andretti, der Mann zweier Welten: Einerseits grimmig entschlossen, ja keine Formel-1-Trainingsminute auszulassen („weil ich mir den Traum meines Lebens erfüllen muß") — andererseits hat er noch nie ein „Indy" verpaßt, aber wenn er nicht zur Qualifikation kommt, muß er vom 33. und letzten Platz aus starten. Mario gibt klein bei. Offiziell wird die Version ausgestreut: Die Air-France-

Concorde hätte keine pünktliche Rückkehr nach Belgien garantiert. Also bleibt Andretti, und gefeiert wird doppelt. Erstens: Chapmans fünfzigster Geburtstag. Zweitens: Die überlegene Trainingsbestzeit.

Mit dem Lotus 79 knüppelt Mario alle nieder, galoppiert seiner Pole-Position-Zeit von 1977 gleich um 3,16 davon! „Mario ist viel zu schnell für unser Getriebe. Wir hatten unsere Vorjahrsgänge eingebaut und müssen jetzt alle länger übersetzen, weil er dauernd am Drehzahllimit anstößt", verraten die Mechaniker. Der erste, seriöse Anlauf mit dem Wunderauto: „Ein Traum von einem Rennwagen, perfekt balanciert", schwärmt Andretti und fragt: „Welches Problem hat eigentlich Niki?" Nur das eine — Andretti. „Den Kerl kann ich vergessen, aber an den Ferrari muß ich vorbei, damit dort Verwirrung entsteht." Tatsächlich kann Lauda am Nachmittag das Duo Reutemann—Villeneuve sprengen.

Samstag fällt das gefürchtete belgische Grand-Prix-Wetter ein: trüber Himmel, nebelig, regnerisch. Unfallstimmung kommt auf. Alan Jones stürzt gegen einen Holzpflock und verletzt sich am Arm, Jochen Mass kracht mit Giacomelli zusammen. Dem ATS bricht ein Rad weg. Monaco-Sieger Patrick Depailler taucht im Mittelfeld unter. „Wir leiden immer noch unter dem Überraschungsschock, daß Patrick gewonnen hat", grinst Mechaniker Roger Hill. Ken Tyrrell hebt den Zeigefinger: „Patrick, du bist schon zu alt für die langen, auslaugenden Wochenende. Besser, du verzichtest aufs Training und kommst nur noch direkt zu den Rennen."

Andretti steigert sich weiter, holt einsame Pole-Position, dahinter ist Lauda in einen Hundertstelsekundenkampf mit Reutemann und Villeneuve verstrickt. Wie in Monte Carlo ist Niki Dritter — wieder um ein Hundertstel bezwungen, diesmal von Reutemann. Villeneuve steht neben, Scheckter hinter ihm.

Und Peterson in der vierten Reihe, noch mit dem alten Lotus 78. Da Mario seinen Lotus 79 in Silverstone zerstört hat, ist er ins zweite fertiggestellte Auto gestiegen — das eigentlich für Peterson bestimmt war. „Also fährst du mein Auto", grinst Ronnie den Stallgefährten an, „gib mir den Startschlüssel." Bei solchen Wortgefechten sagt Chapman gern: „Ich möchte um jeden Preis, daß Mario heuer Weltmeister wird. Und nächstes Jahr bist du dran, Ronnie."

Signifikant für die Grand-Prix-Saison 78 sind die vielen Startkollisionen. Es kracht auch in Zolder, wo Lauda seinen kürzesten Grand Prix fährt — kürzer noch als Barcelona 1975, wo ihn zuerst Andretti gerammt, danach Regazzoni torpediert hat. Lauda fährt nur 20 Meter. Die Hundertstelsekunde, um die er den Platz in der ersten Reihe gegen Reutemann verspielt hat, muß Lauda bitter bezahlen. Denn Carlos verpatzt den Start völlig. „Erster Gang — zweiter Gang — aber überhaupt keine Wirkung im Getriebe. Wie Leerlauf", schildert der Argentinier. „Was ich reinkrieg, ist nur der vierte. Und so muß ich loszuckeln . . ."

Lauda kriegt mit, daß Reutemann nicht wegkommt, sagt schon zu sich: „Sehr klaß, bravo, einer weniger", aber gerade, als er die Zweite einspannen will, wird er von Scheckter gerammt. Jody, fabelhaft gestartet, beschleunigt links auf der Wiese, kommt zurück auf die Straße und kracht Lauda ins Heck, „weil er durch ein Loch will, das garnicht da ist. Die Straße ist nur breit genug für zwei Autos, nicht für drei."

Mit weggebrochenem linken Hinterrad ist der Lauda-Brabham schon nach 20 Metern eliminiert. Eine Verkettung dummer Zufälle mit Scheckter als auslösendem Faktor: Hunt stürzt über Patrese („ich mach nur noch die Augen zu"), Pironi hängt hoch in der Luft, Ensign-Pilot Jacky Ickx rammt Fittipaldi. Und Mo Nunn, der Boß des Belgiers, lacht kopfschüttelnd: „Sieh dir das an: Die besten Piloten der Welt kommen keine hundert Meter weit." Auf dem Fußmarsch zurück zur Box plaudern Lauda und Hunt schon wieder munter miteinander — berührt haben sich ihre Autos nicht. Ein paar Runden später fliegt Niki aus dem belgischen Kohlenpott heimwärts.

Andretti hat die Startkollision (sagt er) nicht gesehen: „Ich bin genug mit mir beschäftigt, dieses Ding mit 10.000 U/min von der Linie wegzukatapultieren." Mario fährt Villeneuve schon in der Startrunde um zwei Sekunden davon, ein einsames, ungefährdetes Solorennen. „Alles läuft wie am Schnürchen, unglaublich weich für ein neues Auto, könnte gar nicht besser sein — aber ich will auch nicht ein Kilo unnötig aus dem Auto herausquetschen. Ich sitz da und dreh 10.000 Touren, denk nur hie und da: Das läuft besser, als erhofft. Überall — in den langsamen Kurven, auf der Geraden."

Andretti hat in Zolder keine Gegner. Nicht Scheckter, der an der Box die verbogene Schnauze wechseln muß. Nicht Watson, der Reifen wechselt und die Ölwanne zerschlägt. Nicht Patrese, dem die Radaufhängung bricht. Nicht Depailler, dessen Getriebe streikt. Am ehesten Villeneuve. Der kleine Kanadier hält 40 Runden den zweiten Platz, bis sein linker Vorderreifen platzt. Auf der Felge muß Gilles eine volle Runde zurücklegen, dann holt er rasend auf — übertroffen nur von Peterson: Beide Vorderpneus binnen 20 Sekunden gewechselt, aber bei Rotlicht aus der Boxengeraden gestürmt, weshalb Ferrari protestiert: Disqualifikation droht. Doch Chapman regelt die Affäre mit 200 Belgischen Francs Strafe, leicht zu zahlen, wenn man (wie in Zolder) rund 800.000 Schilling kassiert.

Peterson ist auf Platz vier zurückgefallen, fährt aber grandiose letzte 13 Runden. Er zwingt Laffite nieder, jagt Reutemann, bremst den „Indianer" in der ersten Schikane so gekonnt und entschlossen aus, daß ihn Carlos kaum sieht — und ist drei Kurven später schon außer Sichtweite.

Zolder endet, wie es begonnen hat: mit Kleinholz. Reutemann rammt Laffite im Duell um Platz drei brutal in die Schikanen-Fangzäune. Augenzeuge Hunt: „Laffite war vorbei, Carlos guckte rüber und boxte." Villeneuve holt als Vierter seine ersten WM-Punkte.

20 Sekunden trennen Andretti—Peterson auf dem Zielstrich: Der erste Lotus-Doppelsieg seit Monza 1974 (Peterson vor Fittipaldi). Aber Marios erster Gedanke gilt nicht der Sternstunde eines neuen Lotus-Modells, nicht Goodyear, sondern dem Zolder-Sieger von 1977: „Der erste Toast", sagt Mario, Champagnerglas in der Hand, „gehört Gunnar Nilsson!" Vor einem Jahr hat Mario seine bittere Enttäuschung (Kollision mit Watson nach einer halben Runde) hinabgewürgt und mit Nilsson die halbe Nacht dessen Sieg gefeiert — jetzt hat Gunnar das Zolder-Rennen im TV miterlebt. Und errechnet, daß Mario mit 27 Punkten die WM-Führung an sich gerissen hat. „Dort gehör ich hin und dort bleib ich auch!"

Ab Zolder ähneln sich die Bilder: Fast jeden zweiten Sonntagnachmittag das gleiche: Lauda nach Ausfall schon im Flugzeug Richtung Heimat, Menschentrauben rund um den John-Player-Wohnwagen, drinnen Champagnerregen, Andretti oft genug in den hintersten

Winkel gedrängt — in den geöffneten Waschraum, von Mikrophonen umzingelt. „Mein bevorzugtes Tonstudio“, knautscht Mario oft im breiten Slang. Später sitzen sie zumeist noch Stunden da: Andretti im roten Overall auf der einen Sitzbank, Peterson im gelben Dress vis-à-vis und Chapman allgegenwärtig. Da merkt man erst: Andretti und Peterson, das sind im Formel-1-Krieg nur die Ritter. Chapman aber ist der König.

JARAMA: DIE MARIO-ANDRETTI-STORY

Wahrscheinlich wird man ihn später einmal, „wenn alles gesagt und getan ist“, wenn die Rekordbücher geschrieben werden, den größten Allround-Fahrer aller Zeiten nennen: Sieger mit Stock-Cars, Prototypen, USAC-Autos (nicht nur Indianapolis 1969), jetzt Grand-Prix-Champion: Mario Gabriele Andretti, geboren in Montana bei Triest (28. 2. 1940); sieben Farmen, die die Familie 1948 verlor, als das Land in jugoslawischen Besitz überging „und wir nichts vor den Kommunisten retten konnten“; Flüchtlingsbaracken, Autostopfahrten nach Monza; 1955 Emigration nach Amerika. „Wir wollten nur auf fünf Jahre in die USA, dort hart arbeiten und reich nach Italien zurückkommen.“ Mario erinnert sich: „75 Dollar hatten wir im Sack, mehr nicht.“

Vater Andretti fand einen Job in einer Textilfabrik, Mario (gelernter Automechaniker) schuftete an einer Tankstelle, fing bald mit dem Rennfahren an. Zuerst mit Stock-Cars: gepanzerten Pkw, in denen Netze (wegen der herumfliegenden Trümmer) die Fensterscheiben ersetzen und die Türen zugeschweißt sind — die Fahrer steigen durchs Fenster ein und aus. Andretti war auf Anhieb sensationell. Schon im zweiten Jahr feierten er und sein Zwillingsbruder Aldo 17 Doppelsiege. Sein schönster Sieg? Mario nennt kein Renndatum: „Am 14. April 1964, damals gab man mir die US-Staatsbürgerschaft.“ Von der Rückkehr nach Italien war längst keine Rede, Stück für Stück kaufte die Andretti-Sippschaft die sogenannte „Victory Lane“ von Nazareth, Pennsylvania auf. Heute wohnt sie dort in einer riesigen

Schlüsselfigur im Reifenkrieg: Carlos Reutemann wurde 1978 Michelins beste Werbefigur

Ferrari-Talent Gilles Villeneuve: mit Ing. Forghieri (oben) und neben seinem Vorgänger Niki Lauda (unten)

Viel Schrott, viel Kleinholz: Aquaplaning-Unfälle im März in Silverstone (oben), gebrochener Frontspoiler bei Alan Jones (Williams) im April in Long Beach

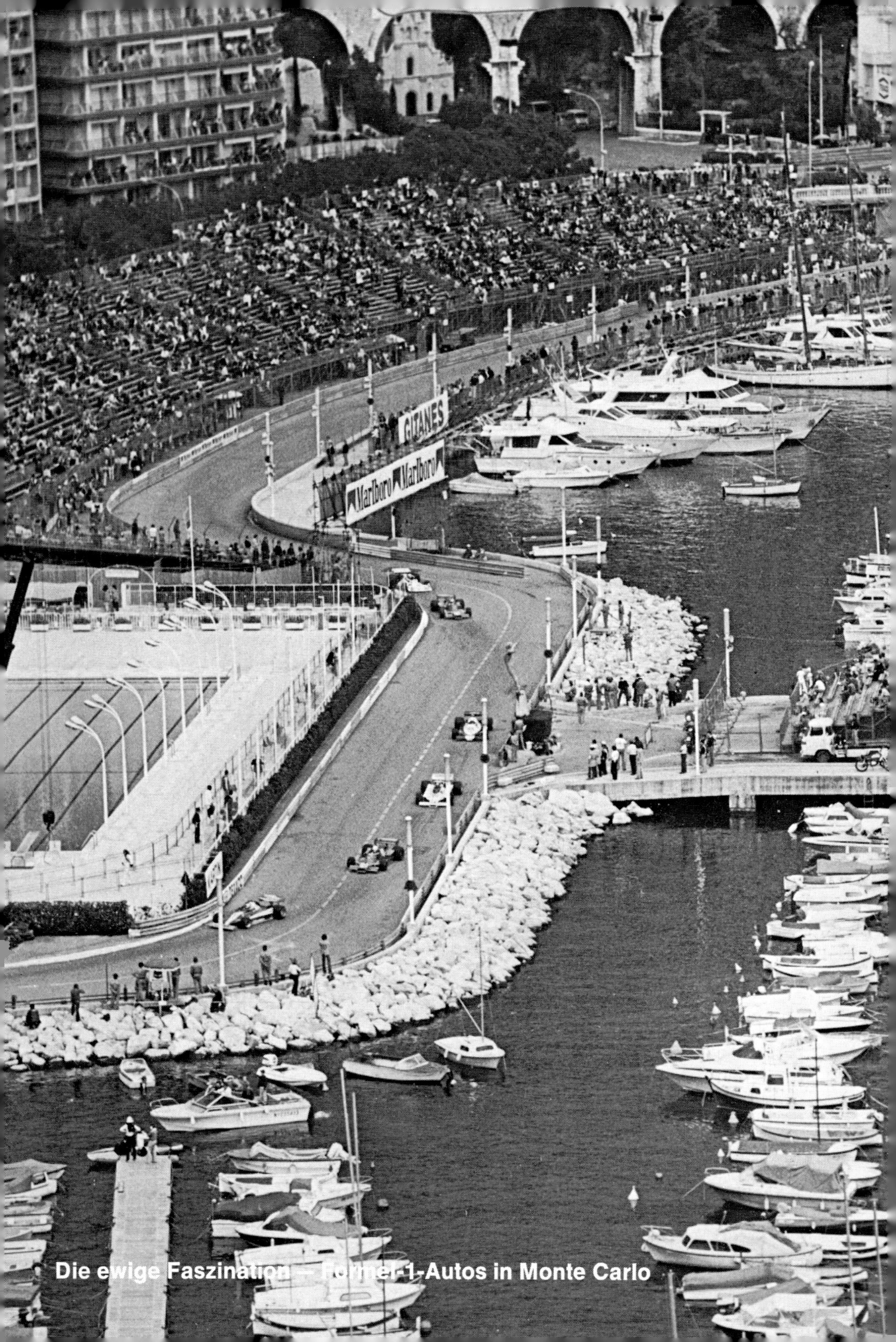

Die ewige Faszination — Formel-1-Autos in Monte Carlo

Tyrrell-Duo Depailler (sitzend) und Pironi: Im 69. Anlauf gewann Patrick Depailler endlich seinen ersten Grand Prix

Dramatik in Zolder: Oben: Andretti (5) am eliminierten Lauda-Brabham (1) vorbei auf Siegesfahrt. Mitte: Petersons Boxenstop zum Reifenwechsel. Unten: Ronnies grandiose Aufholjagd. Patrese (35) hat er schon niedergekämpft, als nächster kommt Scheckter (20) dran

„Oldies, but goodies“: Chapman (50 Jahre), Andretti (38) und Peterson (34) stellten 1978 die Formel-1-Welt auf den Kopf. So stürmisch feierte „Mr. Lotus“ Siege — viermal sogar Doppelsiege

Neue Gesichter in der Formel 1 – neun Piloten, die 1977/78 um den Durchbruch kämpften. Oben: Patrese, Daly, Giacomelli, Mitte: Arnoux, Rosberg, Rebaque, unten: Pironi, Piquet, Bleekemolen

Wohnburg. Eine halbe Autostunde entfernt: Der Landsitz „Open Woods“ mit eigenem Privatsee.
Er hat sein eigenes Flugzeug und insgesamt 27 Autos und Motorräder, dazu ein Motorboot und Snowmobile. Ray Sugar Robinson, der berühmte Negerboxer, zog einst mit eigenem Hofstaat (inklusive Friseur und Clown) durch die Welt. Andretti hat fünf Angestellte, die nur für ihn arbeiten: einen Vermögensberater, einen Rechtsanwalt, eine Sekretärin, zwei Piloten. Das süße, schnelle, teure Leben: „Mein Superleben, das ich führe, ist fast jeden Preis wert“, sagt Andretti.
Italienische Romantik, amerikanische Härte: Andrettis Charakter entspricht offenbar genau dem Fahrstil, den der Lotus 79 braucht. Wie jemand formulierte: „Manchmal streicheln, manchmal treten.“ Mario hüpft über den „Atlantic River“ so oft er kann, manchmal hat er seine Familie in der Box. Dee-Anne, seine Frau, kommt nur noch selten. Vor zehn Jahren noch der Prototyp des amerikanischen Pin-Up-Girls, sehr blond, sehr sexy — jetzt ganz in Richtung italienische Mama. Die Andrettis haben drei Kinder. Der autoverrückteste ist Mike (15): während der Schulferien fast immer bei den GP-Rennen dabei — außer er fährt in den USA Go-Cart-Rennen. „Daddy ermutigt mich immer, ich träum selber schon von der Formel 1.“ Jeff (17), der ältere Bruder, interessiert sich weniger für Rennen. Dafür kann Barbara (8) schon Autos lenken ...
Den dreifachen Triumph (Grand-Prix-Weltmeister, Le Mans und Indianapolis) hat erst ein einziger geschafft: Graham Hill. Andretti will ihm nacheifern, am liebsten mit Jeff als Co-Pilot in Le Mans gewinnen.
Mario Andretti ist 38. Aber wenn einer in diesem Alter (und mit dieser Erfolgsliste) so fährt, wie Andretti fährt, dann ist sein Siegeswille ungebrochen. Und nichts ärgert Mario mehr, als wenn man ihn „als gereiften und gesetzten Herrn“ bezeichnen will. Sein Kampffieber flackert pausenlos. Die einzige Taktik, die er kennt: An die Spitze drängen. „Auf Platz fahren“, widerstrebt seiner Natur. Er ist und bleibt der geborene „Racer“. Sieht er Räder neben oder vor sich, zwingt ihn sein Killerinstinkt, anzugreifen und den Rivalen niederzumachen, was oft genug böse ausgegangen ist — 1977 in Zolder mit Watson, in Zandvoort mit Hunt, in Fuji mit Laffite. „Wenn man pro

Jahr mehr als einen Fehler macht, kann man den WM-Titel nicht gewinnen", sagt Lauda rückblickend über Andrettis Amokfahrten und Kamikazeaktionen 1977. Andererseits fahren wir Rennen und keine Sonntags-Spazierfahrten. Da kann immer etwas passieren."
„Autosprint", das Anti-Lauda-Magazin, spielt in einer Punktewertung den amtierenden gegen den kommenden Weltmeister aus und läßt Andretti gegen Lauda 116:106 gewinnen. Mario wird mehr Großzügigkeit, Kampfgeist, menschliche Qualität, Formkonstanz, Bereitschaft zu Aufholjagden etc. zugebilligt — bei Lauda entdecken die Azzurri dafür mehr Fahrstil („nur Achille Varzi fuhr schöner"), größere Testfähigkeiten, mehr Kälte und Konzentration, materialschonenderes Fahren und bessere Rennstrategie. Siegeswille bzw. Profieinstellung wertet „Autosprint" jeweils 10:10 unentschieden.
„Wie siehst du dich selbst?", frage ich Andretti. „Grundsätzlich bin ich aufrichtig — nichts hasse ich mehr als die falschen Freunde und die Schulterklopfer: die ‚Plasticfriends'. Außerdem bin ich ehrgeizig. Wenn ich mir Ziele stecke, dann immer sehr hohe. Skeptiker zu sein, ist sinnlos. Man muß raufkommen."
Die Leute nennen ihn den „Racer's racer", den härtesten Challenger, den tough guy. „Man könnte mich schlimmeres schimpfen . . . Ich hab diesen Sport seit zwanzig Jahren gelebt, das ist meine 21. Saison und ich leb den Sport 24 Stunden am Tag." Wie lange noch? Andretti lächelt: „I love Grand Prix racing! Für mich das Größte. Besser als alles in Amerika — aber erst seit 1977. Damals sagte ich zu meiner Frau: ‚Hör zu, Darling: noch dieses Jahr, wenn ich nicht Weltmeister werde, noch das nächste, danach ist Schluß mit Grand-Prix-Rennen' — aber jetzt weiß ich: Das stimmt nicht. Wenn ich World Champion werde, will ich 1979 den nächsten Titel. Dann den übernächsten. Momentan glaub ich, ich könnte ewig weiterfahren. Mindestens noch zwei Jahre, wahrscheinlich fünf, vielleicht sieben."
Das „Raubtier im Rennwagen", der „Teufel mit dem Engelsgesicht": Viele seiner größten Erfolge hat er nach schweren Unfällen gefeiert, Indy 1969 zum Beispiel: Zuerst der schwere Lotus-Unfall, „weil die Hitzebehandlung der Radnaben fehlerhaft durchgeführt wurde" (Colin Chapman), verlor Mario bei über 300 Stundenkilometer ein Rad. Nicht mehr Herr über sein Auto, nur noch hilfloser Passagier.

In einer Bombe, die jederzeit explodieren kann. Der Lotus fängt Feuer — Mario kann sich retten. Alles, was zurückbleibt, ist ein Brandmal. „Ich fürcht mich nicht vor Unfällen, nur vorm Feuer. Feuer ist das Schlimmste, raubt dir vor Schmerzen den Verstand."
Unfälle, sagt er, „beeindrucken mich immer. Beunruhigen mich innerlich. Aber ich habe ein System, sie abzuschalten, beiseite zu schieben, wenn ich den Job erledigen muß. Würden sie die Performance beeinträchtigen, würde ich nicht mehr weiterfahren. Dann mußt du aufgeben. You have to stop." Irgendwann in der Saison 1978, als wir von einem Rennen zusammen wegfahren, vertraut er mir wie ein Vermächtnis an: „Ich schwör dir: Sollte mir je etwas zustoßen, dann muß etwas am Auto gebrochen sein. Weil ich weiß: Heute kann mir kein Fehler mehr passieren, schwer genug, mich umzubringen. Aus jeder anderen Situation kann ich mich retten."
Nicht retten will er sich vor seinen Fans. Andretti hat sich nie für eine Autogrammstunde vermarktet, Unterschriften gibt er gratis auf den Strecken — so hart er oft ums große Geld verhandelt. Firestone zahlte ihm früher, für exklusive Reifentests, 500.000 Dollar pro Jahr. Mit Lotus galt 1977 ein märchenhafter Bonus-Vertrag: Horrende Summen für jeden WM-Punkt. Und 1978: Eine spezielle Klausel, wieviel Chapman für einen WM-Titel als Extraprämie zahlen muß — wie die 10.000 Pfund, die er 1970 Rindt für einen Titelgewinn garantiert hat? „Nein, nichts extra, aber Chapman muß genug auf den Tisch legen" (immer noch zwei Millionen Schilling weniger, als ihm Ferrari offerierte). Für Taschengeld macht Andretti in Monza Reklamefotos mit Walcher und Grissmann für Kästle-Skier: 15.000 Dollar — „Lauda", rechnen die Werbeleute, „hätte das Dreifache gekostet."
Lauda und Andretti . . . „Big Niki", höre ich 1978 öfter, wie Andretti Lauda zu grüßen pflegt. Von Lauda wird der Satz kolportiert: „Andretti liegt mir nicht." Falsch, denn: „Wir reden schon miteinander. Ein netter Kerl. So superhart, finde ich, ist er aber auch nicht. Ich find, er ist überhaupt nicht hart. Ein echter Profi, kennt sich aus, weiß, worum's geht und so fährt er. Für mich: der typische Ami."
Charakterlich ist Andretti, der Südländer, sicherlich ein ganz anderer Typ als Lauda. „Niki ist verschlossen gegenüber dem Publikum und zieht sich sehr schnell zurück — Mario ist viel offener gegenüber allen

Leuten", vergleicht Stuck. Fittipaldi glaubt: „Mario hat viel mehr Erfahrung als Niki, vor allem mit den Reifen. Von den USAC-Rennen her ist er darauf getrimmt, mit den Pneus viel mehr herumzuspielen als jeder andere — in der Formel 1 heute sehr wichtig." James Hunt bescheinigt Andretti: „Er nimmt sich ernster, als es ich oder Niki tun." Und Scheckter versimpelt: „Mario ist viel älter als ich, und er hat einen Lotus."

Dieser Lotus 79, das zeichnet sich in Zolder ab und wird ab Jarama zur Gewißheit, ist auf Rennstrecken durchschnittlicher Länge um zwei Sekunden schneller als die Konkurrenz. Also reduziert Reutemann den Glorienschein um Andretti und bezweifelt, „ob Mario wirklich der Beste der Welt ist, denn heute dominiert die Technik: 80 Prozent sind das Material, nur 20 Prozent der Pilot." Watson nennt sogar 90 Prozent, „aber für die Kombination Auto—Team—Reifen. Der Faher ist heutzutage eigentlich das Letzte."

Lauda wehrt sich, in Prozenten aufzuschlüsseln: „Das ist eine Einheit, Fahrer und Team, nur glaub ich schon, daß ihm Chapman etwas Geniales unter den Hintern gesetzt hat." Bald registriert Niki „eine große Auto-Überlegenheit, wie sie noch nie da war." Und was war 1975/76, als auch alles jammerte: Das Ferrari-Duo Lauda—Regazzoni ist so überlegen, daß der Grand-Prix-Sport demoliert wird? Lauda: „Ich glaub nie, daß ich zwei Sekunden schneller war. Vielleicht eine halbe Sekunde, nie zwei. Aber das soll nicht negativ sein. Lotus hat sich das erarbeitet und ich gratulier dazu" — später im Sommer, denn solang wie möglich kämpft auch Lauda gegen die „Wunderheuler" an, ehe er resigniert: „Der Andretti müßte sich schon ins Spital legen oder vielleicht erschlagt ihn seine Frau — anders besteht keine Chance, ihn heuer aufzuhalten." Fehler wie 1977 macht Andretti — zunächst — keine mehr. „Braucht er auch nicht, er fährt allein vorn herum, hat nie Druck. Fehler zu machen ohne pressure, das darf man sowieso nicht", analysiert Lauda. „Die Fehler kommen nur, wenn's schwierig wird."

Der Druck auf Andretti kommt 1978 zumeist von seinem Stallgefährten — Ronnie Peterson, der den Weg zurück an die Weltspitze findet. Was einen Blick zurück rechtfertigt.

Petersons akrobatische Wagenbeherrschung ist Vorbild für viele Nach-

wuchspiloten — anfangs auch für Lauda. Sein Mut scheint grenzenlos. BRM-Chef Stanley sagt: „Peterson ist der einzige Pilot ohne Unfallangst." Was Lauda nie akzeptiert hat: „An Unfälle denkt jeder, aber auch ich steh in der Früh nie mit dem Gedanken auf: Heut komm ich nimmer nach Hause. Ronnie ist in diesem Punkt ganz normal. Weder aus Stein noch aus Eisen — ganz einfach einer von uns."

Und Dieter Stappert, Neerpasch-Assistent bei BMW, erinnert sich an zwei abenteuerliche Trainingstage im Frühling — auf dem gefürchteten Nürburgring. Minister Maibohm wird erwartet: Für eine Runde auf dem „heißen Sitz" neben Ronnie. Alleinfahrend, reißt ein Reifenplatzer bei 270 km/h Peterson in der Fuchsröhre von der Bahn: Der schlimmste Platz, um zu verunglücken. Die Funkgeräte knacken. Angsterfüllt jagen Stappert und die BMW-Crew zum Unfallort. Das Auto: Ein Trümmerhaufen. Der Pilot: Unverletzt, seelenruhig auf der Leitplanke hockend. „Ich fürcht, der Minister kommt um seine Spazierfahrt", sagt Ronnie, extra dry. Tags darauf, Antoniusbuche: Bei 280 km/h bricht Peterson der Heckflügel weg. Diesmal ist er geschockt: „Zweimal in zwei Tagen, das ist zuviel." Zwei Stunden später klopft Stappert zaghaft an: „Wir könnten das Auto reparieren, willst du noch einmal fahren?" „Natürlich", lächelt Ronnie, „why not?"

Bei BMW, seinem Nebenjob, kassiert Peterson mehr als die 100.000 DM, die Jacky Ickx („wenn's ums Geld geht, eine Diva") und Jochen Mass bei Porsche verdienen. Dafür gibt es bei Porsche 60 Prozent vom Preisgeld, bei BMW nur 45 (plus Dienstauto). „Aber die Sportwagen-WM war nie gut bezahlt", erinnert sich Peterson. „1972 war ich auf Ferrari in Brands Hatch Zweiter oder Dritter, Preisgeld: 30 Pfund — gerade genug fürs Benzin von Maidenhead nach Brands Hatch und zurück."

Längst lebt die Peterson-Familie in Monte Carlo. Warum er auf dem Straßenkurs durchs Fürstentum seit Jahren sensationelle Rennen fährt? „Weil ich in Monte Carlo jeden Randstein, jede Häuserecke kenne — weil ich meiner Frau Barbro immer durch die ganze Stadt nachrennen muß, wenn sie die Einkaufswut gepackt hat. Ich lebe in einem Weiberhaushalt", grinst Ronnie, „Barbro, Nina Louise und das Kindermädchen. Wenn's mir zu arg wird, reiße ich aus." Exotische Fische sammelt er immer noch („manchmal fressen sie einander"), selber hat er fürs Wasser wenig übrig. „Ich habe ein Segelboot, fahre aber kaum." Einmal probiert Ronnie auf Andrettis Privatsee in den USA das Windsurfen — „Aber ich bleib in der Mitte stecken, kein Wind kommt, also schwimm ich ans Ufer."

Zum siebenten WM-Lauf auf den Kurs von Jarama — der wie ein Seeigel in der Sonne dörrt — kommt Ronnie mit Schmerzen: Dieter Quester, sein Stallkollege im BMW-Team, hat ihm beim Marken-WM-Lauf auf dem Nürburgring beim Boxenstop — peinlicher Irrtum — angefahren „weil der Ronnie nicht geschaut hat". Der scharfe Bugspoiler schnitt ins Fleisch: Fünf Nähte am linken Fuß — immer noch. Und Quester bittet, auszurichten: „Der arme Ronnie, ich kann vor lauter Schuldgefühl seit Tagen nicht mehr schlafen." Im Leihauto muß Peterson mit der Ferse kuppeln, „im Formel-1 spür ich nichts. Nur das Gehen tut weh." Peterson hat Andrettis Siegerwagen von Zolder übernommen, weil Mario schon wieder eine neue Waffe hat.

Der fromme Wunsch der Konkurrenz, die Lotus-Fahrer würden einander gegenseitig zerfleischen, bleibt in Spanien unerfüllt. Gerauft wird woanders: Im Training dreht sich der spanische McLaren-Privatpilot Emilio de Villota durch die Zielkurve, unmittelbar vor Hunt. Der Zusammenprall ist unvermeidlich. Die Folge: ein Werks-McLaren mit Totalschaden. Als sich der blaublütige Spanier bei Hunt entschuldigen will, kassiert er einen festen Tritt in den Hintern. Nicht ganz die feine englische Art, aber begreiflich.

Lotus-Jubelstück, erster Akt: Peterson ist am ersten Trainingstag schneller als Andretti — „eine reine Frage von Glück". Vielleicht auch, weil Mario einmal das Benzin aus-, einmal die Batterie k.o.-geht.

Zweiter Akt: Andretti entreißt Peterson zur Hälfte des Abschlußtrainings die Pole-Position, lümmelt danach gelangweilt an der Box, riskiert nur ab und zu ein Auge, wenn Ronnie losfährt und dies nur mit harten Reifen. Chapman verbietet ihm zuerst die superweichen Pneus, 15 Minuten vor Trainingsende überhaupt jede weitere Aktion.

„Warum?" fragt Ronnie enttäuscht, aus großen Kinderaugen.

„Weil du die Pole-Position zurückgeholt hättest", klärt ihn Chapman auf, „dann hätte ich Mario an der Gurgel gehabt. Er hätte dich geschlagen. Und dann wärst wieder du gekommen ... nein, so sinnlose Hetzereien brauchen wir nicht. Ich verbiete, daß ihr euch gegenseitig umbringt oder die Autos rausschmeißt. Erster oder zweiter Startplatz, das genügt."

Chapman hat längst klargelegt, daß er alles auf die Karte Andrettis setzt — aber wie will er Peterson das Siegen verbieten? „Heuer war noch bei keinem Rennen Teamtaktik nötig. Alles erledigt sich von selber. Wenn Ronnie bei Halbzeit führt, könnte ein Boxensignal rauskommen. Wir kümmern uns vorher nicht um wenn und aber, dazu ist nachher Zeit genug . . . wenn's überhaupt nötig ist." Mr. Lotus rechnet: „Wir sind keine dummen Buben: Mario ist 38, Ronnie 34, ich 50. Oldies, but goodies." Die Lotus-Überlegenheit ist so peinlich, daß Depailler sagt: „Niki, James, Jody, ich — wir alle fahren unser eigenes Rennen zweiter Klasse. Lotus muß man total vergessen."

Dritter Akt: Peterson schaut am Start völlig verdattert auf drei spanische Polizisten, „die so verdammt knapp bei mir stehen, daß ich sie dauernd anschau — und den Moment verpaß, als die Ampel von Rot auf Grün wechselt." Hunt kurvt zwischen den beiden Lotus in Führung, rammt dabei Ronnies linkes Vorderrad, worauf bis zum Ende das Lotus-Lenkrad schiefsteht. Auch Lauda will an Peterson vorbei, „aber plötzlich zieht der Kerl nach links und ich bin eingesperrt wie im Käfig". Peterson als Neunter (vor Lauda), acht Autos hinter Andretti. Damit ist das Lotus-Duell entschieden, bevor es beginnen kann . . .

Vorn sitzt Andretti dem führenden Hunt fünf Runden wie ein Raubtier im Genick: „Ich warte nur, bis er einen Fehler macht." Prompt verschaltet sich James. Jetzt hat Mario freie Bahn. „Aber ich fahr spazieren wie ein Taxichauffeur. Das genügt."

Die Stoppuhr lügt nicht: Während Andretti mit harten Pneus vier Sekunden über seiner Pole-Position-Zeit dahinrollt, verschleißt Hunt seine Reifen völlig — aber wie im berühmten Fuji-Finale 1976 überläßt ihm die McLaren-Box alle Reifenwechsel-Entscheidung, die James solang hinauszögert, bis der Pfeil kommt: Unübersehbarer Befehl zum Stopp.

Von hinten kommt, wie erwartet, der totale Angriff Petersons. Seine Aufholjagd ist das Herz des spanischen GP: In der 8. Runde schnappt er Scheckter, in der 15. Villeneuve, in der 38. Laffite, in der 53. Hunt.

Drei Runden später: Donnernder Applaus von den Tribünen, als auch Lauda den McLaren überholt. Gleich darauf spürt Niki einen plötzlichen Schlag im Heck: „Peng — und fertig!“, sagt Lauda zum Motorschaden. Stummes Zwiegespräch mit Cuoghi, trauriges Achselzucken. Öl, Wasser: alles ist im Motor.

Die Alfa-Motoren werden immer unverläßlicher, das Formel-1-Gleichgewicht hat sich längst von Ferrari zu Lotus verschoben: Reutemann und Villeneuve werden immer langsamer, müssen Reifen wechseln — aber die roten Renner aus Maranello haben noch ein Kainszeichen: Neue, in Deutschland gefertigte Halbachsen. Villeneuve ist in Fiorano nach fünf Runden eine Halbachse geknickt — die Bruchstelle ist blau, was beweist: Material zu heiß — keine Materialermüdung. Reutemann argwöhnt bereits: „Wer weiß, ob nicht schon Lauda 1976 am Nürburgring die Halbachse gebrochen ist“ (der Unfall wurde nie aufgeklärt). In Jarama gerät auch Carlos an den Rand der Katastrophe: „Die Art Unfall, die ich hasse. Mein schlimmster Unfall überhaupt. Du bist Passagier, kannst nichts mehr tun.“

„Voll beschleunigen ... mindestens 200 km/h ... plötzlich links hinten ein Schlag“, rekapituliert Reutemann später, wie links hinten die Halbachse bricht (innerhalb des Radträgers). 20 Meter nach dem Lauda-Brabham schlägt der Reutemann-Ferrari wie eine Bombe ein. Shadow-Konstrukteur John Baldwin: „Ich muß um mein Leben rennen. Der Ferrari schießt direkt in die Fangzäune und kippt um.“ Das Auto wird erst nach eineinhalb Stunden herausgeschnitten. Carlos kann sich selbst befreien: Brustkorb stark geprellt, Verdacht auf Bruch und innere Verletzungen. Noch abends wird Carlos mit dem Hubschrauber in eine Klinik nach Madrid geflogen, während sich Piccinini in Jarama wichtig macht: „Eindeutig ein Fahrfehler von Reutemann“, diktiert er den Spaghetti-Reportern. Das gleiche hat er Reutemann einzureden versucht. „Unmöglich!“, protestiert der geschockte Pilot, „nie im Leben verlier ich in dieser Kurve die Kontrolle.“ Nach einer halben Stunde ist Piccinini wieder da: „Sag’s ja nicht weiter: Die Halbachse ist gebrochen, haben wir jetzt rausgefunden.“

Reutemann verlangt: „Dann macht sofort eine Presseerklärung wie in Kyalami. Und gib öffentlich zu, warum es passiert ist.“ Die Erklärung

kommt nie. Das alte Ferrari-Lied: Die panische Angst, irgendwelche Defekte einzugestehen — schuld ist immer der Fahrer.
Was bei Lotus verblüfft: Nicht nur die Siege, auch die Haltbarkeit. Andretti/Peterson feiern den zweiten Doppelsieg hintereinander. „Weltrekord", jubelt Chapman, „das haben früher nicht einmal Clark und Hill geschafft." Wieder ist Peterson Mann des Tages: „Besseres als Zweiter hätte ich sowieso nicht werden dürfen." Völlig im Schatten der „schwarzen Teufel", die alles zermalmen und zerdrücken, kommen Laffite, Scheckter, Watson und Hunt ins Ziel. Regazzoni geht kurz vor Schluß das Benzin aus.
Tagelang bejubeln die Lotus-Fans die WM-Doppelführung: Andretti 36, Peterson 26. Tagelang klagt Reutemann über Kopfweh, sieht schlecht, ihm ist schwindlig. Sechs Tage danach fährt er erste, zaghafte Testrunden. Lauda hat 20 Punkte Rückstand und ein defektanfälliges Auto: Bereut er seinen Transfer von Ferrari zu Brabham? „Nein, man muß eben arbeiten, bis man wieder oben ist. Und schau die Alternative Ferrari an."
Für die WM macht sich Lauda keine Illusionen mehr: „Wenn Andretti weiter so viel Glück hat, also pausenlos ankommt und gewinnt, bin ich meinen Titel los. Andererseits: wenn ich siebenmal Erster werde und Mario siebenmal Zweiter, ginge sich's gerade aus."
Die vertrauliche Rechnung läßt ahnen: Niki hat bereits ein neues Auto zur Hand, mit dem er die Lotus schlagen kann — den Ventilator-Brabham.

ANDERSTORP: KRIEG UM DEN „STAUBSAUGER"

Niki ist seit Zandvoort 1977 sieglos, Brabham seit Nürburgring 1975 (Reutemann), Alfa Romeo seit Barcelona 1951 (Fangio) — Niki war damals zwei Jahre alt. 1978 gibt er zu: „Stimmt, wir alle haben uns mehr erwartet. Aber die Lotus-Überlegenheit ab Zolder war nicht vorhersehbar. Der Lotus 78 war zwar gut, aber immer noch in Griff zu kriegen — mit dem Lotus 79 war's jedoch vorbei."
Doch Gordon Murray bastelt heimlich seit drei Monaten an einer Gegenwaffe: Einem „Anti-Lotus" — dem heißdiskutierten „Staub-

sauger". Mag sein, daß die feindliche Mauer, die sich ringsum gegen den Ventilator-Brabham auftut, gar nicht entstanden wäre, hätte sich Ecclestone an gewisse Spielregeln des beinharten Formel-1-Geschäftes gehalten. Es ist eine Art „Gentlemen's Agreement", daß die Teamchefs, wenn ihre Konstrukteure wirklich Revolutionäres ausgetüftelt haben, die Konkurrenz durch gezielte Indiskretionen vorwarnen — damit keiner blöd sterben muß. Ecclestone aber schockiert alle. Was man ihm nicht verzeiht. Aber Bernie liebt Überraschungen ... Ecclestone, der „Napoleon der Formel 1". Nur 1,59 m groß, aber mächtig. Er verteuert die Auftrittsgage des Formel-1-Zirkus pro Jahr um 100.000 Dollar — wem die Show zu teuer ist, der kann ja aussteigen (Australien, Kuwait etc. sind schon auf der Warteliste) oder (wie der AVD und bald auch die Österreichring GmbH) den Grand Prix total an Bernie verkaufen: Das langfristige Ziel.

Seine Briefe tragen den Stempel: „From the desk of Mr. Ecclestone". Sein Stalltrieb ist enorm: Bernie muß nach jedem Grand Prix zu Hause in London im eigenen Bett schlafen. Oder, wenn er aus Übersee zurückkommt, zumindest Montag früh an seinem Schreibtisch sitzen. Unheimlich, wieviele Fäden dort zusammenlaufen. So vertreibt Bernie praktisch weltweit (außer Amerika) auch Goodyear-Rennreifen, „50.000 bis 60.000 pro Jahr, das Stück zu 70 bis 80 Pfund". Umsatz: etwa 15 Millionen Schilling, „aber das ist kein gutes Business: Zu hohe Spesen".

Er hat überall seine Finger drin. Wenn Colin Chapman kommt: „Bitte, borg mir drei Fleppen, damit ich meine Familie reinkrieg", sagt Bernie: „Bring sie her, ich schleus sie durch." Einmal fragt Andretti um einen Zusatzausweis: „Für meine Frau." Darauf Bernie: „Ich hab dir doch schon einen gegeben — für die Freundin."

Bernie und das liebe Geld ... „Er ist direkt", sagt Lauda, „das mag ich." Ein Dialog im Parmalat-Wohnbus: Bernie: „Niki und ich haben nie übers Geld geredet. Gentlemen never discuss money." Darauf Niki: „Stimmt, ich fragte nur: Was bin ich dir wert? Bernie nannte die Summe, ich sagte: Gib mir weniger, damit mehr Geld fürs Team bleibt. Wir wollen ja noch ein paar Jahre zusammenarbeiten. Und 1979 will ich noch weniger Geld." So plauschen sie, ohne rot zu werden. Ecclestone verrät mir seine Philosophie: „Wenn mich der liebe

Gott fragt: Was willst du lieber: Eine Million Freunde oder eine Million Dollar? sag ich sofort: Eine Million Freunde . . . und jeder von ihnen schenkt mir zehn Dollar.“

Bernies gelehriger Schüler: Sein Adjutant Herbie Blash. Sein Partner: Alfa-Romeo. „Die Zusammenarbeit mit uns“, rechnet Lauda, „kostet Alfa weniger als ein eigenes Auto“ (das trotzdem gebaut wird). Die Probleme, die der ehrliche, gradlinige Lauda mit den ewig lügenden italienischen Reportern hat, sind nicht neu. Ein Beispiel: Offizielles Training, irgendwo, zwei Sätze weicher Reifen, bereits so heiß gefahren, daß sie unbrauchbar sind. Lauda steigt aus: „Schneller gehts nimmer, mit harten Pneus weiterzufahren, wäre sinnlos.“ In der Box wird Ingenieur Carlo Chitis Cäsarenschädel tomatenrot: „Bitte, Niki, fahr noch zwei Runden, sonst schreiben die italienischen Reporter: Motor kaputt.“ Niki fährt, Chiti ist happy, und die Italiener schauen dumm aus der Wäsche.

Das Problem mit Chiti: Er verdreht Alfa-Motorschäden liebend gern in Brabham-Chassis-Defekte.

Das Problem mit den Italienern generell: Ihr fehlendes Zeitgefühl. Wochenlang halten Watsons Monteure den Motorwechsel-Rekord mit 1.30. Die Lauda-Crew benötigt 1.37 — und erst, als sich Niki auf die Boxenmauer setzt und den kompletten Motortausch beaufsichtigt, nur 1.20 Stunden.

Lauda, der Diplomat: Als er von Ferrari wegging, riß der Kontakt zu Fiat nie ab. „Fiat ist größer als Ferrari, man muß immer weiterdenken.“ Niki verabredete mit Fiat-Chef Agnelli die jährlichen Skiferien in St. Moritz. Im Sommer 1978 wird Lauda dreimal zu ungewohnten Zeiten bei Steyr-Fiat gesehen. Eine Woche später ist, welch Zufall, Agnelli in Wien. Beschlossen wird, pro Jahr 15.000 Lancias (zu je 200.000 S) in Österreich zu fertigen — und beim nächsten GP ist Forghieri gegenüber Lauda freundlicher als je zuvor. Als sein „guter Geist“ Willi Dungl arabische Ölscheichs behandelt, fliegt Niki eigens nach Wien: Mittagessen mit den Arabern beim „Demel“ — die Gäste sind begeistert.

Lauda, der Geschäftsmann: Die Dollarkrise (während des Südafrika-GP) trifft ihn bitter, weil sein Brabham-Vertrag auf Dollarbasis abgeschlossen ist — genau wie früher sein Ferrari-Vertrag in Lire.

Schweizer Franken (oder Schilling) durchzuboxen, gelingt nicht einmal Lauda, dem Businessmann: Immer erreichbar, Telefon überall, im Auto, in der Badewanne (nur nicht im Flugzeug — wie jedoch Andretti). Teddy Podgorski fragt ihn beim TV-Porträt: „Stimmt es, daß, wenn du dein Geldbörsel aufmachst, die Motten herauskommen?" Niki hatte 1978 zwei Möglichkeiten: a) sich total an Ecclestone zu verkaufen, sich von ihm völlig vermarkten zu lassen oder b) mit zwei Firmen (mehr gestattet Parmalat nicht) eigene Werbeverträge abzuschließen. Lauda entschloß sich für die zweite Variante: Mit „Raiffeisen" und „Marlboro" — 1979 wechselt er zur „Ersten" und schlägt den Bankleuten vor: „Ich tu alles, was ihr wollt, ich renn den Berg rauf und schrei: ‚Die Erste, die Erste'." Doch bald „ändert sich seine Ansicht über die Werbung", sagt Generaldirektor Dr. Haumer. In Long Beach fragen die Organisatoren: „Kannst du uns helfen, Reklame für den Grand Prix zu machen?" Lauda bedauert: „Keine Zeit." Zweite Frage: „Für 2000 Dollar?" Niki kratzt sich hinterm Ohr, wie zumeist, wenn von Geld die Rede ist: „Dafür hätt ich schon a bißl Zeit."

Lauda, der starke Charakter: Er hat, sagen seine Bankchefs, „das Weltbild des Österreichers verändert". Der Schweizer Künstler Tinguely, der mit Jo Siffert in die Formel 1 gekommen ist: „Lauda ist aktueller, zeitgemäßer als Stewart oder Andretti. Er ist zuerst Mensch geblieben, dann erst zum Haudegen geworden — was er ja auch sein muß." Teddy Podgorski charakterisiert ihn am treffendsten: „Er hat die Formel gefunden, mit der er sich der Umwelt präsentiert: Er tut das Notwendigste, um von seiner Umwelt akzeptiert zu werden, aber um keinen Deut mehr. Er ist weit davon entfernt, seine Seele seinen Zeitgenossen auszuliefern. Er ist viel zu klug, um von seiner Substanz an seine Umwelt etwas abzutreten. Das macht ihn so undurchsichtig, so zwiespältig, kalt und distanziert ... Wer ist dieser Mann wirklich? In der Formel 1 rasen die schnellsten Autos und Lauda war bis jetzt der schnellste Fahrer. Das ist alles. Er ist nicht schön, er ist kein Playboy, er klopft keine großen Sprüche, er wirkt kalt und berechnend und scheint keine Nerven zu haben. Lauter Eigenschaften, die einer raschen Popularität im Wege stehen. Das Volk will seine Helden ganz anders: emotionell, leutselig, bescheiden (wenn's auch verlogen ist), mit einem Wort: unzulänglich. Perfektionisten sind suspekt. Sie machen die Kluft zwischen sich und der Masse größer. Daß es Lauda trotzdem gelungen ist, die wahrscheinlich populärste Figur im europäischen Sportgeschehen zu werden, ist um so höher einzuschätzen, als er nie Konzessionen gemacht hat.“

Soweit Podgorski. Für viele Agenturen ist Niki der „Weltsportler Nr. 1“. „Und so hoch oben zu bleiben“, sagt Niki, „ist fast schwieriger, als hinaufzukommen. Die Luft wird rauh und immer dünner.“

Früher war sie milder. Im Herbst 1973 weihte mich Lauda als ersten ins Ferrari-Angebot ein. Strengste Diskretion war Pflicht — voreilige Berichte hätten alles zerstören können. Also: Wochenlanges Stillschweigen, jedoch Zuspitzen der Situation. Bis Niki herausfand, daß eine Konkurrenz-Zeitung der Ferrari-Sensation auf der Spur war. Ich saß gerade im Flugzeug, also rief Niki selber bei der „Kronen-Zeitung“-Sportredaktion an und diktierte: „Der italienische Rennstall Ferrari und der Österreicher Niki Lauda ...“ Was auch nicht jeder getan hätte.

Lauda, der Filmstar: „Ich möcht als Schauspieler nur halb so gut sein wie Steve McQueen im Le-Mans-Film als Rennfahrer“, wünscht er sich für den Formel-1-Film „Welcome to the Grand Prix“ (Weltpremiere: Ende August in Rom).

Lauda, der Flieger: „Wunsch fürs nächste Jahr? Ein noch besserer Pilot zu werden!“, verwirrte er einen Journalisten. Wieso? Als Weltmeister? „Ich mein natürlich: in der Luft“, erklärte Niki. 1978 ist er stolz darauf: „Keinen einzigen Flug mit einer Passagiermaschine, zu jedem Grand Prix privat geflogen“ — zumeist mit der Lear-Jet von Dr. Polsterer und der Viennair. Als Kontrastprogramm „zum dauernden Chaos im Rennwagen“ braucht Lauda die Ordnung im Luftverkehr — aber Dramen hat er auch über Funk genug mitgehört: „Alle Geiseln befreit!“ (nach der Terroraktion auf Zypern), „Mayday“ (aufgeschnappt vom Piloten einer osteuropäischen Fluglinie) und „Spaghetti, ich tritt dich in den Hintern“ (Funkspruch an einen Alitalia-Piloten). Flugexperten und Prüfungskommissäre bescheinigen Lauda, dem Flieger, „weit überdurchschnittliche Fähigkeiten“ — heute hat Lauda längst alle Prüfungen für den Berufspilotenschein abgelegt und sich in die „Viennair“ eingekauft. Der Start in seinem zweiten

Beruf wird „fliegend“ abrollen — im Gegensatz zu vielen Ex-GP-Piloten, die aus dem Cockpit steigen und nicht wissen, was sie anfangen sollen.
Lauda, der Musikalische: Schon vor seinem Besuch im Haus des Pop-Idols Rod Stewart horchte Niki in sich hinein: „In mir schlummern musikalische Talente.“ Worauf ihm der österreichische Yamaha-Importeur sofort eine Orgel schenken wollte — „damit Sie trainieren und Ihre Talente voll entwickeln können“. Niki dirigierte das 70.000 Schilling teure Instrument auf einen mittellosen Musikstudenten um, „und wenn ich später nimmer rennfahr, kann ich mirs ja abholen“.
Lauda, der Tierfreund: Zur deutschen Dogge „Baghira“ kommt 1978 „Balu“ hinzu. Den Stammbaum schmeißt Niki sofort weg: „Mir ist nur wichtig, wie der Hund watschelt und ob er freundlich schaut.“ Marlenes Wunsch, aus der Schweiz zwei Schimpansen zu holen, wird abgelehnt — dafür zieht im Herbst die Ziege „Clementine“ in Hof ein. Aus den Rennpokalen fressen jedoch nur die Hunde — und seine Zandvoort-Trophäe von 1977 verscherbelt Niki an den holländischen Rennfahrer und Diamantenhändler Hezemans. „Im Moment“, sagt mir Niki, „ist jeder Sieg anders, aber nachher sind sie alle gleich.“ Die Pokale auch.
Lauda, der Dressman: Als er vor Jahren den „Pro-Dixan“-Werbespot drehte, wurde er in einen hellgrauen Anzug gesteckt. Gleichzeitig war Österreichs kinderreichste (und entsprechend arme) Familie im Studio. Die Kinder durften die Kleidung behalten. Darauf Lauda: „Dann laß ich meinen Anzug auch gleich an.“ Heute sagt er: „Am liebsten hab ich immer das gleiche Gewand. Wenn ich in der Früh aufsteh und die Hose liegt am Boden, das taugt mir.“ Die Matras-Pulloverwerbung macht 1978 nicht mehr Lauda, sondern Villeneuve.
Und Nikis Teamkollege? John Watson ist — allgemeiner Schnitt — um zwei Zehntelsekunden langsamer als Lauda; aber Lauda verdient siebenmal so viel wie der Ire: „Ein Engel“, sagt Ecclestone über ihn, „aber nicht die Persönlichkeit von Niki, der unbeirrbar hingeht und sich holt, was immer er will“ — „und mit dem Absatz jeden zertrampelt, der schwächer ist als er“ (schimpft ihm Roberto Noseto nach).
„Niki war schon als Gegner ein Freund, sicher bleibt er's auch als

Teamkamerad", sagt Watson. Und umgekehrt? „John ist nett, ehrlich und sagt immer, was er sich denkt. Grundvoraussetzung für eine Zusammenarbeit und nach dem Jahr mit Reutemann eine Erholung", vergleicht Niki.

Lauda ist der Siegertyp, Watson nicht. „Ein Verlierertyp", sagt Ecclestone drastisch — auch wenn Johns „verlorene Rennen" 1977 so eindrucksvoll waren, daß ihn die Engländer (obwohl Hunt drei Große Preise gewann) zum „Rennfahrer des Jahres" kürten. Ist Watson ein Mensch, der Pech anzieht? Als ihn sein früherer Penske-Teammanager Heinz Hofer (ein Schweizer) zum Abendessen in Bognor Regis besucht und nachher heimfährt, biegt er falsch ab. Hofer stirbt wenige hundert Meter von Watsons Haus.

Watson ist ungewöhnlich empfindlich gegen Sonnenbrände (Südamerika ist für ihn eine Qual) und Erkältungen, aber nicht „der Mensch, der sich schon beim Aufstehen den Puls mißt", wie man ihm fälschlich nachsagt. Er ist Romantiker und dementsprechend oft unglücklich verliebt — etwa in Nina Rindt oder den Filmstar Sydne Rome.

Klein und exklusiv ist der Kreis derer, die vom „Staubsauger"-Brabham wissen: Seit März nicht nur Dringlichkeitsstufe 1, sondern auch Geheimaktion 1, seit Murray weiß: „Die Oberflächenkühlung funktioniert nicht, aber wir brauchen eine leichte, saubere Schnauze — also die Kühler nach hinten transferieren. Schwierig genug, weil der Alfa-Motor so breit ist, wir aber 200 Liter Benzin unterbringen müssen." Das Reglement besagt: „Ein Ventilator muß in erster Linie für die Kühlung verwendet werden." Darauf baut sich Murrays Staubsauger-Idee auf: „Nie hätten wir soviel Zeit und Geld in ein Projekt investiert, von dem wir wüßten, daß es unsauber ist." Also baut Murray einen Ventilator am Heck, der die Luft durch den Kühler zieht. Daß der Ventilator auch die Luft unterm Auto absaugt und ein Vakuum erzeugt (raffinierter noch als Chapmans Lotus 79!) ist eine angenehme Nebenerscheinung — weil sie das Auto schneller macht. Lauda: „Wir nützen eben sämtliche Schleichwege aus."

Aber auch das gehört zu jener genialen Idee: Ein Konstrukteur, der Lücken im Reglement findet und ein Teamchef, der die Sache vertritt. Als der große Wirbel losbricht, fragen die Gegner Ecclestone: „Bringst du Murray jetzt die hohe Schule der Rechtskunde bei?" Bernie verneint: „Ich schick nur die anderen Teamchefs in die Volksschule, damit sie lernen, Regelbücher zu lesen."

Schon vor über einem Jahrzehnt gab es im Rennsport einen „Staubsauger": Den zweisitzigen Rennwagen „Chaparall", entwickelt vom texanischen Ölmillionär Jim Hall mit General-Motors-Hilfe. Phil Hill/Joakim Bonnier gewannen mit dem „Staubsauger" 1966 das 1000-km-Rennen auf dem Nürburgring. Danach wurde das sagenhafte Auto verboten. Und Max Mosley, der gerissene Anwalt, fürchtet auch für Brabham: „Da kommt eine Welle von Protesten und Fäusteschütteln auf uns zu ..."

Die „Düse auf Radeln" (wie Lauda formuliert), das „Propeller-Auto": Nach kurzen Testfahrten in England die große Sensation beim schwedischen GP in Anderstorp. Der BT 46 B sieht aus wie in einem utopischen Film: Vorn ein Staudruckmesser, der wie ein Schnorchel 40 cm hochragt, hinten der riesige Ventilator, der den ans Heck transferierten Kühlern Luft zufächelt. Innen ein Geschwindigkeitsmesser (in Knoten) wie in einem Flugzeug-Cockpit!

Das Brabham-Team spürt sofort den Haß und Neid der anderen. Aber Bernie hat vorgesorgt: Die CSI bestätigt in einem Telex, daß das Auto absolut legal sei. Bernie läßt das Fernschreiben nicht an sich schicken, sondern den schwedischen Veranstaltern: also den gleichen Herren, die Jahr für Jahr davor zittern, daß ihnen Ecclestone ihren Grand Prix wegnimmt. Das ist nicht der einzige Trick. „Erschreckt nicht gleich alle anderen mit Superzeiten, deprimiert aber auch nicht unseren Konstrukteur tödlich. Fahrt mittleres Tempo. Drive medium", befiehlt Bernie Lauda und Watson. Also bleibt Niki am ersten Tag Neunter, Watson 14. Das Ende des Bluffs im Abschlußtraining: Watson (hinter Andretti) Zweiter, Lauda Dritter.

Aber längst wird Sperrfeuer geschossen. Täglich Punkt 16 Uhr rottet sich die ehrenwerte Formel-1-Mafia im Marlboro-Bus zusammen, kaut kiloweise Erdnüsse, streitet stundenlang, ob die Wunderwaffe verboten werden müsse. Witze machen die Runde. Walter Wolf fragt Marlene Lauda: „Na, wie tut sich Niki mit dem Staubsauger?" Marlene: „So gut, daß er ab jetzt auch im Haushalt damit hantiert." Die Wolf- und McLaren-Mechaniker montieren spaßhalber leere

Mülltonnen am Heck ihrer Autos, dazu den Ventilator aus dem Hotelzimmer — und verwirren alle Fotoreporter.
Rädelsführer des Aufstands ist Colin Chapman: „Ich hab nie in meinem Leben, in 20 Jahren Rennsport, protestiert. Aber jetzt setz ich Himmel und Hölle in Bewegung, bis der Brabham verboten wird. Und wenn ich bis zum Jüngsten Gericht protestieren muß.“
„Mr. Lotus“ taktiert sehr clever. Zuerst befiehlt er seinen Fahrern, Lügen auszustreuen, „wie gefährlich der Staubsauger ist, weil er Staub und Dreck, shit und Steine hochschleudert“. Andretti schimpft kräftig, Peterson zögernd. Die Wahrheit: Die Geschwindigkeit des Autos ist wesentlich höher als die der Luft, die am Heck ausströmt. Ein aufgeklaubter Stein würde also höchstens hinten rausplumpsen, aber auf keinen Fall rausgeschossen werden. Dann erzählt Chapman: „Der Ventilator ist für Kühlungsaufgaben 14mal größer, als er sein müßte.“
Murray tobt: „Chapman weiß genau, daß er lügt, aber damit schürt er den Haß der anderen Teamchefs.“
Ligier-Teammanager Ducarouge fürchtet, die Belastung für den Piloten würde sich in den Kurven bis auf 4 g (vierfache Erdbeschleunigung) verdoppeln. Murray widerlegt auch diesen Unsinn: „Die Fliehkraft beträgt in den schwierigsten Kurven — dem 180-Grad-Karussell von Anderstorp oder der Bosch-Kurve am Österreich-Ring — maximal 1,8 bis 2 g. Mit dem Staubsauger: Vielleicht 1,9 bis 2,1 g.“
Gerade das macht den jungen Konstrukteur so sauer: „Alle zerreißen sich über unser Auto den Mund, aber niemand weiß etwas, weil keiner unsere Zahlen kennt. Der Streit ist nicht technisch, sondern rein politisch.“
Und er zermürbt. Fünf Teams (Lotus, Tyrrell, McLaren, Surtees und Williams) wollen den Staubsauger schon in Anderstorp vom Start aussperren. Ligier, Ferrari und Wolf helfen zu Brabham. Die Jury (sechs Schweden, ein Österreicher) stimmt zwei Minuten vorm Start ab: 7:0 für Brabham! „Protest abgewiesen“, ruft Sportkommissär Dr. Tiroch Niki zu, als er schon im Auto sitzt. Bravo, sagt Niki leise. Jetzt prallen alle Giftpfeile ab, jetzt wird nur noch gefahren.
Das Wunder geschieht: Zum erstenmal seit Wochen kann jemand das Lotus-Tempo halten. Andretti und Lauda duellieren sich vom Start bis zur 38. Runde, beide voll am Limit. Niki will herausfinden, „wo

für Andretti und Lotus die Grenze ist" und freut sich diebisch: „Ich zwing Andretti ans Limit." Mario seinerseits hat tausend Augen und Ohren für den Staubsauger, den er auf der Geraden immer aus dem Windschatten beutelt, der aber in den Kurven wie festgeschraubt auf der Straße liegt.
Niki wartet bloß, bis Mario ein Fehler passiert: Zu schnell in die Zielkurve, im Scheitelpunkt vom Gas, Lauda sticht in Führung. Und hätte auch gewonnen, wäre Andretti nicht (erstmals 1978) der Motor geplatzt.
Trotz ölverschmierter Bahn hat Lauda kein Problem mehr: „Alles perfekt." Höchstens ein negativer Punkt: Der Motor verliert mehr PS als angenommen — etwa 20.
Aber: Lauda hat gesehen, „wie schnell der Lotus geht, wenn man ihn wirklich hetzt". Niki und Andretti sind dem Dritten, Patrese, schon um 66 Sekunden enteilt! Dabei hat Patrese härteste Gefechte bestehen müssen: Zuerst reizt er Watson durch Spätbremsen am Ende der Geraden zum äußersten Risiko — prompt fliegt Watson mit 280 km/h von der Strecke, wirbelt meterhohe Staubfontänen auf. Alan Jones wird von Patrese auf direkte Art erledigt: Im Zweikampf abgeschossen.
Hartnäckigster Patrese-Gegner ist Peterson, bis Ronnie durch Reifenwechsel auf den 17. Platz zurückfällt, sich aber, wie so oft, wieder nach vorne durchbeißt. Sogar König Carl Gustav und Königin Silvia applaudieren Ronnie stürmisch. Ronnie beschwert sich bitter über Patrese: „Der Kerl fährt aus der Bahn, schmeißt Steine hoch, torpediert jeden Angriff mit Zick-Zack-Linien." Patrese spielt das Unschuldslamm: „Wer zuerst in die Kurve sticht, bestimmt seine Linie. Überhaupt, warum regt sich Ronnie auf? Wäre mir nicht in Kyalami der Motor explodiert, hätte er dort nie gewonnen. Also soll er jetzt still sein." Der zweite Platz ist für Riccardo „endlich der Durchbruch nach oben. Diesen Erfolg habe ich dringend gebraucht. Ich bin richtig auf dem Weg ganz nach oben."
Im Ziel trennen Patrese und Peterson 0,009 Sekunden, aber Lauda triumphiert wie ein Super-Champion: Alle Gegner weggesaugt, Sieg mit 34 Sekunden Vorsprung. Niki kassiert Lorbeer, hört die Hymne und rennt hinüber zum Flugzeug: „Jetzt nichts wie nach Hause. Mir

reichts.“ Protestgezänk schwabbt hinter ihm her, stinkwütend ist Chapman, der den kleinen Frank Williams vorschickt, um Stunk zu machen. Ohne Chance: Die Jury nimmt den Protest nicht einmal zur Kenntnis. Die Arrows-Truppe will keinen billigen Sieg für Patrese. Teamchef Oliver, Sponsor Cramer: „Wir protestieren nicht. Für uns bleibt Lauda Sieger von Schweden.“ Ich treffe Niki fünf Minuten später im Flugzeug: „Überhaupt kein Problem, nur diese tepperte Batterie.“ Die Flugzeugbatterie ist leer — Regazzoni baut seine aus und gibt Starthilfe. „Mir egal, was jetzt passiert. Ich hab meine Arbeit erledigt. Mehr als gewinnen kann ich nicht“, sagt Niki.
Die Aasgeier lassen ihm wohl den Premieren-Sieg, fressen aber alle später möglichen Erfolge: Fünf Tage später verbietet die CSI den Ventilator-Brabham mit 3:2. Ugeux (Belgien), Rogano (Italien) und Balestre (Frankreich) stimmen gegen, von Hanstein (Deutschland) und Delamont (England) für den Staubsauger. „Wieso darf der Lotus schnell sein, wir aber nicht?“, empört sich Lauda. Seine Meinung über die CSI-Funktionäre war nie sehr hoch: „Balestre macht sich wichtig, nur weil er CSI-Präsident werden will, hat von Skirts, Plastikvorhängen oder Ventilatoren keine Ahnung. Wenn man ihn fragt: Wo sind zum Beispiel beim Lotus die Schürzen? weiß er's gar nicht.“
Laudas Schweden-Sieg bleibt der teuerste aller Zeiten: Sechs Millionen Schilling hat das Projekt verschlungen. Sechs Millionen für neun Punkte. Und nur ein Auftritt. Was jetzt? Gordon Murray interessiert das Auto nicht mehr: „Es ist wie bei einem Bild, das ein Künstler gemalt und verkauft hat. Mein Lieblingsmaler ist Breughel.“ Dessen Bilder sind düster wie die Neidgesellschaft der Formel 1.
Der Staubsauger ist verboten. Jetzt räumt im Grand-Prix-Geschäft wieder Lotus auf.

LE CASTELLET: DIE JAGD MIT HUNT

Der französische Grand Prix in Le Castellet hat seit Jahren zwei Merkmale. Erstens: Transferklatsch, zweitens: das Erstarken des McLaren-Teams, dessen farblose Saison Rätsel aufgibt. James Hunt steht also doppelt im Mittelpunkt:

„Freude am Tempo, Geschwindigkeitsrausch und dieses Zeug: Das ist alles seit Jahren verflogen", sagt der Weltmeister von 1976. An Hunt beeindruckte Lauda früher immer, „wie hervorragend er sich konzentrieren kann. Sobald die Startflagge fällt, ist er sofort voll da" (während andere zwei, drei Runden brauchen, um sich ans Tempo zu gewöhnen). Nicht gewöhnen kann sich Millionensponsor Marlboro an schlechte Hunt-Sitten, wie sein Fernbleiben bei der Fuji-Siegerehrung: „Noch eine solche Taktlosigkeit, und du bist draußen." Zum traditionellen RAC-Dinner-Dance kam Hunt prompt pünktlich und korrekt gekleidet. Genau, wie er auf Vauxhall-Plakaten lächelt: Er im Abendanzug, ein anderer Gentleman im Overall. Dazu der Text: „Das eine Auto fahr ich als Arbeit, das andere zum Vergnügen."
Mit dem M 26 sind 1978 sowohl Arbeit als auch Vergnügen meist nur von kurzer Dauer: Lang ist die Liste der Hunt-Ausfälle schon in der ersten Runde.
Und lang ist auch die Liste der Reibereien, die James auf den Rennstrecken hat. Daß ihm die südafrikanischen Zöllner jedes Jahr das „Playboy"-Magazin konfiszieren — lächerlich. Daß er hascht — ein offenes Geheimnis. Als in einer deutschen Zeitung eine diesbezügliche Story zu erscheinen droht, sie jedoch jemand abbiegen will, sagt Max Mosley seelenruhig: „Sollen sie nur schreiben, was sie wollen, Reklame ist alles, was in der Zeitung steht." Oft kassiert Hunt Geldstrafen — weil er ohne Helm an die Boxen zurückfährt. Einmal pfeift ihn ein Streckenposten in der Boxengeraden mit der Trillerpfeife an. Sofort hebt James die Faust, will sich auf den Mann stürzen, bis er kapiert: Er sollte nur gewarnt werden — vor einem Kranwagen, der ihn in dieser Sekunde umzureißen drohte. Dankbar schüttelt Hunt dem Mann die Hand.
Undankbar ist er nur, als ihm die internationalen Formel-1-Journalisten den Negativpreis verleihen. Die Wertung: Prix d'Orange (positiv): Andretti für die Fahrer, Tyrrell für die Konstrukteure, Silverstone für die Rennstrecken. Prix de Citron: Hunt, Ferrari und Mosport. Darauf wettert James in seiner Rede: „Ich werde mir alle Mühe geben, meinen Preis zu verteidigen", rammt das geschenkte Bild auf den Tisch und geht.
Unstet als Rennfahrer, privat jedoch etwas stabiler geworden: Dank

„Hotty", seiner heißblütigen Freundin, die nicht nur am liebsten barfuß durch den Regen rennt, sondern auch fest Gast geben kann: Beim Prominentenrennen von Brands Hatch (Siegerin: Janet Brise) wird „Hotty" Vorletzte „und nicht einmal überrundet", wie Hunt stolz berichtet.

Seine Gelder investiert Hunt, der Gambler, großteils in ein neues Freizeitzentrum außerhalb von Marbella (Spanien), nahe dem Flugplatz: Discothek, angeschlossener Backgammon-Club. Noch im Sommer 1978 sperrt James auf — und je weiter die Saison fortschreitet, desto öfter überfallen ihn Rücktrittsgedanken: „Ein gefährlicher Sport ... man muß ans Aufhören denken ... ich hab keine Lust, im Rennwagen gekillt zu werden."

Doch verheimlicht Hunt nicht, daß ihn nur viel Geld zum Weitermachen bewegen könnte, und er nennt auch die stolze Summe: „Eine Million Dollar." Zuviel für jemanden, der nur autofährt, schimpft Walter Wolf. Und: „Das 1,5-Millionen-Dollar-Angebot von Renault an Andretti hat alle Preise verdorben. Jeder, der Weltmeister werden kann oder schon Weltmeister war, will eine Million Dollar."

Die McLaren-Saisonprognose („Hunt muß der logische WM-Favorit sein, weil das Lotus-Team auseinandergerissen wird, bei Ferrari Rivalität aufkommt und die Brabham-Alfas nicht halten") ist längst total widerlegt. James hat sich „selber ausgetrickst: Er mag das Team nicht mehr und die Leute mögen ihn nimmer", fällt Stewart auf.

Im Juli setzen sich Hunt und Teddy Mayer zusammen. „I don't know", sagt James. „Ich weiß auch nicht", sagt Teddy: die erfrorene Liebe. Man einigt sich, auseinanderzugehen.

Hunt geht, aber Patrick Tambay bleibt. Das Verhältnis zwischen den beiden McLaren-Fahrern war nie allzu herzerfrischend. „Immerhin: Je näher ich im Training an Hunt herankomm, desto mehr Respekt hat er vor mir. Er behandelt mich dann anders", freut sich Tambay — 1978 erst in der allerletzten Startaufstellung vor „King James" plaziert. „Ratschläge gibt Hunt wenige, nur ein einziges Mal bin ich ihm nachgefahren, zwecks Linienstudium, in Kyalami — da hat er sich gedreht." Trotzdem: „Mit James auszukommen, ist leichter, als ich dachte. Ich hab ihn mir problematischer vorgestellt. Sicher, manchmal hat er seine charakterlichen Schwierigkeiten ... aber das ist mir

immer noch lieber als ein versteinertes Pokergesicht als Nr. 1 im Team — wie es Villeneuve mit Reutemann durchmachen muß."
Tambay kommt von einem Sport, der die Mannschaft braucht. Früher war er Skirennläufer, auf wesentlich höherer Stufe als Patrese: französischer Abfahrtsjuniorenmeister 1969, bereits als „neuer Killy" gefeiert. „Er war schon sehr gut", erinnert sich sogar Prof. Hoppichler. Und Bernhard Russi hat öfter als einmal gegen Tambay gekämpft, in Verbier zum Beispiel: „Ich war damals schon mit der Rennläuferin Michele (meiner späteren Frau) halb befreundet, kam nach Verbier, aber sie war ausgeflogen — tanzen gegangen mit diesem französischen Rennläufer, Tambay." Und im Rennen? „Hab ich Tambay sechs Sekunden abgenommen", erinnert sich Russi stolz.
Später hatte Tambay Pech: Ende seiner Skikarriere — ein Autounfall — eine zerbrochene Liebe. „Damals wollte ich alle Brücken hinter mir abbrechen und nach Australien auswandern." Er ging stattdessen nach Amerika, studierte in Colorado, fuhr Skirennen fürs Universitäts-Team und wechselte fast nahtlos zum Automobilsport über. Die vielzitierten Gemeinsamkeiten dieser beiden Sportarten? „Konzentration und Disziplin sind das wichtigste, machen 95 Prozent des Erfolges aus. Ich hab mir beides beim Skifahren angeeignet."
Tambay glaubt, man muß in beiden Sparten „sauber fahren. Sonst verliert man durchs Kanten Zeit — oder durchs Rutschen mit den Reifen." Wo spürt man mehr die Geschwindigkeit? „Auf Skiern, wegen des Fahrtwindes und der Bäume." Nachdem Tambay sein größtes Problem als Autorennfahrer („die anderen Wagen um mich herum") nicht mehr erschrecken konnte, bemächtigte sich seiner im Cockpit ein eigenartiges Gefühl: „Wenn ich rennfahre, glaub ich immer, ich sei nur Kameramann und würde das Rennen filmen. Je besser ich fahre, desto langsamer der Film. Und wenn ich besonders gut fahre: wie in Zeitlupe."
Der Franzose mit dem Filmstar-Look wird immer mit dem jungen Louis Jordan verglichen, hat aber mehr Härte, als ihm viele zutrauen. Beim Formel-2-Rennen in Pau explodiert in der ersten Runde sein Bordfeuerlöscher, trotz schwerer Beinverletzungen, mit zusammengebissenen Zähnen, fährt Patrick weiter — bis in der letzten Runde, in Führung liegend, der Motor platzt. Danach muß er ins Spital.

Noch Wochen später humpelt er, überspielt aber die Schmerzen: „Zuviele junge Fahrer rundherum, hungrig danach, meinen Platz einzunehmen", lächelt Tambay.
Der Kampf um den besten Franzosen — um den schnellsten der „French frogs" (Frösche), wie die Engländer spotten — ist hart, wird jedes zweite Wochenende intern ausgefochten — und am öftesten von Jacques Laffite gewonnen: Vielleicht der schnellste Franzose, vermutlich der kämpferischste und wahrscheinlich der freundlichste. Er lacht immer. Manchmal am Vorabend eines Rennens: „Ich hoff, ich seh dich morgen mit dem Mikrofon, dann weiß ich, daß ich unter den ersten drei bin, vielleicht sogar Sieger" — worauf man Gewissenserforschung betreibt und sich fragt, ob man sich nicht zu oft nur um den Ersten kümmert.
Aber Laffite ist kein Verlierertyp. Die kritischen Phasen seiner Rennen hat er überwunden: Das Langsamstarten — und die Konditions- oder Konzentrationsschwächen in den letzten Runden, in denen er oft Ausfälle, Unfälle, Kollisionen hatte. Früher, jetzt nicht mehr, seit er unter Willi Dungls Anleitung Ausdauer trainiert. Der „Wundermasseur" hat auch eine körperliche Schwäche Laffites gebessert: sein verkrümmtes Rückgrat, das ihn freilich nie hindert, große Tennisschlachten zu liefern.
Und Rückgrat bewies Laffite auch im Reifenkrieg: Im Sommer trat er vor die Goodyear-Bonzen hin und drohte: „Entweder bessere Reifen für Ligier-Matra oder wir wechseln um auf Michelin." Seither wird Laffite (eine Spur) freundlicher bedient. Aber ein Satz superweicher Qualifikationspneus nützt ihm wenig: „Du mußt das Auto erst auf superschnelle Reifen abstimmen, dann die Pneus einfahren, deinen Fahrstil mit den zwei Sekunden schnelleren Reifen synchronisieren — und bis du soweit bist, ist die eine Garnitur schon in Fetzen."
Total französisch wird das Ligier-Team nie, weil — was im Sommer 1978 schon längst feststeht — Matra das Handtuch wirft, Michelin aber erst im Sommer 1979 ein Cosworth-Team übernehmen kann. „Monsieur Lagadere will Siege sehen und ein einziges gewonnenes Rennen (Anderstorp 1977) rechtfertigt nicht den Aufwand", heißt es bald. Womit das infernalische Heulen des Matra-12-Zylinders 1979 erstirbt, weil auch Ligier auf Cosworth umrüstet, sogar doppelt: Als

zweiter Mann kommt Depailler ins Team — und damit beginnt die Eifersüchtelei. Laffite klagt mir: „Ich fahr das vierte Jahr für Ligier, Depailler kommt neu ins Team und bekommt genauso viel Geld. Das ist ungerecht, ich will mehr."

Aber ist Depailler nicht ein besserer Testpilot? „Wenn er so gut testet, wie es heißt, dann hätte er nie zulassen dürfen, daß der Tyrrell 008 so miserabel ausschaut." Und Laffite ist überzeugt: „Über 80 Runden bin ich bestimmt der bessere Racer als Depailler." Laffite gibt Gas mit kleinem Fuß: Damenschuhgröße 36 — wie der Skispringer Toni Innauer.

Beim französischen Grand Prix in der heißen Kraterlandschaft von Le Castellet geht's nicht nur um den „besten Franzosen": Seit bereits 30 Jahren sind die Franzmänner in ihrem Heimatrennen sieglos. Zwar spult Tambay im Privattest fünf Grand-Prix-Distanzen ab — aber als die offizielle Zeitenjagd beginnt, liegen die Brabham-Alfas vorn: Lauda im ersten, Watson im zweiten Training. „Na also", spottet Chapman, „wozu braucht Brabham den Staubsauger?"

Die Rache schmeckt süß, doch Niki und John sind eine Woche nach dem Bannfluch von Paris „noch immer pfeifdrauf auf die CSI. Und am schönsten wäre, die Lotus zu schlagen — denn als Chapmans Autos schnell waren, hat sich auch keiner aufgeregt und verlangt: die seitlichen Schürzen gehören verboten."

Seit der Lotus 79 da ist, steht die Befürchtung im Raum: Beim ersten Frontalaufprall sind die Beine weg — wegen der extrem weit vorgerückten Sitzposition und der wenigen Zentimeter Schutz vor den Pedalen.

In Le Castellet passiert ein solcher Unfall. Testpuppe ist Andretti, der Tag: der Freitag, die Bahn: wegen leichten Nieselregens schmierig und rutschig. Mario jagt die bessere Zeit Petersons. Im schnellen „S" nach den Boxen, voll im 5. Gang, reißt es den Lotus von der schlüpfrigen Strecke. Tempo: jenseits von 250 km/h. Der Wagen schießt über die Kerben, steigt auf wie ein Flugzeug: „Ich flieg sehr hoch, sehr lang und sehr weit . . . und es ist unheimlich still. Nur mein Herz hat geklopft", schildert mir Mario den Unfall. Der Wunder-Lotus landet buchstäblich vertikal, auf der Schnauze, kippt aber gottlob nicht um. Wie ein nasser Pudel schüttelt sich Mario ab. Der zerbeulte Wagen wird sogar ausgeklopft — nur das Monocoque ist verzogen. „Ich war zu schnell“, gibt Andretti zu, aber Chapman brüllt in der Box: „Ihr zwei verdammten Idioten! Wir sind da, um die WM zu gewinnen, aber nicht, daß ihr euch gegenseitig ins Verderben hetzt.“

Ein Warnschuß ist abgefeuert. Ein Hexenschuß plagt Lauda. Willi Dungl rast von Wien durch den Regen bis ans Mittelmeer, muß in Bandol aufs erste Fischerboot warten und läßt sich auf die Insel rudern, auf der die Rennfahrer logieren. Wieder gilt der Spruch: Dungl kam, und Lauda siegte: Tagesbestzeit für Niki, der zweimal zusammen mit Watson aus der Box wie zum Feindflug startet, um auf der 1,8 km langen „Geraden der Wahrheit“ alle Windschattentricks auszupacken. Doch zuerst fehlen dem Iren die passenden Reifen und dann kommt der Regen.

Vorher, noch im Trockenen, hat sich Scheckter im 5. Gang über die Zielgerade gedreht und alle Reifen demoliert. „Ein Dreher beweist immer, daß ich kämpf!“ legt Jody die Sache aus. Reutemann reißt am Fangzaun den Heckflügel ab.

Watson—Andretti, Lauda—Hunt, Peterson—Tambay heißen die ersten drei Reihen. Niki versucht, John vorm Start auszuhorchen: „Sag mir, was du im Rennen vorhast.“ Der Teamkollege: „Ich brauch selber dringend einen Sieg.“ Lauda nickt: „Gut, dann kenn ich mich aus.“ Andretti hat großen Kummer: „Noch in der Aufwärmrunde liegt der Lotus miserabel, sogar am Startplatz muß ich noch herumdoktern. Frontpartie um ein Loch steiler“ — das ist der Trick.

Weil die Differenz vom Pole-Mann (Watson) bis zum Letzten (Rosberg) 5,5 Sekunden beträgt, mehr als jemals zuvor, muß auch den Goodyear-Leuten etwas einfallen. Lauritzen erbarmt sich der im Reifenkrieg Gedemütigten und gibt ihnen jene Pneus, die die Champions im Training ausgemistet haben. So erhält Jochen Mass Laudas Vorder- und Petersons Hinterreifen, ist aber, weil der ATS-Wohnbus (mit Jochens Utensilien) auf der Anreise zusammengebrochen ist, längst an Maskerade gewöhnt: Overall von Hunt, Helm von Tambay heißt die nicht gerade langsame Aushilfe.

Im Startgewühl geht's nur knapp an Feindberührung vorbei. Hunt klagt an: „Andretti ist vor mir in der ersten Kurve total quer, zwingt mich fast, Lauda zu torpedieren, aber ich steig voll auf die Bremse und rutsch dadurch weit zurück." Andretti wehrt sich dagegen, „daß Hunt mit Dreck nach mir schmeißt. Der Start war sauber." Andretti—Watson—Tambay—Lauda—Peterson heißt es bei der ersten Passage. Lauda rollt vorsichtig, fährt schonend, kommt trotzdem an Tambay und Watson vorbei und ist Zweiter, als es ihn ohne Vorwarnung trifft: Motorschaden.

Stummer Dialog mit Cuoghi, vielsagende Blicke, trauriges Achselzucken. Zwei, drei Runden schaut sich Lauda noch aus der Box an, dann ist er weg.

Jeder weiß, daß Niki weder ein Materialmörder noch ein Motorkiller ist. Nicht umsonst gilt er als der Mann, der immer ankommt. Bei Ferrari hatte er nur im ersten Jahr (1974) eine negative Quote (6:9), ansonsten sah er fast immer die Zielflagge: 1975 — 13:1, 1976 — 11:3, 1977 — 12:2. Und 1978 im neunten Rennen zum fünftenmal draußen (und, wie immer, unter den ersten drei).

In Le Castellet kommt Niki, weil er seine Tasche vergessen hat, nochmals zurück in die Box — und hört gerade, wie Ing. Chiti italienischen Reportern weismacht: „Ein Brabham-Defekt, denn der Motor ist in Ordnung." Lauda, der oft etwas verschweigen muß, aber nie gelogen hat, packt der Zorn. Jetzt verlangt er, daß der Motor gleich aufgemacht wird. Beweis: Die Ventilfeder des siebenten Zylinders ist gebrochen . . .

Draußen hält sich Tambay (zum erstenmal) solange vor Hunt, bis er Reifen wechseln muß. Wieder triumphiert die „schwarze Magie" bei Lotus. Vorn Andretti, dahinter Peterson, der seinen Teamleader brüderlich nach hinten abschirmt, denn Hunt pusht, drückt und drängt.

„Der Druck von hinten ist stark, und ich muß dauernd am Limit fahren: 12.000 Touren", analysiert Andretti sein „bestes Rennen des Jahres". Und „Ronnie ist ein unheimlich guter Polster." Hättest du unter Umständen gewinnen dürfen? frage ich den Schweden nachher. Die Antwort ist typisch Ronnie. „Bevor ich Mario schlagen darf, muß ich erst einmal fähig sein, ihn zu besiegen. Und das ist in Le Castellet unmöglich. Mario fährt in Superform. Momentan ist er schneller als ich — aber nicht überall."

2,93 Sekunden trennen die beiden Lotus auf dem Zielstrich. Hunt

verliert erst in der allerletzten Runde den Windschatten: „Mir wird im Cockpit sterbensübel, ich muß in den Helm hinein erbrechen. Darum dreht's mich von der Strecke." Watson gewinnt das Duell um Platz 4 gegen Jones, Scheckter fightet mit Laffite über die volle Distanz wie mit der Brechstange, und Reutemann muß fünfmal an die Box, „viermal zum Reifenwechseln", sagt Piccinini mit schiefem Grinsen, „und einmal zum Diskutieren." Als nämlich Forghieri zu Carlos sagt: „Fahr bitte noch eine Runde, momentan sind keine Reifen fertig. Wir müssen erst neue auf die Felge aufziehen." Danach fährt Reutemann in seiner letzten Runde neuen Rekord. Nur: Es ist seine 48. Runde, für Andretti aber schon die 54.
Dritter Lotus-Doppelsieg binnen sechs Wochen; Lauda ist, um 20 Punkte abgehängt, seinen Titel so gut wie los. Peterson fragt mich: „Wo war Niki?" Motorschaden. Ronnie grinst: „Dann war ich ausnahmsweise einmal cleverer als er. Ich hab zu Mittag, weil der Wind auf der Mistral-Geraden auf Rückenwind drehte, einen längeren 5. Gang eingebaut. 250 U/min — das war der Unterschied." Was Ronnie nicht weiß: Niki hat schon Samstag umübersetzt.
Ich begleite die Lotus-Stars auf ihrem 30-Minuten-Fußmarsch von den Boxen zum Privatflugzeug. Mario — wie immer nach Siegen wie berauscht — sprudelt los: „Das war der wichtigste Schritt zum Titel." Weil's heim nach Amerika geht, schleppt Mario einen Kleidersack mit mindestens 15 Bügeln. Peterson zieht seinen Koffer auf Rollen wie einen Hund drei Kilometer hinter sich her. Die dazugehörigen Damen tragen die Pokale.
Der Kabarettist Helmut Qualtinger würde sagen: Ein unheimlich starker Abgang.

BRANDS HATCH: DIE LUFT WIRD DICKER

Es wird Zeit, ein Wort zum Thema „Teamkameraden" zu sagen. Normalerweise, heißt es immer, können Stallgefährten gar keine großen Freunde sein. Bei Ferrari etwa erwecken Reutemann und Villeneuve nie den Eindruck, sie kämpften Schulter an Schulter, höchstens gegen den gleichen Feind: der lange Carlos als Flieger-, der kleine Gilles als Panzersoldat. Bei McLaren leistete sich Tambay einmal den Spaß, Hunt ausgerechnet (und gezielt) vor der Marlboro-Tribüne zu überholen, damit die Sponsoren Bescheid wissen ... Mit Andretti/Peterson ist es anders:

„Möglich, daß ich nicht gerade glücklich war, als Ronnie ins Team kam", gibt Mario zu. „Aber man soll Leute nie beurteilen, ehe man sie genau kennt. Ronnie hat sich als phantastischer Kerl erwiesen, als echter Gentleman in heiklen Dingen und vor allem: als perfekter Teamkamerad. Er verheimlicht nie das geringste Gefühl, das er für den Rennwagen hat, sondern teilt alles ganz offen mit. Ich reagier genauso. So war es schon mit Gunnar Nilsson."

Petersons grotesker Lotus-Vertrag ist das skurrilste Kartenblatt, das je ein Grand-Prix-Fahrer in Händen hielt: In jenem Sport, in dem's mehr als in anderen aufs Gewinnen ankommt, weil soviel Geld im Spiel ist, weil der Sieger alles ist, der Verlierer nichts — in diesem Metier hat sich ein Mann mit zweiten Plätzen zufriedenzugeben. Ronnie beschwert sich auch nie, höchstens einmal, ganz leise, bei Graf Zanon. Dessen Antwort: „Du hast Lotus verlassen, als das Team am Boden zerstört war und Mario kam herein — vielleicht wäre jetzt alles umgekehrt, wärst du geblieben."

Colin Chapman sagt mir: „Ich bin immer noch einer von diesen altmodischen Teamchefs, die glauben: In der Formel 1 fahren die Teams gegeneinander, aber nicht die Piloten." „Mr. Lotus" kümmert sich ausschließlich um Mario. Kaum ist seine Nr. 1 an der Box, wieselt er schon von der Leitplanke zum Auto, stöpselt sein Sprechfunkgerät ein — durchs Peterson-Auto sieht er glatt hindurch. Am Saisonbeginn hat Peterson jedes erste Training verloren, weil er das Lotus-eigene Getriebe ausprobieren mußte (ehe Chapman das Projekt begrub). Jetzt bekommt Ronnie (fürs Training) weder weiche Reifen noch läßt Chapman Benzin abzapfen — Brands Hatch ist dafür das typische Beispiel: „So, und jetzt noch die Holzreifen drauf, Zementsäcke rein und Bleiplatten als Ballast", ätzen einige Sarkasten, die das Lotus-Boxentreiben beobachten.

„Im Grund genommen", sagt Niki Lauda im Sommer, „ist es eine Frechheit, wie Ronnie behandelt wird. Aber er hat sich diese Suppe mit seiner Vertragsunterschrift eingebrockt, also muß er sehen, wie er

sie auslöffelt." Peterson bleibt immer fair und loyal: „Nr. 2 bei Lotus zu sein, heißt immer noch, das zweitbeste Auto der Welt zu fahren." „Nr. 2, aber mit Nr.-1-Material", korrigiert Mario, „und Ronnie macht damit verdammt viele WM-Punkte, soviele wie sonst nirgendwo." Was der Schwede auch bestätigt. Peterson behält Charakter: „Ich hab mich vertraglich verpflichtet, hinter Mario zurückzubleiben, und dazu steh ich", sagt er mir. „Das Problem mit zwei Spitzenfahrern wird sich im Lauf des Jahres noch von selber lösen — so oder so ..."

Ob er wirklich ein „Gunnar-Nilsson-Verhältnis" zu Andretti hat, bezweifelt Ronnie: „Ich glaub, es ist sachlicher, trotzdem: freundschaftlich. Und Mario ist ‚good fun'." Man hat viel Spaß miteinander, geht unverändert zusammen essen und trinken — aber irgendwie wird im Juli die Luft dicker. Nicht bleihältiger, nur dicker, weil auch ein Lotus-interner Mechanikerkampf beginnt. Und Peterson ist bei den Monteuren sehr populär. Rex, sein Crew-Chef: „Wir tun alles, um Mario zu besiegen."

Ärgerlich ist nur: Da hat Ronnie in seinem neunten Grand-Prix-Jahr endlich das Material, World Champion zu werden, und ausgerechnet da muß er bremsen — Ronnie, der nie anders fuhr als Vollgas. Und da nimmt er rundherum wenig wahr. Einmal fragt man ihn: „Wieso bist du so oft über die Kerben gefahren?" Ronnie, erstaunt: „Welche Kerben?" Und nach seiner Superfahrt in Zolder, darauf angesprochen, wie er den Ferrari förmlich stehengelassen hat, stirnrunzelnd: „Ferrari?" Er hat wohl geglaubt, es war Merzario, an dem er vorbeiflog ...

Das Peterson-Bild, das sich für immer einprägt: Rauch vom kurvenäußeren Hinterrad, totaler Gegeneinschlag, Vollgas. Ronnie weiß: „Auf manchen Strecken bin ich schneller als alle anderen, schneller auch als Mario." Vor allem: In Brands Hatch.

Der englische Grand Prix hat zumeist ein Rekordnennungsergebnis. Startplätze sind heißbegehrt, für viele Youngster geradezu Pflicht. Die Formel-1-Starterfelder erleben 1978 wieder eine gewisse Blutauffrischung.

Da ist Bruno Giacomelli, etwas dicklicher Bauernsohn aus Brescia (Italien), für fünf Rennen bei McLaren eingekauft: Erlebt seinen

Siegeszug in der Formel-2-Europameisterschaft, die seit Jahren französische Piloten direkt in Formel-1-Cockpits hievt (Depailler, Jarier, Laffite, Jabouille, Arnoux). Giacomellis Pech: Hinter ihm steht keine Firma wie elf, wie Renault, wie Martini. Um so verbissener setzt er sich ein, um raufzukommen. „Am liebsten zu Brabham, damit ich ein Jahr von Lauda lernen kann." „Jack O'Mally" pinseln die McLaren-Mechaniker spaßhalber aufs Auto — kontinentale Namen richtig auszusprechen, haben die Formel-1-Inselmenschen noch nie versucht.
Auch nicht für Hector Rebaque (22), dem jungen Mexikaner. Er erinnert viele im Renngeschäft schon an die Sternstunden der mexikanischen Brüder Ricardo (1961) und Pedro Rodriguez (1971), die beide verunglückten. „Aber alle zehn Jahre kommt ein ganz schneller Mexikaner." Rebaque's Vater ist Multimillionär, hat ein Architektenbüro in Mexico City, plant, baut und vermietet Hotels oder Bürogebäude — der hoffnungsvolle, schon verheiratete Sprößling ist Frühstarter in allem, was er tut: Er fährt Rennen, seit er 11 ist (statt Micky-Maus zu lesen) und bestritt als 14jähriger schon das 24-Stunden-Rennen von Daytona (in der 2-Liter-Klasse). „Der Kleine muß schon mehr Rennen gefahren haben als ich", wunderte sich einmal Andretti, der im Training hie und da drei, vier Runden hinter Rebaque herfährt, um ihm Tips zu geben. „Wenn er mehr Formel-1-Praxis hat, wird er gut." Manager des fabelhaft geführten Lotus-Privatteams ist der Deutsche Peter Reinhardt.
Da ist Derek Daly (26) aus Dublin, die neue, große britische Hoffnung. Er hat in seinem allerersten Formel-1-Rennen (Silverstone im Regen) geführt, eine Bravourtat mit nur ganz wenigen Parallelen — vorher geleistet nur von Stewart (Rand, Südafrika, 1964, als Lotus-Ersatzmann, weil Jim Clark mit einem Lotus-Cortina eine Bobbahn hinabgestürzt und nicht einsatzfähig war) und Servoz-Gavin (Monte Carlo, 1968). Daly kommt über Hesketh zu Ensign: Den Hesketh fahren zunächst die Ex-Skirennläuferin Divina Galica und der 20jährige Amerikaner Eddie Cheever, ein Vegetarier, der nie Fleisch ißt und den Ruf hat, er könne nicht verlieren. Aber als BMW-Junior hat Cheever früher gelernt, zu siegen, als zu verlieren. Doch irgendwie „hat er sich mit Jochen Neerpasch überworfen, und wer das tut, der ist schon draußen", plaudert Hans-Joachim Stuck aus der Schule.

Was immer Cheever bei Hesketh falsch machte: Es genügte, um seinen Cockpitplatz an Daly abzutreten, bis Hesketh zusperrte und Ensign-Chef Mo Nunn einen neuen Piloten brauchte: Mit Jacky Ickx traten die befürchteten Probleme auf. In Anderstorp hatte der Belgier vorgeschlagen: „Wenn ich nicht unter den 15 Trainingsschnellsten bin, probier bitte einen anderen Fahrer aus." Ickx war Letzter. Als Nunn beim nächsten GP (Le Castellet) Daly eine Chance gab, maulte Ickx beleidigt am Telefon: „. . . dann fahr ich nie wieder für dich." Damit war Jacky abgeschrieben, sang- und klanglos, zur Saisonmitte, wie schon bei Ferrari und Lotus. „Ich kenn das", sagt Chapman in Brands Hatch zu Nunn, „Ickx ist privat der netteste Kerl, aber in der Startaufstellung rutschte er immer weiter nach hinten. Ickx auf Lotus: Das hieß 18 Monate Rückschritt. Ich zahlte ihm die letzten sechs Rennen aus, nur um ihn loszuwerden."

Ickx-Nachfolger Daly hungert nach Erfolg. Von einem Freund seiner Mutter (Sid Taylor) zum Rennfahren animiert, zog er 1974/1975 für sechs Monate nach Australien, um Tag und Nacht in Eisenbergwerken zu schuften. Mit dem schwerverdienten Geld finanzierte er seine Rennkarriere, die von der Formel-Ford über die Formel 2 steil (fast direkt) in den Grand-Prix-Wagen führte. Als Nunn mit Daly gleich für 1979 abschließen will, streikt der Ire (träumt er schon vom Lotus?), muß den deutschen GP auslassen und ist erst in Zeltweg wieder da: „Ich hab nachgedacht, ich bleib bei dir."

Kurzfristig ersetzt Daly in Hockenheim der Brasilianer Nelson Piquet (26). Sein Background: reiche Eltern, die Nelsons Weg vorgezeichnet hatten: „Er muß Tennisprofi werden." Doch als der Sprößling von der „American High School" zurückkam, hatte er nur noch Rennautos im Kopf, arbeitete in der Werkstatt von Alex Ribeiro (dem Rennfahrer-Mormonen mit der Autoaufschrift „Jesus rettet") und begann seine Karriere im Fittipaldi-Stil: Go-Karts, Formel-Vau, später Formel 3. Längst distanzieren sich seine Eltern von seiner Rennkarriere, die sie strikt ablehnen — darum hat Nelson auch seinen echten Familiennamen (Soutomaior) gestrichen. „Nelson Piquet" heißt er in Rennprogrammen und Startlisten, auch beim Formel-3-Rahmenrennen in Brands Hatch, wo er in die Startkollision (mit 20 eliminierten Autos) verwickelt ist, nach dem neuen Start aber noch Vierter wird.

Oft beeindruckt auch Keijo (Keke) Rosberg, ein Finne, geboren in Stockholm („weil mein Vater dort Tierarzt studierte"), der jetzt in Heidelberg lebt. Gelernter Computer-Systemanalytiker, heute 29, hat aber erst 25jährig mit dem Rennsport begonnen. „Vorher hatte ich kein Geld, dann nahm ich einen Bankkredit auf." Für eine Saison kaufte er sich auch bei Kurt „Master" Bergmann ein. 1978 stand plötzlich die Formel-1-Tür offen. Mit dem „Ralt" (von Ron Tauranac gebaut) überlebte Rosberg im Kyalami-Training einen bösartigen Unfall wegen Bremsdefekts, gewann Silverstone im Regen, wurde Gelegenheitsarbeiter bei ATS, dann kaufte ihm sein Sponsor Teddy Yip (der millionenschwere Hongkong-Chinese) zwei vorjährige Wolf-Autos. Eine Situation, von der Anfänger nur träumen können — prompt witterte Rosberg auch seine ganz große Chance: „Entweder es geht jetzt — oder nicht."

Doch der veranstaltende RAC akzeptierte zwar die Nennungen langsamer englischer Herrschaften, wie Lees, Trimmer & Co., lehnte aber Rosberg auf Wolf und Formel-2-Europameister Arnoux auf Martini glattweg ab. „Was soll ich tun? Warten, bis sich einer den Hals bricht?", empörte sich Rosberg und stieg wieder bei ATS ein (wo er viel Material verbraucht). Teddy Yip aber verlor durch die Brands-Hatch-Groteske sein Interesse. Nie wieder kam er zu einem Rennen, nie wieder auch funktionierten die Mechaniker. „Dreimal ging mir schon in der ersten Runde das Getriebe kaputt."

Die Rosberg-Ablehnung ist nicht der einzige Fauxpas des RAC, der John Watson mit einer Sperre droht: Angeblich ist seine Lizenz abgelaufen. Unmanierlich auch James Hunt: Weil ihm Geoff Lees bei einer schnellen Runde im Weg steht, traktiert ihn James mit Sperren, Rempeln, Blockieren und fährt ihm in der Boxenstraße absichtlich gegen die Schnauze.

Brands Hatch ist ein Kurs, auf dem man ein Materialhandicap „mit viel Herz ein bissl ausgleichen kann", glaubt Lauda. Aber wann immer er mit weichen Pneus den Lotus-Zwillingsteufeln auf einige Zehntel nahekommt, dämpft er den Applaus: „Das Bild wird verzerrt. Mit den harten Reifen sind die Lotus wieder um zwei Sekunden vorn, das wird mir fad." Die klassische Naturrennstrecke in der Grafschaft Kent prügelt die Autos windelweich. Nikis Brabham beginnt

Niki Laudas heißumstrittener „Staubsauger“: Chefmechaniker Ermanno Cuoghi mit dem Ventilator-Brabham in den Boxen von Anderstorp

Der Moment der Wahrheit: Lauda (1) kämpft Andretti (5) nieder und schenkt Alfa-Chef Carlo Chiti (unten) den ersten GP-Sieg seit 1951

„Ich bitte dich, Bernie . . .“ Lauda mit Brabham-Chef Ecclestone und beim Studium der Trainingszeiten im Cockpit. Im Augenblick ist er um sieben Hundertstelsekunden schneller als Andretti

parmalat
parmalat
parmalat
GOODYEAR

Marlboro
Marlboro
TEXACO
Marlboro
GOODYEAR
GOODYEAR

Marlboro
Agip
12
HEUER
Agip
MICHELIN
Agip

Die Lotus-Jäger: Laudas Brabham-Alfa BT 46 (1), Hunts McLaren M 26 (7), Villeneuves Ferrari 312 T 3 (12), Jabouilles Renault-Turbo (15), Scheckters Wolf WR 5 (20) und Laffites Ligier-Matra JS 9 (26)

Das Ende des Alfa-Alfa: Nach sieben Monaten wurde das Projekt des reinrassigen italienischen Rennwagens begraben. Die Fans reagierten sich in Monza mit bösen Partezetteln ab. Schuld war für die Italiener Niki Lauda – wer sonst?

Das Original und die Kopie: Oben Patrese mit dem Arrows (35), unten Regazzoni mit dem Shadow DN 9 (17). Arrows verlor den aufsehenerregenden Copyright-Prozess und mußte ein neues Auto bauen

Momente . . . Stürze . . . Defekte

schon nach 15 Runden zu schwimmen: Radaufhängung gebrochen, rechts vorn. Im Ersatzauto klemmt der Gasschieber, später springt die Schalthebelfeder heraus.

Peterson dominiert das erste Training, also kassiert er den traditionellen Preis: 100 Flaschen Champagner. Nachmittags zerbirst Ronnies Öltank. Irreparabel — aus der Fabrik muß ein neuer Öltank herbei. Ergeben steigt Peterson in den alten Lotus 78. Samstag schlägt dann seine große Stunde: Mit geändertem Stabilisator, umgebautem Heckflügel, härteren Federn läßt ihn Chapman das halbe Training „Volltanktests“ fahren — „wichtig“, sagt Peterson, „weil ich rauskriegen muß, ob wir in den berüchtigten Senken noch aufschlagen oder nicht.“ Nicht mehr, also können die Mechaniker 90 Liter Benzin abzapfen. 70 Liter bleiben drin.

Petersons „Unternehmen Pole-Position“ beginnt, Laudas Bemühen endet: „Nie eine freie Runde, dauernd gelbe Flaggen draußen“ (wegen der Dreher und Unfälle von Villeneuve, Mass, Lunger und Keegan). „Du glaubst nicht, was draußen los ist“, sagt Niki zu Ecclestone, „pausenlos steht irgendeiner quer. Hau doch die Teppen raus.“ Tun wir sowieso die ganze Zeit, beruhigt Bernie.

Peterson fährt 1:17,11: Die Herausforderung für Andretti, der bruchstückweise an die Peterson-Zeit herankommt.

„Los, Nigel, halt Ronnie jetzt den Pfeil raus: Er soll sofort hereinkommen“, befiehlt Chapman seinem Adjutanten Nigel Bennett, der sich vorwiegend um Peterson zu kümmern hat. Bennett reagiert wie ein Schlafwandler, ganz langsam geht er die Boxentafel holen. Da — ein Aufschrei von Gunnar Nilsson, vorn an der Leitplanke: „Ronnie 1:16,80“ — die erste Brands-Hatch-Runde aller Zeiten unter 1:17! Eine Schallmauer des Autorennsports ist niedergerissen. Jetzt erst hält Bennett den Pfeil hinaus. Sicherheitshalber teufelt Ronnie noch zwei, drei Runden weiter.

„Wieso hast du solang mit der Tafel gewartet?“ brüllt Chapman in der Box, aber Bennett hebt nur, leise lächelnd, die Arme: „Was soll ich tun?“

Als Peterson aussteigt, ist er aufgedreht, in Ekstase. „Nein, keine vollen Tanks. Ja, nur die harten Reifen, das ganze Wochenende —

aber Mario probiert alle weichen Reifen aus, die man sich nur denken kann.“ Ein Grinsen: „Ich hab die ‚qualifiers‘ nie gebraucht.“

Andretti rennt bis zuletzt gegen die Peterson-Zeit an, knallt dreimal hintereinander 1:17,2 auf die Bahn, zuwenig. Ronnie hat Pole. Und strahlt wie ein Kind unterm Christbaum, als die Zielflagge herauskommt. „Beim Training gilt für mich keine Stallorder.“

Und morgen?

„Ein langes, hartes, schweres Rennen, abwarten, wer am Ende noch ein konkurrenzfähiges Auto hat. Ich hoff nur, daß meins in einem Stück bleibt“, sagt mir Peterson ins Radiomikrofon. „Good luck für Niki — aber sag ihm, er soll mir ein bissl davon aufheben. Ich kann's brauchen.“

„Die Lotus-Rivalität“, sagt Lauda im Sommer immer, „wird nur von den Zeitungen erfunden. Der Ronnie wird auch morgen drinsitzen und seine genauen Instruktionen haben: daß er hintenbleiben muß. Andretti und er werden sich weder hetzen noch sonstwas: Ihre übliche Taxi-Spazierfahrt — wenn ihre Autos halten.“

Genau das jedoch zweifelt Jackie Stewart an: „Andretti fällt diesmal aus. Weil er bis jetzt eine zu tolle Serie hatte. Nicht, daß er Glück hatte, aber er hat 1978 einfach kein Pech. Wenn er führt, gewinnt er mühelos, wenn er seine kleinen Probleme hat, dann in Rennen, die er ohnehin nie gewonnen hätte.“ Eine Voraussage, die Lauda empört: „Der Stewart soll aufhören mit seinen blöden Prognosen. Er sagt immer: Wer fünfmal gewinnt, muß einmal ausfallen. Aber es gibt auch Leute, die schon 100mal gewonnen haben. Das vergißt er.“ Für die WM tippt Stewart in Brands Hatch: „85 Prozent Andretti, 15 Prozent Peterson, null Prozent Lauda.“ Aber Jackie glaubt auch: „Das Rennen gewinnt Lauda oder Peterson.“

An Reutemann, den Mann auf dem 7. Startplatz, denkt keiner: Seit Wochen hat er keinen Grand Prix ohne Reifenwechsel durchfahren können. Seine Kampfmoral scheint gebrochen, seit immer neue Fabrikbesuche bei Ferrari bekannt werden: Scheckter, Hunt — alles Giftpfeile, die den sensiblen „Indianer“ ins Herz treffen müssen. Und seine Frau Mimicha liegt grippekrank in einem Londoner Hotelzimmer. Gemeinsam sehen Carlos und Mimicha am Samstagabend im

TV, wie Jack Nicklaus die „British Open“ (im Golf) gewinnt. „Ich muß morgen das gleiche tun“, schwört Carlos.
Und Ronnie verrät seinem schwedischen Freund Frederick seine Taktik: „Wenn alles gut geht, führ ich kurz vorm Ziel, dann geh ich vom Gas und wink Andretti vorbei. Damit alle sehen können: Ich darf nicht gewinnen.“
Petersons Traum platzt nach sechs Runden — gleichzeitig mit seiner Benzinleitung. „Sabotage an Ronnie“, heulen deutsche Zeitungen auf. Vorn dreht Andretti einsam seine Runden, mit wachsendem Rückstand folgt die Verfolgergruppe Scheckter—Jones—Lauda—Patrese—Reutemann. Plötzlich wird Mario langsamer: Reifenschaden rechts hinten, 13-Sekunden-Boxenstop, stürmische Aufholjagd. „Aber in meinem Auto“, schimpft Mario, „ist wieder einmal der Teufel drin.“ Durch den Reifenschaden ist auch die Radaufhängung angebrochen — Mario hätte auch ohne Motorschaden (29. Runde, 9. Platz) nie gewonnen.
Damit führt Scheckter, aber hinter Jody ballt sich das bunte Rudel zusammen. Der Wolf hält die Meute auf. Aber da ist nicht nur der Pulverdampf der Jagd. Lauda, drittplaciert, wittert einen Gestank „wie Essen, das am Herd anbrennt“: Typisch für einen Getriebeschaden. „Aha, Alan Jones“, vermutet Niki. Gleich darauf ist der Williams mit gerissener Halbachse draußen — der Gestank aber bleibt. Womit Lauda klar ist: „Mußt dir nix antun, der Scheckter fährt auch nimmer lang.“
Wirklich ist im Wolf schon in der 3. Runde der 2. Gang gebrochen, später auch noch der vierte. Planmäßig liegt der Formel-1-Intelligenzler Lauda ab der 34. Runde auf Platz 1.
Heute passieren alle Dramen in seinem Rücken: Hunt dreht sich auf der Geraden in die Leitplanken, weil die Bremsscheibe reißt. Stuck schießt Lunger mit einem gezielten Rammstoß ab und fährt mit verbogenem Vorderflügel um 1,5 Sekunden schneller. Daly baut einen schweren Unfall, weil sein Hinterrad wegbricht. Die deutschen ATS-Wagen geigen sensationell auf Platz 4 (Rosberg) und 6 (Mass), solange die Radaufhängungen standhalten.
Plötzlich erhält Lauda Plus-Signale nicht mehr auf Scheckter, sondern auf Patrese. Der junge Italiener, Debütant in Brands Hatch, hat lange

gebraucht, sich an Jody vorbeizuquetschen — „aber jetzt leg ich los". Riccardos Pech: Genau vor den Boxen platzt sein linker Hinterreifen. Auf der Felge dreht er eine ganze Runde — was keine Radaufhängung aushalten kann. Patrese ist wütend: „Jetzt hör ich schon zum viertenmal in diesem Jahr: Das nächste Mal."
So erbt Reutemann den zweiten Platz, der in der 60. Runde sogar der erste wird. Noch 16 Runden: Lauda/Reutemann, das Führungsduo, läuft auf Giacomelli auf. Der Italiener rauft mit Tambay um den sechsten Platz, als er vor Clearways den Brabham und den Ferrari im Rückspiegel näherkommen sieht.
Clearways: abschüssige Rechtskurve, nach außen hängend, 210 km/h, die letzte Kurve vor dem Ziel. 1970 hat der Wiener Rennfotograf Loisl Rottensteiner noch gefragt: „Niki, in welche Kurve soll ich mich hinstellen?" Clearways, erwiderte Lauda, dort gibt's die wildesten Ausritte. Loisl ging in Position. Der erste, der ihm im Formel-3-Training entgegenflog, war Lauda.
Was Niki 1978 dem jungen Italiener vorwirft, ist „seine absolute Blödheit". Giacomelli hat zwei Möglichkeiten: sofort weit vor der Kurve vom Gas gehen oder aber auf die linke Straßenseite kreuzen — in beiden Fällen hätte er die Kampflinie freigegeben. Prompt rückt er sofort nach rechts. „Sehr angenehm", denkt Lauda, „er macht gleich die Linie frei." So kommen sie zur Zielkurve und Niki fragt schon: „Um Gottes willen, warum geht er nicht vom Gas?" Giacomelli will die beiden zwar durchlassen, blockiert aber die Linie, so, „als würde ich jemanden aus dem Hochhaus schmeißen und ihm nachrufen: „Tut mir leid, war nicht so gemeint."
Giacomelli drückt Lauda eine Wagenbreite nach außen, Niki muß verreißen, bremsen, zaubern, hat alle Hände voll zu tun, nicht rauszufliegen — innen huscht Reutemann vorbei und ist nicht mehr zu holen, so furios Laudas Endspurt auch ist. Zehntausende springen auf, winken mit Programmen, als Niki in der viertletzten Runde neuen Rundenrekord dreht. „Normal", unterspielt Lauda. „Fürs Gasgeben werde ich ja bezahlt."
Und: „Bloody Giacomelli!", sagt er nachher zu Ecclestone. „Ohne seine Blödheit hätte ich gewonnen." Reutemann, kein Busenfreund des Österreichers, flüstert dem drittplazierten Watson bei der Sieger-

ehrung ähnliches: „Ohne Giacomelli hätte ich Niki kaum gekriegt.“ Signor Bruno aber sucht gar keine Aufklärung: „Ich geh doch nicht zu den Herren Stars und entschuldig mich.“
Peterson ärgert sich: „Endlich einmal fällt Andretti aus, aber ich kann's nicht ausnützen.“ Von außen unbemerkt, greift der Stress des WM-Titelkampfes auch auf Ronnies Frau über: Barbro verliert in Brands Hatch ihr Baby. Nie mehr kommt sie zu einem Grand Prix.
Stuck ist Fünfter: Endlich die ersten WM-Punkte für einen Deutschen 1978. „Wenigstens werden wir in Hockenheim nicht mit Paradeisern beworfen.“ Die Reklame ist gut. „Am meisten muß sich Ecclestone freuen, weil's in seiner Kasse klingelt. Hoffentlich gibt er mir Prozente.“

HOCKENHEIM: DER VERKAUFTE GRAND PRIX

Die Formel-1-Truppe ist ein Wanderzirkus mit immer denselben Stars und Komparsen, Kulissenschiebern (Teamchefs) und Bühnenarbeitern (Mechaniker), sogar mit eigenem Herold, der über Lautsprecher die Trainingszeiten austrompetet (Anthony Marsh). Was wechselt, ist die Manege und, natürlich, die Landeswährung. Alles zusammengerechnet, setzt dieser Zirkus im Jahr 200 bis 300 Millionen Dollar um — 3 bis 4,5 Milliarden Schilling! An Eintrittsgeldern, TV-Gebühren, Fahrergagen, Sponsorgeldern — auch wenn man bei letzteren vorsichtig sein muß: Oft werden, um die Konkurrenz aufs Kreuz zu legen, höhere Sponsorsummen genannt, als tatsächlich bezahlt werden — und oft wird ein Teil der Gelder sogar dem Sponsor heimlich rückerstattet.
Der Zigarettenkonzern „John Players“ (der sich den British Grand Prix alljährlich 300.000 Pfund kosten läßt) dürfte an Lotus 1978 (letztmals) 750.000 Pfund = 22 Millionen Schilling, bezahlt haben, „Olympus“ zusätzlich 230.000 Pfund = 7 Millionen Schilling. Summen, die „elf“ noch übertrifft: 30 Millionen Schilling pro Jahr, „aber wir haben weltweit 30 Stunden lang Fernsehwerbung. Das muß uns soviel wert sein.“
Inflation? Rennt die Formel 1 in die Krise? Keineswegs, wie der GP

von Deutschland auf dem Hockenheimring beweist. Bernie Ecclestone hat ihn gekauft, erstmals läßt die Association Puppen und Rennwagen quasi unter eigener Direktion tanzen. 1977 hat der AvD an Bernie & Co. eine Million DM (7 Millionen Schilling) bezahlt und dennoch 301.660 DM als Reingewinn verbucht.

Zum ersten Training verspricht Ecclestone allen Kindern freien Eintritt. Bis zu welchem Alter? „Solang sie nicht größer sind als ich." Bernie mißt 1,59 m. Die Show beginnt mit einem Schubkarren-Staffelrennen für Teamchefs, Fahrer und Mechaniker. Sieger: die ATS-Mannschaft. Der einzige Lichtblick der Saison — denn 1978 ist für die deutschen Formel-1-Piloten ein bitteres Jahr. Der Witz: „Wann sieht man deutsche Fahrer im Fernsehen?" — „Wenn sie überrundet werden", ist zwar unhöflich, aber leider stimmt er. Jochen Mass bei ATS, Hans-Joachim Stuck bei Shadow, Rolf Stommelen bei Arrows: zu lachen hat keiner.

Grundsätzlich leiden alle unter der Reifensituation. Daß Günter Schmid anbietet, alle ATS-Felgen mit Goodyear zu bestücken, hilft ebensowenig wie der Warsteiner-Vorschlag, alle Bierautos mit Goodyear auszurüsten.

Die Erfolge (mit deutschen Piloten) bleiben aus — aber die Reklame ist da. Die ATS-Produktion steigt von 35.000 Felgen im Monat (1977) auf über 50.000 (1978), also um 60 Prozent. Schmid: „Es gibt kein besseres Medium als Rennsport." Freilich muß Schmid sein Rennbudget um 30 Prozent, also kräftig, überziehen. Arrows-Sponsor Warsteiner dagegen legt „keinen Pfennig mehr aus", sagt Chef Cramer, „und verkauft auch keine Bierflasche mehr als früher. Aber der Bekanntheitsgrad im Ausland steigt."

Das sind reale Zahlen. Aber das Erfolgserlebnis der Deutschen ist 1978 irreal.

„Man merkt gar nicht, wie man rauswächst aus dem Konventionellen, dem Bürgerlichen. Durchs viele Reisen kannst dich nimmer festsetzen. Wenn du auf Wasser bist, sehnst du dich nach Land. Wenn du die Küste entlangfährst, denkst du schon: ‚O weh.' Und nach einem Tag an Land willst wieder weg, allein mit dir oder ein paar Leuten ... Mit dem Boot ist alles leichter. Du brauchst keine Flugzeuge, Leihautos, Hotels, wirst überall viel netter empfangen — obwohl jetzt

auch schon viel mehr Leute segeln. Wolfgang Hausner macht's richtig, er baut sich etwas auf; aber jene, die ewig segeln, die segeln vor sich selber davon." Er, sagt Jochen Mass, gehört nicht dazu — aber mit Problemen konfrontiert, flüchtet er gern hinaus in die weite Freiheit. Im Sommer erreicht ihn — auf offener See! — ein Funkanruf eines deutschen Automagazins. Das Interview erscheint später unter dem Titel: „Haben Sie keine Lust mehr, Herr Mass?"

Vielleicht hätte man fragen müssen: Sitzt der Ex-Matrose bei ATS auf dem falschen Dampfer? Robin Herd kostet viel Geld, bis er geht, es kommen der träumerische Konstrukteur Gentry und der Österreicher Brunner, dazu Experten wie Paul Rosche (BMW), aber der Mißerfolg nistet sich ein. „So hart hab ich mir's nicht vorgestellt", gibt Schmid zu, „sondern etwas lockerer." Das Verhältnis Schmid—Mass ist bald gespannt. „Daß ich lange keinen Unfall habe", sagt Jochen leise, „wird mir auch dahingehend ausgelegt: Ich fahr mit zuwenig Einsatz, ich riskier zuwenig." Im Brands-Hatch-Training ist Mass in der Haarnadel aufs Gaspedal abgerutscht: schon kracht's.

Daß sein altes Team — McLaren — auch keine Glanzsaison hat, erfüllt Mass mit etwas Genugtuung, nicht Schadenfreude: Mass ist kein Zyniker, eher Fatalist. Aber das ewige Raufen um die Qualifikation (und oftmalige Scheitern) frustriert. Höhenflüge erlebt Jochen 1978 nur mit dem Starfighter, in dem er mitfliegen darf. Er wechselt die Adresse, zieht von Cap Ferrat nach Monte Carlo, läßt sich einen Bart wachsen — sein Teamboss baut den Staubsauger-Brabham nach, dann den Lotus 79 . . . mit dem Jochen seine schwärzeste Saison auf dem absoluten Tiefpunkt beendet: im Krankenhaus.

Was Mass versagt bleibt, holt wenigstens Stuck: zwei kümmerliche WM-Punkte.

„Er ist wie ein Kind, das sich unterm Christbaum freut, wenn es Geschenke bekommt — um sie jedoch gleich kaputtzuschlagen", leuchtet Stewart den Stuck-Charakter aus. Der Shadow-Vertrag ist gewiß kein Geschenk. Am Anfang stehen: alte Autos, aber ein neues Team (Fahrer, Mechaniker, Techniker), von dem nur der Chef übriggeblieben ist — der einstige CIA-Agent Don Nichols, der immer öfter am hellichten Nachmittag in den Boxen oder in der Garage einschläft. Als

die neuen DN 9 rennfertig sind, kommen die Mechaniker kaum nach, Unfallschäden zu reparieren.
„Daß Clay und ich so viele Unfälle hatten", giftet „Strietzel", „hat den Grund, daß alle Aufzeichnungen über Dämpfer-, Flügeleinstellung etc. von den Arrows-Leuten gestohlen waren." Daß Nichols den ersten fertiggestellten DN 9 für viel Geld an den Hawaiianer Danny Ongais verscherbelte, also seine Teamfahrer benachteiligte, schuf ein zusätzliches Problem.
Aber, wie's auf gut Bayrisch heißt: „Ist das Auto noch so ein Mist, ein Stuck gibt immer Vollgas."
Sein goldener Humor läßt ihn alle Rückschläge verkraften — nicht immer freiwillig. Als ihn ein Shadow-Telefonanruf zum FIA-Sitz nach Paris beordert (Adresse: Place de la Concorde), da versteht Stuck: „Plastik-Concorde" und fragt: „Auf welchem Flugplatz steht die denn?" Antwort: „Mitten in der Stadt." Stuck war verwirrt — wie bei einem BMW-Rennen in Vallelunga, wo ihm Copilot Dieter Quester Paradeiser in die Rennschuhe steckt. „Strietzels" Reaktion: „Ich kaufe dem Startnummernmaler für 1000 Lire seinen Lacktopf ab und verschmier Questers Scheiben und Scheinwerfer." Der arme Dieter putzt drei Stunden lang ...
Stucks brennender Wunsch, „für meinen Vater einen Grand Prix zu gewinnen, solang er noch am Leben ist", bleibt unerfüllt. Am 27. Dezember 1977 chauffiert er den berühmten „Bergkönig" (mehr als ein Rennfahrer: ein Stück Zeitgeschichte) an dessen 76. Geburtstag noch im Turbo-Porsche spazieren. Im Februar, als Stuck von Shadow-Testfahrten frühzeitig heimkommt, ist der Vater tot: Herzversagen. Stucks Mutter ist jünger als sein Bruder, zweifache bayrische Golfmeisterin, aber noch nie bei einem Grand Prix gewesen — immer kommt ihr ein Golfturnier dazwischen.
Das ärgste Spießrutenlaufen aller deutschen Piloten muß Rolf Stommelen absolvieren. Er bringt die „Warsteiner"-Millionen, wird als „Senior driver" eingestellt ... und links liegen gelassen. Nur Patrese zählt. Wann immer der Kölner, um vergleichen zu können, das Patrese-Auto probieren will, wird er von den Arrows-Chefs, ausgekochten Profis, abgewimmelt. Die Kyalami-Premiere war noch erfreulich (5. Platz bis zum Tankstop), danach häufte sich das Mißver-

gnügen ... bis Hockenheim. „Dabei haben wir keine einzige Schraube verstellt", beteuert Alan Rees. Stommelen weiß längst: „Die Engländer sagen immer: ‚The car is the same', und was immer verbessert wurde, verraten sie nie."

Langsam aus dem Team geekelt, mit Vertragsgesprächen hingehalten („wir müssen und zusammensetzen und reden"), wirft Rolf später in Monza das Handtuch, denn: „Ich fahr nicht Grand Prix, nur um Benzin zu verbrauchen oder um die Langstreckenreifen abzuschrubben."

Jackie Oliver glaubt: „Rolf ist eine halbe Sekunde langsamer als Patrese." Woher kommt also die restliche Differenz? Stommelen: „Du kannst mit Einsatz zwei Zehntel gutmachen, aber nie zwei Sekunden."

Gegen den üblichen Lotus-Vorsprung schmiedet Brabham für Hockenheim eine Wunderwaffe: Lauda verfügt wieder über die Bremsen der Überschall-Concorde, erstmals seit Long Beach, denn „dazwischen war der Firma das Material ausgegangen. Wahrscheinlich, weil die Concorde zuviel bremst." Prompt sprengt Lauda im Freitag-Training, zusammen mit Scheckter, das Lotus-Duo.

Das Wunder Peterson: Er hämmert seine 217,9-km/h-Rekordrunde mit steinharten Reifen und halbvollen Tanks (90 Liter) auf die Piste — schon in der 5. Runde. Zu dieser Zeit fliegt Ronnie dem Feld um drei Sekunden davon. Zweites Training: Als man ihm weitere 30 Liter in die Tanks schüttet, statt das Kampfgewicht durch Benzin-Abzapfen zu senken, muckt Ronnie auf: „Zum Teufel, was tut ihr mir da an?" Nigel Bennett, scheinheilig: „Wir wollen nicht riskieren, daß du ohne Sprit liegenbleibst." Ronnie tobt, sein Chefmechaniker auch: „Er hat doch genug Benzin, daß er bis nach Schweden fahren kann ..."

Peterson tut seine Pflicht auch mit vollen Tanks, anschließend strolcht er die Boxengerade entlang. Die Vollgas-Kollegen rücken von ihm ab: „Hau ab, Ronnie, samt deinen Superzeiten", spielen sie auf bös. Ronnie spielt mit: „Keiner mag mich mehr. Allen bin ich zu schnell. Und Chapman behandelt mich wie seinen Hund", schmollt er.

Dagegen Andretti: der gereizte Tiger, der auf alles schimpft, Auto, Motor, nichts paßt ihm. Er ist unausgeschlafen, jet-müde, reisekrank. Zum erstenmal hat er nach einem Überseeflug nicht schlafen können.

Weil der WM-Titelkampf die Nerven auffrißt? „Ich bin nervöser geworden", gibt Andretti zu, „und ich rauch auch mehr als früher."
Samstag ist der WM-Führende wieder fit. 38 Grad: Im Motodrom schmort der Formel-1-Zirkus wie in einer Riesenbratpfanne. Die Hitze reißt faustdicke Löcher in die Reifen, läßt die Piloten zum Gotterbarmen schwitzen, zerrt an den Nerven, erzeugt das gefürchtete „Vapolock": Dampfblasenbildung in den Benzinschläuchen.
Brambilla stottert Richtung Box, Hunt fühlt sich behindert, fährt böse zick-zack und kracht in der Boxeneinfahrt mit voller Absicht gegen Brambillas Auto. Folge: eine demolierte Surtees-Schnauze und ein zorniger „Monza-Gorilla", der sofort aussteigt, rüberläuft, Hunt das Visier hochreißt — und dem Exweltmeister mit der Faust voll ins Gesicht schlägt. Hunt, weil angegurtet, kann sich nicht wehren. Und Stewart kichert: „Gute Show, was?"
Das Lotus-Duell um die Pole-Position entscheidet ein Materialdefekt. Wieder fünf Runden, wieder harte Pneus, wieder Bestzeit — dann reißt unter Petersons schwindelerregendem Lotus-Trapezakt zum erstenmal 1978 das Netz: Radaufhängungsbruch links hinten, ein 15-cm-Stahlbolzen geht k.o. In der Zielkurve, bei 160 km/h. „Als hätte mich eine Faust von der Strecke gerissen. Ich hab Glück gehabt. Wenn das in der Ostkurve passiert", grübelt Ronnie, als sich der Lotus ausgetobt hat — vier Dreher, ohne anzuschlagen. „Materialermüdung", klappt Chapman den Aktendeckel über der Peterson-Schrecksekunde zu, „kann nach 8000 km Test-, Trainings- und Renneinsatz passieren." Sicherheitshalber läßt Colin auch Ronnies rechten Stahlbolzen auswechseln. Und beim Andretti-Auto alle beide.
Wehrlos muß Peterson aus der Box zusehen, wie ihm Andretti die Pole-Position entreißt ... um neun Hundertstelsekunden. Dahinter lauern Lauda/Scheckter, über die Peterson sagt: „Gut, daß sie da sind, um Mario von mir abzuklemmen." Und Andretti: „Niki und Jody sind sehr gefährlich." Walter Wolfs Pilot zum erstenmal in diesem Jahr.
Er sagt immer noch „Brabmann" (für Brabham), „Cosmott" (für Cosworth), „Praxis" (für practice = Training), er fragt: „Hast du schon die Resultaten?" und erklärt gelegentlich: „Wir haben den Randstein geändert (= Radstand). Walter Wolf, der austro-kanadi-

sche Magnat, fühlte sich schon 1977 „gefixt" (um den Titel betrogen, ohne daß es jemand beweisen konnte). Wolf klagt rückblickend an: „Niemand außer mir wollte, daß Scheckter World Champion wird." Als Jody in der WM führte, platzten ihm hintereinander vier Cosworth-Motoren (in Monza flammte schon in der ersten Runde die rote Ölkontrollampe auf) — Zufall? Goodyear verdrehte in Zeltweg die Reifen zugunsten von Lotus — Zufall? Eigene Fehler von 1977 passieren 1978 nicht mehr; wie etwa die Sache mit dem Radstand: durch einen „Spacer" um 20 cm verlängert — und plötzlich wirbelten die Hinterräder nicht mehr genug Luft, um den Motor zu kühlen. Jody „rannte andauernd zu heiß". Aber Fehler macht Wolf höchstens einmal — nie öfter.
„Ich bleib nicht ewig im Motorsport. Ich werde bestimmt nicht in der Box alt und grauhaarig. Ich hab nur wenig Zeit — und muß die WM gewinnen!" Manchmal fragt sich Wolf selber: „Warum bleib ich nicht am Wochenende in meiner Villa in Cannes sitzen und schau mir die Blumen an?" Und antwortet sich selber: „Für Motorsport muß man leicht crazy sein: verrückt. Ich merk selber, wie mich meine Partner im Ölbusiness oft ansehen: von der Seite, leise zweifelnd."
Drei Millionen Dollar pro Jahr pulvert Wolf in die Formel 1. Als sich Brett Lunger mit Chesterfield-Geld einkaufen will, nennt Wolf, um ihn loszuwerden, eine Phantasiesumme: 12 Millionen Schilling. Zwei Tage später ist Lunger wieder da: „Ich hab das Geld." Wolf muß Farbe bekennen: „Ich will kein zweites Auto" — und das eine muß dunkelblau-gold bleiben. 1978 offeriert ihm Texaco 1,3 Millionen Dollar für einen Benzinvertrag. Bedingung: Wolf muß auf rot-weiß umlackieren. Deswegen platzt das Projekt: „100 Millionen Schilling hat mich der Motorsport schon gekostet und jetzt, so kurz vorm Ziel, soll ich von meiner Generallinie abweichen?" Exakte Daten, wie lang er im Zirkus bleibt, weiß Wolf nicht. „Im Motorsport weißt du nie, was passiert, ich bin Fatalist."
Und nicht nur der gute Onkel. Dutzende Faschingskomitees, Wohltätigkeitsvereine etc. laden den Multimillionär ein, als Karnevalsprinz, Ehrenpräsident etc. („für eine kleine Spende") — aber Wolf sagt immer öfter ab. Tausende Fans, Hunderte sponsorsuchende Fahrer, Dutzende Technikstudenten bombardieren ihn mit Briefen, oft

genug mit obskuren Formel-1-Zeichnungen, u. a. einem Zehnzylindermotor. Höflich schreibt Wolf zurück: „Schade, drei Monate zu spät, sonst hätten wir nicht unser, sondern Ihr Auto gebaut."
Als sich der Ölmagnat für eine Long-Beach-Runde selber in seinen Formel 1 klemmt, zeigen ihm die Mechaniker boshafte Signale: „Sturm, Regen, Schnee". Wolf ist aber auch in der Luft zu Hause: „84 Stunden hab ich für meinen Hubschrauber-Schein gebraucht", erzählt er Nikis Frau. Darauf Marlene: „84? Dann schafft's Niki in vier Stunden." Aber der Helikopter ist ein unentbehrliches Spielzeug für den „meistzahlenden Zuschauer aller Sportarten und aller Zeiten", wie sich Wolf bezeichnet. „Ein Rennwochenende kostet mich 100.000 Dollar" — in Monte Carlo, wo er mit dem französischen Sicherheitschef diniert, kosten Hotelzimmer, Formel-3-Einsatz, Spezialausweise für 100 eingeflogene Direktoren sogar 250.000 Dollar. Als ihn Kanadas Premier Trudeau als Energieminister engagieren will, Gehalt 60.000 Dollar, sagt Wolf nur: „Soviel gib ich pro Woche aus . . ."
Tagebuchauszug einer solchen Woche: Zwei Tage Segeln mit dem deutschen Bundeskanzler Schmidt, Besuch des französischen Staatspräsidenten Giscard d'Estaing in der Wolf-Villa in Cannes, Gespräche mit Trudeau. Und dazwischen freut es ihn diebisch, wenn er (in Italien, Frankreich und Deutschland immer bewaffnet) bei der Paßkontrolle mit „S'il vouz plait, Monsieur Wolf" durchkomplimentiert wird, „während sich Laffite, Depailler und alle Stars zur Leibesvisitation anstellen müssen".
Eine typische Wolf-Idee: Im Hotel Schloß Seefels (Pörtschach) kommt er drauf, daß seine Frau Barbara Geburtstag hat und in St. Tropez abendessen möchte. Also: Hubschrauber nach Klagenfurt, Privatflugzeug nach Nizza, Privatboot nach St. Tropez. Dort großes Pech: Das Lokal ist schon am Zusperren. Also: ein schnelles Glas Coca-Cola, dann Rückreise wie gehabt. „Das Cola hat 20.000 Schilling gekostet."
Die große, weite Welt des Walter Wolf. Seit 1978 duftet sie auch dementsprechend. Wolf steigt ins Parfum-Geschäft ein. Er mixt das Aroma von Rennfahrern, Erdölbohrern, Tiefseetauchern zu einer Herren-Kosmetik-Serie. „Zehn Millionen Flaschen sind bestellt, wir kommen mit dem Abfüllen nicht nach. Da ist viel Geld drin", rechnet Wolf, der schon die nächsten Offensiven vorbereitet: die Walter-Wolf-

Zigarette. Die Wolf-Utensilien, aus feinstem Leder gearbeitet. Den Walter-Wolf-Weinversand — edler französischer Tropfen für 60 Millionen Schilling. Geschäfte, an denen sich Scheckter, investfreudig, brennend gern beteiligen möchte. Aber Wolf lehnt ab: „Ich mach keine Geschäfte mit Angestellten."
Wozu kommt, daß er von Scheckter im Sommer „menschlich ein bissl enttäuscht" wird. Aber daran ist Ferrari schuld.
John Watson hält Scheckter für den besten „Racer" von allen. „Not the best racing driver, but the best racer." Etwa im Sinn von: Rennmaschine. Wolf applaudiert: „Sobald Jody das Visier runterklappt, ist er nur noch Pilot, sonst nichts. Er schaltet alles ab." Seine große Stärke, vielleicht aber auch Schwäche, weil sich bei Karambolagen der Blick verschleiert. „Mein lieber Jody, du beschwerst dich bei Kollisionen immer über den anderen, nur du bist immer der Unschuldsengel. Du bist wie die Mutter, die beim Kindergarten-Tanzkurs zuschaut und klagt: ‚Mein Kind ist das einzige, das richtig tanzt. Aber alle anderen hopsen im falschen Takt' ", schimpfte einmal Ken Tyrrell.
Wenn ihm jemand vorhält, auf welch unmöglichen Punkten Jody oft bremst, lächelt Wolf: „Dazu wird er auch bezahlt. Denn auf der Geraden bremsen kann ich selber."
Bei Tyrrell verdiente Scheckter im ersten Jahr (1974), obwohl er bis zum Finallauf um den WM-Titel mitkämpfte, vergleichsweise lächerliche 20.000 Pfund (600.000 S). Bei Wolf wurde er einer der vier, die mehr als 10 Millionen Schilling pro Jahr abkassieren (die anderen: Lauda, Andretti, Hunt). Aber Wolf kündigt schon an: „Wenn Jody 1978 nicht Weltmeister wird, muß ich ihn 1979 austauschen."
Wolf hält Scheckter in Ketten. „Nur zwei Nebenjobs erlaub ich ihm: die Castrol-Rallye in Südafrika und Fahrradtraining, um die Muskeln zu stärken", denn: „Heute werden Menschen schon für 100.000 Dollar erschossen. Jody ist zehnmal soviel wert. Wie steh ich da, wenn ihm in einem kleinen Rennen was zustößt?"
Nach dieser Rallye läßt sich Jody von seinem Cousin, einem Zahnarzt in Südafrika, beide Weisheitszähne reißen. Bissiger Kommentar der Kameraden: „Jetzt kann's mit Scheckter nur noch besser werden."
Die Fotografen jammern: „Von Scheckter gute Porträts zu schießen, ist unmöglich, weil er dauernd mit dem Kopf wackelt." Jody kann

nie stillstehen oder -sitzen, immer muß er in Bewegung sein, selbst während des kürzesten Gesprächs macht er Muskeltraining. Am Strand von Ipanema (in Rio) liefen die großen Wetten: Wer schafft mehr Liegestütz — Scheckter oder Mass? Nach 100mal gab der Deutsche auf. Darauf lud ihn Jody auf den Rücken und schaffte noch 20 Liegestütz.

An seiner Fitneß bestehen genauso wenig Zweifel wie an seiner totalen Einsatzbereitschaft. Als Scheckter 1973 in Silverstone erstmals einen ganzen Tag in einem Formel-1-McLaren saß, hätte er tausend Verbesserungsvorschläge gewußt, „aber alles, was ich bei meinen Boxenstops bekam, waren Benzin und stumme Blicke aus steinernen Mechanikergesichtern". Mit dem Wolf testete Jody auf seiner Heimatstrecke Kyalami bis weit in die Dämmerung hinein. Die Mechaniker mußten Fackeln anzünden, um Jodys Rundenzeiten ablesen zu können . . . Die Frau ist immer dabei.

Jahrelang sagt Pamela Scheckter: „Eigentlich egoistisch von mir, ein solches Luxusleben in Glanz und Glorie zu führen, statt brave Hausfrau zu sein." 1978 klopft dennoch der Storch an. „Im Juli kommt der Bub", erzählt Jody, „im Dezember kriegt er schon die ersten Tetschen, wenn er schreit." Fittipaldi lächelt: „Ich seh schon: Ich muß meine Juliana dringend von deinem Buben fernhalten." Darauf Scheckter: „Wart nur, bis er 13 ist. Dann flirtet er schon mit deiner Tochter."

Der Bub kommt zwei Wochen später (am Zandvoort-Wochenende), und Scheckter ist ganz aufgeregter Papa. Sukzessive bohrt er Lauda, Graf Zanon usw. an, ihn zwischen den Trainings nach Monte Carlo, in die Klinik zu fliegen — aber 75.000 Schilling Flugpreis schrecken ihn ab. Name für Scheckter junior? „Zacharias", schlägt Jody vor, was bei Pamela Entsetzen auslöst: „Klingt viel zu sehr nach der Bibel." Schließlich gewinnt „Tobias", Kurzform „Toby", ehe Scheckter am Telefon brummt: „Nennen wir ihn meinetwegen Goodyear-Radial. Oder Niki. Oder Enzo Forghieri Piccinini Scheckter — dann haben wir für 1979 alle wichtigen Ferrari-Leute beisammen."

600.000 Dollar zahlt Ferrari 1979 für Scheckter. „Willst du mithalten?", hat Jody Walter Wolf das Angebot unter die Nase gerieben. Wolf wollte nicht. Und Jody wurde in typischer Ferrari-Geheimniskrämerei angewiesen: „Flieg von Nizza nach Frankfurt, damit dir ja keiner auf die Spur kommt, dann von Frankfurt nach Mailand." Scheckter tat wie befohlen. Das Ferrari-Pech: Im Flugzeug saßen 20 italienische Reporter, die von einem VW-Besuch in Wolfsberg heimflogen ... Enzo Ferrari war entsetzt, aber nun gezwungen, bekanntzugeben: „Scheckter fährt 1979 für Ferrari."

Wolf-Teammanager Peter Warr war „pissed off": „Das letzte, das ich mir als Formel-1-Pilot wünschen würde, sind: Ferrari-Politik, ein 12-Zylinder-Motor, Michelin-Pneus und Reutemann als Teamkamerad." Zwei Tage später: erster Vorgeschmack. Wieder traf Jody (im Flugzeug nach Frankfurt) einen ungebetenen Sitznachbarn — eben Reutemann. „Na, Jody", fragte Carlos, „lernst du schon italienisch?" Jody brummelte, maulte, drehte sich weg — und redete den ganzen Flug kein Wort.

Vermutlich, um sich zündende Sätze für Hockenheim einfallen zu lassen. Über den Weggang von Wolf: „Ich bin wie der Ehemann, der zu seiner Frau sagt: Ich lieb dich unverändert, hab aber eine neue Freundin in Italien, zu der ich hin muß." Übers Geld: „Ein italienisches Restaurant in Monte Carlo hat mir angeboten: ‚Wenn du zu Ferrari gehst, kannst du lebenslang bei mir gratis essen.' Und was braucht ein Mann mehr im Leben? Zu essen und zwei Frauen, die ihn lieben: seine Mutter, seine Frau." Über die Ferrari-Herausforderung: „In zwei Jahren bin ich entweder Weltmeister oder ein total gebrochener Mann, vielleicht Alkoholiker." Über die Politik: „Ich lern gerade soviel italienisch, daß ich etwas verstehen, aber nichts sprechen kann. Zum Glück bin ich mit Fremdsprachen ziemlich schlecht."

Hart, aber offen ist die Sprache im Lotus-Team. In Hockenheim befiehlt Chapman: „Ihr zwei zieht euch gegenseitig im Windschatten, bis ihr alle Gegner abgeschüttelt habt." Der Start mißlingt total. Beim Ampelstart hat der Starter zu warten, bis das Feld aus der Aufwärmrunde zurückgekommen ist und stillsteht — darauf Rotlicht — und nach 5 bis 10 Sekunden Grünlicht. In Hockenheim kommt Grün viel zu früh. Depailler, Stommelen und Rosberg verknäueln sich ineinander. Beim Anbremsen der Ostkurve, bei Tempo 280, bricht Mass die Vorderradaufhängung, der ATS kracht voll gegen das Heck von Stuck. „Als hätte in meinem Hintern ein Panzer eingeschlagen." Scheckter kommt, weil die mechanische Benzinpumpe spinnt und die elektrische nur 5000 Touren zuläßt, als Letzter aus der Startrunde zurück (1,18 Rückstand), will schon an die Box, reißt aber im letzten Moment das Steuer herum, plötzlich dreht der Motor auf vollen Touren — und Jody beginnt eine große Aufholjagd.

Vorn ist alles abgekartet. Andretti hat in der Schikane einen Fehler gemacht, weiß aber, „daß wir zwei uns nicht in Grund und Boden fahren" und dreht (mit Peterson als Schrittmacher) nie mehr als 10.200 U/min. Aber nach fünf Runden beschließt er: „Ich spiel dieses Spiel nach meinen Regeln, mit meinen Karten." Zwei Angriffe auf Ronnie, beim zweiten der Überholakt, dann folgt die übliche Mario-und-Ronnie-Show: Paarlaufkür jenseits von 200 km/h, aber mit nur 9500 U/min. Indessen für Stuck: Der lange Fußmarsch zurück zur Box, entgegen der Fahrtrichtung, mit den üblichen Spassettln: zwei gespreizte Finger für Lauda, hochgeballte Faust für Peterson, Anfeuerung, doch anzugreifen ... Ronnie ist auf der Geraden schneller, Mario im Kurvengeschlängel.

An diesem Tag hat Andretti Glück: Alle WM-Rivalen fallen aus. Lauda mit gebrochener Kurbelwelle („blubb, und aus war's"), Reutemann wegen fallenden Öldrucks — und Peterson acht Runden vor Schluß, weil sein Getriebe schlappmacht. Aber da schleicht Mario längst „zwei Sekunden langsamer dahin, als ich könnte". Er fährt „so langsam wie möglich, bremst so früh wie möglich, gewinnt so knapp wie möglich". Diesmal vor Scheckter, der mit totaler Offensive vom letzten auf den zweiten Platz vorstürmt. „Ich weiß nicht", fragt sich Wolf, „soll ich lachen oder weinen?"

Laffite wird endlich wieder einmal Dritter, Fittipaldi Vierter, Pironi Fünfter und Rebaque Sechster — weil „Rübezahl" Harald Ertl drei Runden vor Schluß, seinen ersten WM-Punkt in Griffnähe, der Motor eingeht.

Zwei Stunden später: kleiner Siegestrunk mit Andretti auf dem Frankfurter Flugplatz. Er ist müde — „wie nach einem harten Arbeitstag." Er ist happy, redet aber noch nicht vom WM-Titel: „Erst, bis ich auch mathematisch nimmer eingeholt werden kann. Immerhin, ich bin knapp dran!" Chapman ist mit seiner privaten Navajo auf Ibiza-Ferien geflogen — Mario muß mit der Linienmaschine nach

Zandvoort, Reifen testen. Niemand darf sagen: Andretti hat für den WM-Titel nicht gearbeitet.
Als Mario eine Woche später nach Österreich kommt, begrüßt ihn Niki Lauda mit: „Hi, Champ.“ Die Jagd ist aus.

ZELTWEG: ZWEIMAL PETERSON

Walter Wolf hämmert mit seinem Hubschrauber über den blauen Wörther See. Drunten segeln und surfen die Formel-1-Stars. Teddy Mayer will mit einem Wasserski-Sprungstart brillieren, vergißt jedoch abzuspringen. Prompt wird er aus der Gummischlaufe katapultiert. Mühsam verbeißen sich Hunt und Tambay das Lachen (das ihnen im Rennen durch Unfälle sowieso vergeht). Lauda geht Tontaubenschießen.
Zeltweg, das ist alljährlich der große Ferien-Grand-Prix. Die Tage davor ist der Zirkus zweigeteilt: „Hotel Schloß Seefeld“ in Pörtschach (wo Wolf 150.000 Schilling Zeche macht und lässig bittet: „Schick mir die Rechnung“) und „Hotel Schloß Velden“ (wo die Lotus-Startruppe logiert).
„Sag noch nichts weiter“, verrät mir Andretti, „aber ich unterschreib für zwei weitere Jahre bei Lotus. Dafür laß ich sogar Indianapolis sausen. Für mich ein wichtiger Schritt.“ Peterson tendiert immer noch, bei Lotus zu bleiben: „Der Nummer-2-Sitz bei Lotus ist der nächstbeste Platz für den WM-Titel.“ Und: „Ich hätte wo anders nicht mehr Punkte.“
Es sind lässige Ferientage in Velden, auch wenn jede Andretti-Bewegung verrät, wie sehr er dem Grand Prix entgegenfiebert. Kein Tennis: „Zu heiß — aber Nina Rindt hat für Oktober in Essen schon ein Superdoppel organisiert: Borg/Peterson gegen Gerulaitis und mich.“ Kein Windsurfen — „weil ich's noch nicht richtig kann.“ Kein Segeln — „weil ich keine Geduld aufbring, auf etwas zu warten. Ich muß auf einen Knopf drücken — und los geht's.“ (Darum wär er auch gern Kampfflieger geworden.)
Beim Veldener Autokorso hocken die Lotus-Stars in der Prominentenjury. „Dieses Girl ist ein Desaster“, knurrt Andretti bei Startnummer

40, „ich geb ihr minus vier." Marios erste Irrtümer dieser Woche: Erstens sind nur Noten von 1 bis 10 zu vergeben, zweitens soll er die Autos bewerten, nicht die Damen.
Die Luftbrücke Wörther See—Österreichring — geschlagen in nur sieben Minuten — ist wieder voll in Betrieb. Am meistgefragten: Lauda als Pilot und Wolf als Hubschrauber-Verleiher. Einmal verschläft Hunt den Abflug, samt Freundin Hotty, weshalb er die 100 km trotz Schlechtwetter mit einem Morgan-Cabrio fahren muß. Der Hinweis, Meister Hunt könne sich verkühlen, läßt Lauda kalt: „Ein Gegner weniger."
Nikis Heimat-Grand-Prix beginnt unglücklich: am ersten Trainingstag ein lockeres Hinterrad (ein wilder Kampf gegen den Unfall bei Tempo 180), mit dem Ersatz-Brabham 15 Minuten später Pleueldefekt. Lauda parkt den zweiten Brabham genau hinter dem ersten, in der Wiese. „Um Himmels willen", ruft ein herangerannter Streckenposten, „was ist los?" Niki, extra cool: „Gar nix. I hab mir da das Grundstück gekauft . . ."
Die Lotus-Zwillingsteufel beherrschen den ersten Trainingstag: Peterson vormittags allen voran, Andretti nachmittags, aber erst als ihm „ein paar aerodynamische Tricks einfallen" und Ronnie halb durchs zweite Training der Motor platzt. „Besser heute als Sonntag", tröstet sich der Schwede und verfolgt aus der Box, wie Andretti, schon um 0,93 distanziert, Zehntel um Zehntel an Boden zurückerkämpft. Nur noch fünf Hundertstel. Da packt Ronnie ein Boxensignal und hält Mario einen Pfeil hinaus: „Sofort an die Box." Ein Teamkollegenscherz mit ernstem Background.
Lauda ist am ersten Tag nur 12. Von allen den Lotus am nächsten: Jabouille mit der Turbo-Rakete von Renault. Droht im Grand-Prix-Zirkus die Götterdämmerung?
Kaum ein anderes Team arbeitet so unverdrossen, so beharrlich und zielstrebig auf die ersten Punkte hin wie Renault. Und kaum ein anderes ist so ehrlich, Defekte zuzugeben. Was Ing. Chiti gern in „Brabham-Defekte" oder „kaputte Ölpumpe" verdreht, was Piccinini mit „technisches Gebrechen, das wir analysieren müssen" umschreibt (simple Motorschäden), hat Renault-Rennleiter Jean Sage, erfrischend offen, immer zugegeben: „Leider Motorschaden, wieder einmal."

Im Training orientiert man sich oft an den Ferrari (gleiche Reifen: Michelin), in Zeltweg ist Jabouille trainingsbester Nicht-Lotus-Fahrer. Dort hat Renault auch erstmals ein neues Kühlsystem mit den Instrumenten amerikanischer Weltraumraketen. „Denn vorher", weiß der blonde Engel Marie-Claude Beaumont, PR-Dame der gelben französischen Staatsrakete, „haben die Instrumente falsch angezeigt." Fazit: Die Luft, die der auspuffgetriebene Turbo ausstieß, war um 50 Grad zu heiß. Die Turboschaufeln verkraften zwar bis zu 1100 Grad, aber für den V-6-Motor waren 170 Grad klarerweise zu viel. Die Lösung: Man kühlt das Wasser, das den Motor kühlt, vorher mit Luft . . . —, daß es notwendig ist, merkte man erst im Sommer 1978, „denn bei den Testfahrten in Le Castellet war's kalt".
Dort hatte Jackie Stewart vom 520-PS-Motor geschwärmt: „Das stärkste Triebwerk, das ich je im Hintern hatte!" Und dort wurde auch unfreiwillig die Idee geboren, die monatelang die Rennfans beschäftigte: „Wenn der Renault-Turbo schon mit Jabouille so schnell ist — wie schnell wäre er erst mit einem Spitzenpiloten!" Es stimmt, daß Stewart am fraglichen Wintertag in Le Castellet mit dem gleichen Auto um 0,5 Sekunden schneller war als Jabouille, „aber Jean-Pierre hat nur herumgespielt, ist überhaupt nicht auf Zeit gefahren", klärt Jean Sage auf. „Nur am Abend war bei uns im Quartier der Teufel los, weil jeder spottete: ‚Stewart kommt aus der Pension zurück und schlägt dich.' Jabouille konnte das nicht auf sich sitzen lassen. Am Tag darauf fuhr er um 2,5 Sekunden schneller — mit dem gleichen Motor, den gleichen Reifen . . ."
Jabouille („die Scheißzeiten fährt immer der Fahrer, die guten Zeiten immer das Auto") hat sich an derlei Spekulationen längst gewöhnt. Er und der Turbo sind in monatelangem Entwicklungs- und Testeinsatz förmlich zusammengeschweißt worden — kein anderer französischer Pilot hat dermaßen beim Aufbau eines Autos („es ist sein Kind") mitgearbeitet, kein anderer versteht soviel von der Technik. Jabouille fährt immer mit 1,7 atü Ladedruck, muß auf engen, winkeligen Kursen buchstäblich schon Gas geben, während er noch bremst, damit er im Kurvenausgang die Beschleunigung hat — im dichten Rennverkehr (mit Ausbremsen, Überholen usw.) muß der Turbo höllisch schwer zu fahren sein. Ihre ersten Zielankünfte hatten

Jabouille/Renault auf langsamen Kursen (10. in Monaco, 13. in Jarama), echt konkurrenzfähig sind sie aber nur auf Strecken mit schnellen Kurven — weil dort die Verzögerung relativ am geringsten ist. Und die Straßenlage des Renault ist super.

Gerard Larrousse, der oberste Renault-Sportchef, hatte für 1979 dennoch Lauda, Peterson und Andretti hohe Offerte gemacht — „aber zuerst", betonte Jean Sage immer, „müssen wir etwas zum Anbieten haben: einen Motor, der hält." Um so befreiter das Aufatmen bei Renault, als endlich, endlich das 24-Stunden-Rennen von Le Mans gewonnen wurde, „denn erstens brauchen wir jetzt 1979 dort nicht mehr antreten, und zweitens können wir uns voll und ganz auf die Formel 1 konzentrieren." Pironi gewann Le Mans, nicht Jabouille, der aus der ersten Runde mit 12 Sekunden Vorsprung zurückkam („ich fuhr wie beim Grand Prix"), aber dann mit Defekt ausschied.

Wieviel Geld Renault in die Formel 1 investiert? Etwa 40 Millionen Schilling. Offiziell: „Genau ein Tausendstel des Firmenumsatzes, jedoch für die gesamte Rennabteilung." Larrousse (gelbliches Gesicht, schmale Augenschlitze, stoisch-asiatischer Ausdruck) hat 1978 nur zweimal gelacht: in Le Mans und später in Watkins Glen.

In Zeltweg bleibt Jabouille Trainingsdritter, Lauda muß Samstag aus zwölfter Position attackieren, plant den totalen Angriff, als plötzlich der große Schreck vom Himmel kommt: Während des Trainings, direkt über den kreisenden Rennwagen, schweben acht Fallschirmspringer herunter — weil jemand die Uhr falsch abgelesen hat? CSI-Mann Robert Langford stürzt atemlos zu Ecclestone, als melde er einen Überfall: „Fallschirmspringer überall! Was sollen wir tun?" Bernie kommandiert: „Sofort abschießen."

Lauda ärgert sich. Das Training wird unterbrochen — danach kommt, wie befürchtet, Regen. Und damit die Orgie an Boxenstops mit der üblichen Reifenlotterie; von Slicks auf Regenreifen, wieder zurück auf Slicks, wieder Regenpneus. Bei Lauda: Enttäuschung. Bei Lotus: Freude.

Reutemann fragt Niki: „Wie ist es draußen?"

Lauda: „Naß in der Bosch- und in der Rindt-Kurve."

Worauf sich Ecclestone einmischt: „Was fragst du, Carlos, fahr doch selber raus."

Der „Indianer" grinst: „Niki ist ein so guter Tester, daß ich ihm blind vertrauen kann." Motorlärm reißt ihm die Worte aus dem Mund: Gerade rauscht Peterson vorbei. „Frag doch den Ronnie", schlägt Bernie vor. Carlos zuckt mit den Mundwinkeln: „Ronnie sagt doch auf alle Fälle, es ist trocken draußen ..."

Bei solchen Pistenbedingungen — halb naß, halb trocken, gerade so feucht, daß die profillosen Slicks dampfen, als spinnen sie Zuckerwatte — war, ist und bleibt Ronnie Peterson am schnellsten von allen. Da kommt keiner mit. Als einziger bleibt Ronnie in der Regenphase unter zwei Minuten.

Peterson hat schon einmal auf dem Ö-Ring einen Lotus-Stallkollegen vorbeigewunken (1973, Fittipaldi), demonstrativ, vor den Boxen. Lohn der guten Tat: „Fitti" platzte später der Motor, Ronnie wurde also zum Siegen gezwungen. „Und wer sagt, das könne nicht noch einmal passieren?"

Bei Andretti entzündet sich ein Fiberglasteil am glühenden hochgezogenen Auspuff. Plötzlich schlagen Flammen aus dem Lotus-Heck. „Nichts Dramatisches", beruhigt Mario. Rosbergs Wolf fängt draußen auf der Strecke wegen Motorschadens Feuer. Auf der Ölspur donnert Brambilla in die Leitplanken. Regazzoni qualifiziert sich auf feuchter Bahn mit Slicks: ein höllischer Balanceakt, aber notwendig, denn die Arrows-Leute höhnen schon: „Shadow hat gegen uns den Copyright-Prozeß gewonnen, wir müssen Strafe zahlen, unsere Autos vernichten oder an Shadow übergeben — also müßte Shadow jetzt besser sein, oder?"

Sonntag riecht's nach Regen. Für Lauda sonst zumeist unangenehm, wenn er vorn starten kann (weil Unordnung reinkommt), aber willkommen, wenn er aufholen muß (wie heute): „Mir taugt's." Im Aufwärmtraining bleibt Jabouille als einziger unter 1:40. Peterson springt der 3. Gang heraus. Andretti jammert über Vibrationen, „aber wir können die Ursache nicht finden." Nachdenklich dreht er ein Gelenkstück der Hinterradaufhängung in der Hand: „Wenn's regnet, ist der Teufel los." Mario kündigt ein Reifenchaos an: „Ich weiß, daß die neuen Regenreifen verschiedene Größen bzw. Abrollumfänge haben. Also ist es mit bloßem Reifenwechsel nicht getan. Man muß auch umbauen bzw. eine andere Frontpartie montieren."

Lauter quälende Sorgen für den WM-Leader. Trotzdem kommt er mit mir vor die TV-Kamera, um (zum erstenmal) den „Wunder-Lotus" zu erklären. Das Magnetband wird später in die Eurovisionsübertragung eingespielt: den verrücktesten Grand Prix des Jahres, ein Millionenspektakel mit Millionenverlusten, voll von „action", mit 3,3 Millionen Schilling die teuerste Sportübertragung, aber die spannendste.

Andretti fährt seinen kürzesten Grand Prix: nur 1,8 km oder 40 Sekunden. Aus Marios Sicht: ein schwacher Start — vorn der wegstürmende Peterson — dazwischen Reutemann. Zuviel für Andretti, der „überholen will, wo kein Mensch vorfahren kann", sagt Augenzeuge Lauda. Ineinander verkrallte Räder, als hätte man das rechte Lotus-Vorder- mit dem linken Ferrari-Hinterrad zusammengeschweißt, dann kippt der Lotus hoch, wirbelt rückwärts in die Leitplanken — der abgerissene Heckflügel flattert wie ein Papier zehn Meter durch die Luft. Mario ist eliminiert, stocksauer, mehr zornig auf sich, weniger wütend auf Reutemann: „Der fährt im Regen wie eine alte Frau." Später, zur Rede gestellt, beteuert Carlos: „Ich hab dich nicht gesehen." Andretti, etwas kleinlaut: „Das muß ich akzeptieren." Er knabbert bitter am Rückfall in seine Kamikaze-Aktionen von 1977. Zwei Runden später prallt Scheckter mit 250 km/h gegen den abgestellten Lotus, dann gegen die Leitschiene. Jody hat Glück: Die Guillotine klemmt. Die Leitplanke öffnet sich, der Pfosten fällt um.

Peterson—Depailler—Watson—Laffite—Pironi—Lauda heißen die ersten sechs, als der Regen schlimmer wird — und das halbe Feld von der Straße spült. TV-Chefregisseur Lucky Schmidtleitner muß zaubern: Oft passieren drei Unfälle zur gleichen Zeit: einer live, einer in der Zeitlupenwiederholung, einer auf dem „Aasgeier" — so heißt die neue Kamera in der Texaco-Schikane, die unabhängig von den Live-Kameras alle Zwischenfälle speichert. Dort fliegt Piquet raus, dann Reutemann, schließlich auch Peterson: „Weil das Wasser mehr und mehr wird, auf immer neuen Stellen überrascht. Das Problem sind nicht die Gegner. Sondern nur: auf der Straße zu bleiben."

Als Faustregel, Rennen abzubrechen, gilt für Lauda: „Sobald man sieht, daß die Reifen Fontänen hochwirbeln. Weil es dann unmöglich ist, mit Slicks weiterzufahren." Aber dazu gehört ein Profi in die

Jury, wie 1975, als Ex-McLaren-Pilot Denny Hulme angesichts des Jochen-Mass-Unfalls einfach die Abbruchflagge packte („aufhören, bevor's Tote gibt"). Auf der 16-Bilder-Video-Anlage in schwarz/weiß ist nicht zu sehen, wie arg der Regen wirklich ist. Endlich, nach 12 Minuten und 43 Sekunden, kommt die rote Flagge heraus: 8. Runde, gut drei Runden zu spät, kritisieren Peterson, Lauda, fast alle. Aber der Himmel hat ein Einsehen: die Rutschpartie von Zeltweg endet unblutig.

Peterson steckt, als Watson als erster abgewunken wird, hilflos in einem Schlammloch fest, kann den Lotus nur mit fremder Hilfe flottmachen. Sein Glück: Gewertet wird laut Reglement die Runde davor, die siebente, also Peterson vor Depailler. „Ich protestier gegen beide wegen fremder Hilfe", droht Forghieri, zerknüllt aber dann seinen Zettel: „Ich will euch keine Troubles machen."

Neuer Start also mit Regenreifen: Der erste Formel-1-WM-Lauf aller Zeiten, der zwei Durchgänge hat. Die Zeiten werden addiert. Jetzt heißt die Frontreihe: Peterson—Watson. Aber dem Iren stirbt am Start der Motor ab, Ertl kurvt um den Brabham herum, knallt voll gegen Patrese — wieder zwei Wracks. Als nächster stürzt Jones — nach Kollision mit Villeneuve.

Peterson kommandiert auch das zweite Rennen — auf anfangs nasser, später auftrocknender Bahn. Die Frage: Wann Reifen wechseln? wird zum Schachspiel ohne Bedenkzeit. Ronnie fährt auf Regenreifen, „solang Gummi drauf ist". Als er hereinkommt, wird er binnen 25 Sekunden abgefertigt. „Aber vormittags", rügt Nigel Bennett, „haben wir nur 17 Sekunden gebraucht."

Der Peterson-Boxenstop läßt die Ferrari-Piloten Reutemann (vier Runden) und Villeneuve (sechs Runden) nach vorn. Ronnie fragt sich schon: „Weiß der Teufel, was mit den Ferrari los ist? Wieso halten die Michelin-Regenreifen immer noch?" Lauritzen hat ausspioniert: „Michelin hat Intermediate-Reifen, verwendbar für nasse und trockene Piste, härter als unsere Pneus" — aber nicht ewig haltbar. Als Carlos und Gilles Slicks abholen müssen, liegt wieder Ronnie auf Platz 1.

Lauda fährt, wie angekündigt, mit totalem Risiko „um alles oder nichts". Auf Peterson, der zweimal 20 Sekunden Vorsprung hat, holt er pro Runde zwei Sekunden auf. Reutemann, übernervös, überschießt mehrmals die Schikane, ist also kein Gegner mehr. Um Platz 3 fighten Depailler, Villeneuve und Stuck rundenlang Rad an Rad, bis ein Fahrfehler den Deutschen aus dem Kampfgewitter reißt: „Nur ein paar Zentimeter neben der trockenen Ideallinie, und schon bin ich draußen."

Peterson—Lauda—Depailler. Niki hat gegen Patrick aus dem ersten Lauf neun Sekunden Rückstand, liegt jedoch im zweiten Heat 15 Sekunden vor dem Franzosen. Die Brabham-Box signalisiert die totalen Zeitdifferenzen (den Gesamtstand): plus 10, 9, 8, 7, zuletzt plus 6. Niki glaubt: „Das ist der Stand im zweiten Lauf. Hätte man mir gezeigt: plus 15 Depailler, wäre es kein Problem gewesen. So aber gib ich immer mehr Gas." In der Rindt-Kurve erwischt Lauda den einzigen nassen Fleck. „Teppert gefahren und darum ausgerutscht" — mit 180 km/h in die Leitplanken. „Mein Fehler", sagt er in der Box. „Aber ich mußte riskieren, Depailler hat pro Runde eine Sekunde aufgeholt."

Bernie schaut ihn verdattert an: „Aber du bist Depailler in der letzten Runde um drei Sekunden weggefahren!"

Als Lauda geht, sagt er: „Scusi, war mein Fehler, und arrivederci."

„Sorry" hört man oft in Zeltweg. Pironi, Stuck, Daly, Tambay usw. bauen Kapitalstürze — Luckys „Aasgeier" schlägt fast pausenlos zu. Peterson hat Glück: Er tritt sich links vorn einen Blechteil vom Stuck-Shadow ein, die Folge ist ein 10-cm-Schnitt im linken Vorderreifen und ziemlich Herzklopfen. Aber Ronnie beweist in diesem Superdrama in zwei Akten Nerven wie Drahtseile. „Es gibt nur eine trockene Linie, rechts und links ist Wasser." Der Mann, der nicht gewinnen darf, siegt in der abenteuerlichen Regen-Trocken-Schlacht wie ein großer Champion.

Endlich ein Siegerfoto, auf dem alle drei restlos happy sind: Peterson, weil er gewonnen hat; Depailler, weil er vom 13. Startplatz auf nichts hat hoffen dürfen; und Villeneuve, weil er zum erstenmal aufs „Stockerl" darf — trotz lädierter Hinterradaufhängung, wegen der Feindberührung mit Jones.

Das John-Player-Mobilhome, zwei Stunden später. Die Stimmung: Müdigkeit, Mattigkeit, Freude, aber nicht so offen, als hätte Mario gewonnen. Ronnie Peterson: der falsche Sieger? Andretti erzählt, wie

er und Reutemann im Clinch verkrallt waren. Peterson nickt sachlich: „Ich kenn das. Brambilla und ich waren eine ganze Kurve Seite an Seite. Denkst du, er hätte einen Millimeter Platz gemacht?"
Ronnie muß sich nicht sehr plagen, seine Freude nach innen zu kehren: Der Schwede war immer ein stiller Sieger — wogegen sich Andretti zwingen muß, seine Enttäuschung hinunterzuwürgen. Chapman hat zwei Möglichkeiten: Zuviel Siegesfreude würde Andretti wehtun, zuviel Traurigkeit jedoch Peterson beleidigen. „Mr. Lotus" entscheidet sich für Variante 2: „Siebenter Saisonsieg für Lotus, kein anderes Team hat je soviel in einem Jahr gewonnen", trompetet er. „Der achte Sieg ist bereits Weltrekord. Also streng dich an in Zandvoort und in Monza, Mario!"
Andretti kann nach Rennen nie schlafen. Nach Anderstorp hat er in einer Pariser Discothek (während Depailler fast zusammenbrach) bis 5 Uhr früh getanzt. In der Nacht nach Zeltweg feiert Mario mit Ronnie am Wörther See, bis die riesige 7-Liter-Flasche Champagner leer ist.
„So ist das in unserem Business", knautscht Mario, „an einem Sonntag schmaust du Hendln, am nächsten mußt du die Federn fressen."

ZANDVOORT: GELEITSCHUTZ GEGEN LAUDA

„Daß ich nicht gewinnen darf", sagt Peterson im Sommer richtig, „war bis jetzt noch nicht wirklich das Problem." Es wird ein Problem Ende August, in Zandvoort; dort aber ein großes. Am Mittwoch vor dem holländischen Grand Prix setzt sich das „Trio des Jahres" in der Lotus-Fabrik zusammen, um sich für 1979 zusammenzuraufen: Chapman, Andretti, Peterson diskutieren Vertragsverlängerungen. Persönlicher Triumph für Ronnie: Colin offeriert ihm ein stolzes Jahresgehalt — fast soviel, wie Ronnie indirekt (durch Graf Zanon) fürs Fahren bezahlen hat müssen.
„Wenn ich bleib", verlangt Ronnie, „dann nur als gleichberechtigter Nr.-1-Pilot, mit den gleichen Rechten wie Mario." Damit beißt sich Peterson an Andretti fest: „Du bleibst Nr. 2, kriegst aber weiter Nr.-1-Material. Fair genug", beharrt Mario. Chapman würde gern

beide behalten. Andrettis Taktik ist ursprünglich, die Vertragsunterschrift solang wie möglich hinauszuzögern, „weil mir Chapman als Weltmeister noch mehr zahlen muß, ... aber glaub mir: Ich komm ihm schon teuer genug". Mario hat kein schlechtes Gewissen: „Mein Nr.-1-Prinzip in Geldangelegenheiten war immer: Daß ich meinen Partnern jederzeit offen in die Augen sehen kann." Weil aber auch Chapman, wenn er will, ein Druckmittel hat (Peterson und Stallregie), wird das Schachspiel Chapman—Andretti eine Remispartie. Das heißt: Andretti unterschreibt.

Aber Peterson nicht. „Ich hab ja Zeit ..." Mit Angeboten von McLaren, Wolf, Williams, Renault usw. in der Tasche läßt sich leicht pokern. Mit McLaren, vor allem. Im Sommer ist bereits klar, daß am 15. Oktober in Silverstone das neue Team (mit dem neuen Auto M 28) offiziell präsentiert wird. Tags darauf ist schon der Windkanal der Lockheed-Flugzeugwerke fix gebucht, „der einzige, in dem man wirklich lernen kann", verrät Teddy Mayer. „Er läßt Tempi bis 480 km/h zu. Und er ist nur McLaren zugänglich — sogar Lotus bleibt ausgesperrt."

Reutemann Dritter, Lauda Vierter: Ein ganz „normales" Training, wäre nicht der Lotus-Krieg ausgebrochen.

Die Hunt-Challenge ist auf dem Dünenkurs von Zandvoort nicht besonders lästig. Aber mit dem Hintergrund der Transferverhandlungen wird der Zweikampf Andretti—Peterson mehr als ein Trainingsduell. Diesmal streitet Ronnie solange um die weichen Reifen, bis er sie (gegen Ende des ersten Trainings) wirklich bekommt und katapultiert sich an die Spitze. Nachmittags bleibt Ronnie auf der Strecke, mitten in den Dünen, liegen: ein Tankventil klemmt, kein Benzin kommt durch. Gleichzeitig drischt Andretti seine Superserie auf die Bahn, bis er Peterson um eine Hundertstelsekunde abfängt. „So hab ich's gern", sagt Chapman königlich über dieses Ritterspiel, „das ist echte Dramatik."

Samstag früh zerbirst Peterson ein Kühler, aber fürs Trainingsfinale ist der Lotus wieder fit. Diesmal gibt Chapman nicht nur Mario, sondern auch Ronnie drei weiche Reifensätze. Aber der diesmal über sich hinauswächst, ist Andretti: Wie eine Raubkatze beißt er sich den Weg frei, während Peterson „nie eine freie Runde erwischt. Immer

lauf ich auf irgendein langsames Auto auf". Es ist Samstag, spätnachmittags, wir plaudern im Fahrerlager und Patrese tritt hinzu, sich die Schulter reibend.
„Was tut weh?", fragt ihn Peterson.
„Arm verrissen, steifen Hals", klagt Patrese, „beim Rausfahren aus der Box bin ich über irgendwas drübergerumpelt. Das Lenkrad hat zurückgeschlagen — darum."
Ronnie redet irgendwas von der „neuen Generation Rennfahrer, die nichts aushält" (oder so ähnlich), der um zehn Jahre jüngere Riccardo erwidert trotzig: „Ich bin nicht mehr jung, ich bin schon 24."
Peterson lacht: „Dafür wird dieser Boy, mein Teamkollege, nimmer älter. Im Gegenteil: immer jünger. Heute hat er's wieder gezeigt." Respekt in Ronnies Stimme, kein Neidgefühl für Andretti, der immer wieder schwört: „Diesmal laß ich mich zu keiner Kamikaze-Aktion hinreißen. Was auch immer passiert: Ich muß punkten, ankommen um jeden Preis. Neun Punkte Vorsprung auf Ronnie sind zuwenig, ich brauch mehr."
„Was wird morgen?", frag ich Ronnie. „Ein Rennen", sagt er. „Kein Problem für mich, hier schnell zu fahren. Ich weiß genau, was ich tun muß."
Wann vergißt du die Teamtaktik? In Zandvoort oder erst beim WM-Finale?
„Ach was, I am a good boy ..."
Der „gute Bub" ärgert sich noch, daß er die BMW-Schlüssel nirgendwo findet, dann geht er ins „Bouwes"-Hotel, auf Teddy Mayers Zimmer. Der McLaren-Vertrag wird — streng geheim — unterzeichnet. Damit kann Teddy auch schon seine Nr. 2 festbinden: Sonntag früh unterschreibt Tambay.
Spekulationen ... Niki Lauda sagt, befragt, ob er glaube, daß Peterson (mit dem unterzeichneten Vertrag fürs Konkurrenzteam) auf die Lotus-Stallorder pfeife und im WM-Titelkampf seine eigenen Karten ausspiele: „Glaub ich nicht. Ronnie ist nicht der Typ, der sowas macht." Peterson-Manager Stefan Svenby beteuert, daß für den Fall, daß Ronnie nicht gehorcht, ein Vertragspassus existiert: „Dann bekommt er zur Strafe fürs nächste Rennen kein Auto." Und Peterson-Freund Frederick glaubt zu wissen, was der Schwede vorhat: Sich

brav hinter Andretti anzustellen, bis die Europarennen aus sind, aber in Nordamerika gegen Mario mit offenem Messer zu kämpfen.

„It's tough on the top", sagen die Briten: Hart, das Leben an der Spitze. Aber noch härter ganz unten. Bei Surtees, vor allem.

John Surtees hat 1978 gesundheitliche Probleme, delegiert die Renneinsätze immer häufiger an Peter Briggs, und die Boys in der Werkstatt kommen mit dem Reparieren bzw. Ausklopfen zerbeulter Wracks kaum nach. Brambilla und Keegan verursachen Schwerarbeit. In Zandvoort fabriziert „Vittorio der Schreckliche" seinen 18. Saisonunfall (1977 waren es 22), und als er wieder mit dem Sitz in der Hand — das Brambilla-Symbolbild — zur Box zurückläuft, sagt er allen, die ihn anblicken, erleichtert: „Elektrischer Defekt."

Wer hinter Brambillas etwas sture Fassade blickt, findet einen praktischen, warmherzigen Menschen. In Watkins Glen mietet er immer ein Ruderboot, in Tokio fährt er (wie ein kleiner Bub, der Tramwayfahrer werden will) am liebsten tagelang mit den 300 km/h schnellen Zügen spazieren.

1978 beginnt für Brambilla mit einem Crash in Buenos Aires („4. Gang rausgesprungen, zick-zack, bumm") und endet mit der Massenkollision von Monza. Brambilla-Unfallstories sind längst Klassiker unter den Formel-1-Erzählungen. 1977 in Dijon karamboliert Brambilla gleich nach dem Start mit Reutemann, muß an die Box, Reifen wechseln, fährt aber weiter wie der Teufel und holt Carlos (mit einer Runde Rückstand) wieder ein. Reutemann sieht den „Monza-Gorilla" im Rückspiegel näherkommen und gibt verzweifelt Gas, „aber nicht, um zu gewinnen, sondern aus purer Angst vor Brambilla". Endlich in Reutemanns Rücken eine erlösende Staubwolke — Brambilla hat sich von der Strecke gedreht. Oder Long Beach: Dort kam Vittorio bis 1978 nie über die erste Kurve hinaus. Als diesmal der Start hinunter zum Hafen verlegt wurde, nannte Andretti über Lautsprecher den Grund: „Weil die Leute unten am Shoreline Drive endlich einmal Brambilla sehen wollen."

Brambilla fährt auch privat rasant. Auf der Autobahn Johannesburg—Kyalami tappt er mit 128 Stundenmeilen in eine Radarfalle, wird zu 200 Rand Strafe (fast 6000 Schilling) verdonnert, zetert und jammert. „Recht geschieht dir!", sagt ihm Lauda mitleidlos, „zwei

Monate sollen s' dich einsperren. Dann wären die Rennen viel gemütlicher."

Grund der totalen Surtees-Baisse? „Daß wir stillstehen, weil wir nie testen", sagt Brambilla, was die Frage aufwirft: Mit welchen Autos eigentlich? Dafür sitzt der Italiener ab Mai nahezu täglich im berühmten „Geisterauto": dem reinrassigen Alfa-Alfa, der schon bei seiner Premiere veraltet aussieht: wie ein Weltkrieg-2-Panzer. Der Alfa-Alfa: monatelang in den Himmel gelobt, dementiert, abgestritten — noch nie ist wegen einem Rennauto so viel gelogen worden. Sein Geburtshelfer: Alfa-Präsident Cortese, im Juni von den mächtigen Gewerkschaften zum Rücktritt gezwungen. Doch Brambilla — der einen von Surtees akzeptierten Alfa-Testvertrag hat — kreist weiter unermüdlich in Balocco, 4000 km ohne Motorschaden, während Lauda und Watson die gleichen Triebwerke serienweise zerplatzen.

„Aber Brambilla rollt ja nur mit 5000 Touren spazieren. Auf diese Art fahr ich auch ewig", ärgert sich Lauda, dem Ecclestone bescheinigt: „Trotz Andretti könnte Niki längst WM-Leader sein, würden die Italiener nicht soviel am Alfa-Alfa herumfummeln. Wer braucht ihn? Du? Wir? Alfa? Kein Mensch", ärgert sich Bernie.

Doch Brambilla preist den Phantomwagen als „das beste Auto, das ich je gefahren bin! Von mir aus längst rennfertig. Am besten: sofort an den Start damit." Brambilla hat sich vertraglich abgesichert: Wenn er in Monza das Alfa-Alfa-Premierenrennen fährt, kann er bei Surtees aussteigen (was ihn freilich 300.000 Schilling kostet, ein Drittel seines Jahresgehalts).

Längst ist der Alfa-Alfa ein politisches Problem. Rapports müssen ausgestreut, Tests gefahren werden, damit ja niemand aufheulen kann: „Was macht der Staatsbetrieb mit unseren Steuergeldern? Wieso hört man nichts vom Auto?" Die neue Alfa-Führung — Massachesi, Innocenti — ist gegenüber dem Geisterauto mißtrauisch. Also muß jener Pilot her, der früher und präziser als jeder andere sagen kann, ob ein Auto entwicklungsfähig ist oder eine totale Mißgeburt: Niki Lauda.

Offiziell „ersucht" ihn Ecclestone, den Alfa-Alfa in Le Castellet zu testen, „und weil wir eine große Familie sind, flieg ich hin." Augenzeugen berichten: Nach zwei Runden überhitzt der Motor, nach fünf

Runden plumpst die Schnauze herunter, nach acht Runden ist der Motor endgültig k.o. Von Lauda kommt kein Wort öffentlicher Kritik: er bleibt Alfa gegenüber loyal. Und Alfa gibt in Zandvoort bekannt: „Das Projekt ist begraben, die Entwicklung des Alfa-Alfa ab sofort eingestellt." Lauda gibt sich überrascht: „Ich hab's auch erst jetzt gehört." Die Reaktionen in Italien: leidenschaftlich. Zwei Wochen später kleben in den Monza-Boxen Hunderte Partezettel: „Gestorben ist der Alfa-Alfa, sieben Monate alt. Die tieftrauernden Hinterbliebenen: Präsident Massachesi, Ecclestone, ein hilfloser Chiti. Es lacht: Niki Lauda. Und den Leichenschmaus zahlt Parmalat."

Andere makabre Todesanzeigen besagen: „Professor Lauda hat, assistiert von Dr. Ecclestone, den Alfa-Alfa als Totgeburt zur Welt gebracht." Schuld ist für die Italiener immer Lauda, wer sonst?

Schuldlos verunglückt im Sonntagmittagtraining von Zandvoort Brambillas Stallkamerad, Rupert Keegan. Der dichtauf folgende Daly gibt an: „Der Surtees flattert plötzlich wie ein Blatt Papier, schuld ist der Wind." Für mich nicht, sagt Keegan, „etwas muß gebrochen sein." Die gleiche Ostkurve, beim Tunnel, in der 1970 Piers Courage und 1973 Roger Williamson verbrannt sind, verläßt Keegan auf der Tragbahre — nur mit gebrochener Hand.

Eine Kurve vorher ist Alan Jones die Radaufhängung gebrochen: Das Auto durch drei Fangzäune hindurchgeschossen, Alan unverletzt geblieben. „Sein Glück, aber unsere Schuld, weil wir mit einem neuen Bolzen experimentierten", sagt Frank Williams. Und steht wieder, klein und zittrig, dort, wo er schon 1970 gestanden ist: vorm Turm der Rennleitung.

„Zandvoort", sagt Lauda, „ist heute eine der gefährlichsten Strecken überhaupt." Heimtückisch, schnell, uneben. Zwischen Leitplanken, die im Sand stecken, rotieren die Autos am unsichtbaren Seil — das oft genug reißt. Zandvoort, das heißt jedes Jahr im August: ein Grand Prix mit Gänsehaut.

1978 kracht es zwei Kurven nach dem Start: mitten im Pulk verkrallen sich Pironi und Patrese ineinander. Mit Urgewalt, denn später sieht man Reifenspuren auf Pironis blau-weißem Helm. Beide Autos zerschellen an der Leitplanke. Stuck duckt unter einem weggeflogenen Rad durch. Um Zentimeter geht es an der Massenkarambolage vorbei.

Aber noch drei Runden steht das Patrese-Wrack mitten auf der Fahrbahn, muß das 24-Auto-Feld auf Zehenspitzen vorbeibalancieren. Denn das Pistenfahrzeug, zum Bergungseinsatz abkommandiert, steckt hilflos im Dünensand, Zuschauer müssen es anschieben und später reißt das Abschleppseil . . .

An der Spitze: das alte Bild. Andretti vor Peterson, Lauda zwingt Laffite nieder und ist ab der 2. Runde Dritter, gefolgt von Reutemann. Niki „glüht dahin am letzten Loch", zwei-, dreimal versucht er anzugreifen, aber Andretti reagiert auf Laudas Tempoverschärfung jedesmal prompt und kontert mit einer schnellen Runde — damit Niki die Krallen einzieht. „Echte Chance", resigniert Lauda, hab ich keine. Die zwei vorn spielen sich." Andretti „weiß jederzeit, wie schnell Niki ist. Ich richte mein Tempo auf ihn aus, fahr seine Geschwindigkeit, nicht die meine". Und dazwischen ist ja noch ein Schutzpolster — Ronnie Peterson.

55. Runde, nur noch 20 zu fahren. Die Lotus-Mechaniker trinken schon Kaffee, knabbern Keks. Plötzlich klingt Marios Motor anders: rauh, barsch, scheppert wie eine alte Kaffeemühle. Nicht nur, weil Lotus das Benzingemisch auf extrem mager eingestellt hat, „aus Angst, daß wir zuviel Sprit verbrauchen und im Finish nachtanken müssen" — sondern vor allem, weil Andretti der Auspuff gebrochen ist. „Kostet mich 400 Touren", stellt Mario fest.

Plus 3,5, plus 3, plus 2,7 . . . der Vorsprung des Lotus-Duos schmilzt. Vorn Andretti, dahinter Peterson, der angehende World Champion und sein Leutnant, der angeschlagene Lotus und der Zwillingswagen als Geleitschutz, der helfen soll, Nr. 5 heil nach Hause zu bringen. Nur noch 1,5 Sekunden Vorsprung, aber noch 14 Runden. Ronnie wird „nervös, daß Niki uns noch alle zwei austrickst und gewinnt, ich spür seinen Druck, ich krieg direkt Angst". Immer öfter taucht Peterson jetzt innen an Andretti heran, um solchermaßen Alarm zu signalisieren: „Lauda rückt näher, fahr schneller."

Mehrmals, wenn Ronnie in der Tarzan-Kurve längsseits geht, sieht Mario den Schweden gestikulieren: „Ich weiß, was er meint, und kenn mich aus. Seit Hunt in Le Castellet war keiner mehr so lästig wie Lauda." In der Lotus-Box: immer größere Nervosität. Andrettis Sohn Mike zerknüllt, was immer er in die Finger kriegt. Noch zwölf

Runden. Jetzt ist Andrettis rechtes Auspuffrohr auf Grund der heftigen Erschütterungen endgültig gebrochen und fängt an, rechts seitlich, am Flügel, durch die Fiberglasverkleidung durchzuschmoren. Ein Heckteil ist schon weggebrochen, Andretti merkt es am plötzlichen Übersteuern: als würde das Heck ausbrechen.
Mario weiß, „wie leicht Fiberglas in Flammen aufgeht, und ich hab Höllenangst vorm Feuer" — speziell seit seinem Indy-Feuerunglück 1969 (auf Lotus). Im Winter 1977/78 hat Andretti alles nur Erdenkliche unternommen, um absolut sichere Benzintanks aufzutreiben — jene, die den extrem strenge USAC-Regeln entsprechen müssen (und von Kriegshubschraubern verwendet werden). Normale Formel-1-Tanks kosten 4000 Dollar, die extrem sicheren Tanks 7000 Dollar. Erhältlich sind sie über Goodyear. Andretti teilte Chapman mit, was er entdeckt hatte, Chapman redete mit Ecclestone und das nächste, das Mario hörte: Bernie war bei Goodyear, um einen Rabatt herauszuschlagen . . . Andrettis Vorschlag: „Zieh mir die 3000 Dollar Mehrpreis jedes Rennen vom Verdienst ab" verpufft — bis heute hat kein Lotus diese USAC-Tanks. Weder in Monza noch in Zandvoort.
Zandvoort ist für Andretti ein psychologisches Problem. Wann immer er in den Rückspiegel blickt, sieht er nicht nur den zweiten schwarzen Lotus, sondern auch den roten Brabham. Schnellster in den Kurven ist eindeutig Peterson, was Andretti zwingt, gleichfalls spät zu bremsen. Marios Vorteil (der stärkere Motor) ist längst dahin. Andretti überlegt bereits: „Wenn ich noch mehr PS verlier, muß ich Ronnie vorbeiwinken und durchlassen. Und ihn gegen Lauda abblocken."
Draußen, in den Dünen, ist starker Rückenwind. Peterson spürt genau, „daß mein Auto auf der Bergkuppe jedesmal hochgehoben wird". Auf der Zielgeraden ist Gegenwind. Dort setzt bei Lauda plötzlich schon bei 11.800 statt 12.400 Touren der Drehzahlbegrenzer ein. Niki könnte ihn mit einem Knopfdruck ausschalten, „aber lieber ein paar PS weniger als wieder ein Motorschaden". Bis drei Runden vor Schluß fährt Lauda sich „das Herz aus dem Leib", dann nur noch, um anzukommen: Ein Auswuchtstück eines Hinterrades ist weggeflogen, das heißt: Schütteln in der Lenkung, immense Vibrationen. So fällt Lauda zurück — und vorn atmet Andretti auf. Die Zielflagge fällt für den vierten Lotus-Doppelsieg des Jahres, aber den letzten.

Manchmal auch zu Fuß: Andretti in Zeltweg, Peterson in Hockenheim

1978 war kein Jahr für die Deutschen. Oben: ATS-Chef Günter Schmid mit Jochen Mass, rechts: Rolf Stommelen mit Designer Tony Southgate, unten: Hans-Joachim Stuck mit viel Einsatz, aber wenig Glück

Die Regenschlacht von Zeltweg: Peterson (6) neben Depailler (4) beim zweiten Start. Ronnie gewann beide Läufe. Es war sein letzter Sieg

Wieder an der Sonne: Fittipaldi (oben) mit dem Copersucar. Oft im Schatten: Jody Scheckter, der beim austrokanadischen Öl-millionär Walter Wolf in zwei Jahren eine Million Dollar verdiente

Da war der Himmel noch gnädig: Karambolage Patrese—Pironi in Zandvoort

Die Katastrophe von Monza: Nach einem unkorrekten Start durch Rennleiter Restelli kommt es nach wenigen Sekunden zur Massenkollision von elf Autos. Petersons Lotus geht in Flammen auf

Phasen des Unglücks. Bild oben: der querstehende McLaren von Hunt und ein wegfliegendes Rad, das Brambilla und Stuck auf den Kopf trifft. – Bild Mitte: Reutemann (11) und Daly (22) von der Piste geraten, Pironi (3) ist der Heckflügel weggebrochen. Bild unten: Pironi verliert auch ein Rad. Ganz links der Shadow von Stuck

VALVOLINE
GOOD YE
LYMPUS
CAMERAS

Peterson, stürmisch gefeiert, ist der Held des Tages, Andretti aber der Sieger.

Als ich ihn beim Goodyear-Zelt treffe, ist er schon leicht angesäuselt: „Mein längstes Rennen“, gibt er zu. Lob und Dank für Peterson: „Wir haben perfekt zusammengearbeitet, um vorn zu bleiben.“ Ein Händedruck, der alles sagt, auch ohne große Worte, denn die zwei wissen Bescheid.

„Wie hast du bemerkt, daß ich in Troubles bin?“, fragt Mario. „Weil du auf der Geraden plötzlich langsamer geworden bist“, antwortet Ronnie. Darauf Mario: „Und du — keine Probleme?“ Ronnie grinst: „Doch, die Bremsen, am Ende waren sie völlig hinüber.“ Jetzt grinst Mario: „Kommt davon, wenn du bremst, statt Gas zu geben.“ Ronnies Hieb zurück: „Muß ich ja — wenn du vor mir so langsam fährst.“

Aber nach dem brüderlichen Mannschaftsrennen wird nicht nur geblödelt. Andretti gibt offen zu: „Ronnie hat sich heute als ein perfekter Gentleman erwiesen.“ Und Chapman sagt: „Großartig benommen, Ronnie, aber es muß sehr hart für dich gewesen sein: Zum erstenmal ein ganzes Rennen hinter Mario dazusitzen. Und sehr frustrierend.“ Ronnie schluckt und wird etwas rot im Gesicht.

Draußen werden die Wracks zusammengekarrt. „Was von Patreses Auto bleibt, schmeiß ich alles in den nächsten Mistkübel. Ich hab noch nie ein so zerstörtes Auto gesehen“, sagt Alan Rees vom Arrows und kündigt eine Woche später schriftlich an: „Ich bin sicher, daß sich Patrese in Monza rücksichtslos einsetzen wird.“ Unglücklicherweise hat er recht.

Keegans Armbruch von Zandvoort: der Auftakt einer Unglücksserie. Vier Tage später hat Jochen Mass bei ATS-Testfahrten in Silverstone einen mysteriösen Unfall. Einlenken in die Stowe-Kurve — ausbrechendes Auto — Anprall gegen die Betonmauer. Fünf Minuten braucht es, den Deutschen aus den Trümmern herauszuschneiden: mit Bein-, Kniescheiben- und Schlüsselbeinbruch. „Plötzlich ist irgendwas gebrochen“, verrät Mass am Telefon.

Die nächste Alarmsituation: Nina Rindt hat einen Arterienriß, verliert viel Blut und kann nur durch eine Notoperation gerettet werden.

Datum: 5. September — auf den Tag genau acht Jahre nach Jochens Tod in Monza.

MONZA: „HEUTE IST NICHT MEIN TAG"

„Nie wieder Monza!", tönt es schon seit Jahren, aber immer wieder kommt die Formel-1-Truppe in den düsteren Park. Sturzräume fehlen, weil sich die Stadtverwaltung weigert, Bäume zu fällen. Auf dem Reißbrett ist längst „Monza II" fertig, eine haargenaue Kopie der traditionellen Strecke, Mittelpunkt eines monströsen Sport- und Freizeitzentrums — nur weiß noch kein Mensch, a) wo und b) mit welchem Geld „Monza II" gebaut wird.
Aber die Festbroschüre ist fertig. „Das alte Monza", schreibt FIA-Präsident Fürst Metternich im Vorwort, „war Schauplatz unvergessener Taten von berühmten Rennfahrern — oft unter Hingabe ihres Lebens". Das sind die Worte aus der Ära der Heldentode und Staubkappenfahrer. In der Bilanz ist Monza weniger heroisch, mehr tragisch: 1933 Campari, Borzacchini, Graf Cajkovski (alle drei am gleichen Tag, aber in zwei verschiedenen Rennen); 1955 Alberto Ascari; 1961 Graf Trips und 13 Zuschauer, größtenteils Schweizer; 1970 Jochen Rindt. Dazu die Motorradweltmeister Rupert Hollaus (1954) und Jarno Saarinen (1963). Die Liste der Monza-Toten ist lang.
Monza, das Rennen der fallenden Blätter, der sterbenden Sommertage: Die Vollgasbranche diskutiert jedoch nicht Sicherheitsfragen, sondern die Situation auf dem Transfermarkt — und im Lotus-Team.
In der Woche nach Zandvoort trifft sich Wolf mit Peterson in der Londoner Villa des Ex-Beatles George Harrison — zu spät, weil Ronnie für 1979 bereits McLaren verpflichtet ist. „Eine gute Entscheidung von Ronnie", applaudiert Stewart, „man soll doch nicht immer bekritteln, welch schlechter Testpilot er angeblich ist. Denn wer hat früher den McLaren getestet, als Hunt Rennen auf Rennen gewann? Auch keiner." Den Ex-Weltmeister Hunt nagelt Wolf am 8. September fest: James ist fix verpflichtet, Wolf kann mit seiner Unterschrift bis 15. Oktober warten.

„Du bist ja ärger als der Bernie", rügt Lauda. „No, no", protestiert Wolf, „just g'scheit." Nikis Partner für 1979 ist lange Zeit ungewiß. „Parmalat" will entweder einen Italiener oder (wegen Fabrikseröffnung im Fittipaldi-Land) einen Brasilianer, etwa Nelson Piquet, als neue Nr. 2. Giacomelli hat sich in Brands Hatch die Tür selber zugeschmissen. Patrese hat binnen drei Monaten von Sante Ghedini viermal die Frage gehört: „Willst du?", aber viermal abgelehnt: „Ich geh nicht zu einem Team, bei dem Lauda Nr. 1 ist." Also soll Watson bleiben — bis sich schlagartig alles ändern wird.

Wer aber wechselt in ein Team, in dem Andretti Nr. 1 ist? Chapman hat Reutemann schon in Zandvoort angesprochen; Carlos riecht „sofort den Braten, ich hab gleich angebissen". Vier Mann stehen zur Auswahl für den zweiten Platz im Lotus-Team — den 1978 heißestbegehrten Sitz der Sportwelt: außer Reutemann noch Mass, Giacomelli und Keegan.

Die Auktion ist gigantisch. Vater Keegan, der Millionär, bietet 380.000 Pfund (11 Millionen Schilling), um seinen Sohn bei Lotus einzukaufen. Mass mobilisiert genausoviel Geld bei einem Kreditkartenunternehmen („Eurocard") — bis ihn der Unfall aus dem Rennen wirft, das schließlich Reutemann macht. Interessant: nicht als Nr.-2-Pilot, sondern „Andretti absolut gleichgestellt", wie mir Chapman verrät, Reutemann bekräftigt und Andretti bestätigt: „Im Grund genommen hab ich auch mit Ronnie, Zandvoort ausgenommen, nie wirklich eine Stallorder gebraucht. Also sagte ich zu Colin: ‚Schreib in Reutemanns Vertrag hinein, was du willst, ich brauch keine garantierte Bevorzugung.'" Carlos ist längst der Meinung: „Heute kommt ein Spitzenteam gar nicht mehr ohne zwei Toppiloten aus. Wenn einer ausfällt, kann der andere einspringen und gewinnen."

Bleibt Carlos nur noch, Enzo Ferrari (Mittwoch vor Monza) sein „ciao" zuzurufen. Der Commendatore zitiert „El Lole" nach Maranello. Der neue Vertrag liegt auf dem Tisch. Was passiert, erzählt mir Reutemann so: „Ich sagte gleich: ‚Bevor wir anfangen, viel zu diskutieren: Ich fahr nächstes Jahr für Lotus.' Der Alte hat getobt und gleich den Vertrag zerrissen. Wir beide verabredeten noch: Wir behalten die Affäre bis nach Monza zwischen uns, erst dann geben wir die Trennung offiziell bekannt."

Doch was geschieht? Am gleichen Tag lädt Enzo Ferrari alle italienischen Reporter zum Festschmaus ins „Cavallino" (gleich gegenüber) und sagt: „Ich bin stolz und glücklich, Ihnen mein Team für 1979 bekanntzugeben: Scheckter und Villeneuve." Der kleine Kanadier, der um seinen Teamplatz hat zittern müssen, ist erleichtert ...
Das Patrese-Team Arrows scheint Mass im Wort. Warsteiner-Chef Cramer besteht auf einem Deutschen. „Und es gibt", sagt Teammanager Alan Rees, „nur einen Deutschen." Formel-1-Verträge sind mehr als ein Fetzen Papier, entscheiden oft über mehr als ein verlorenes Jahr. „Ein Jahr eines Grand-Prix-Piloten", philosophierte einmal Raymond Mays von BRM, „zählt wie 25 Jahre eines normalen Menschen." Das Leben mal 25.
Seit Zandvoort bricht über die englischen Motorzeitschriften eine Flutwelle von Leserbriefen herein: „Warum muß sich Peterson das alles gefallen lassen? Der Sinn von Autorennen ist, zu gewinnen, nicht freiwillig Zweiter zu werden." Überall Karikaturen: Weißer Rauch dringt aus dem schwarzen John-Player-Wohnbus — „seht ihr, sie haben schon bestimmt, wer Weltmeister wird". Oder: Andretti/Peterson als Tandemauto zusammengeschraubt, was garantiert, daß a) Mario von Ronnie nicht überholt werden kann und b) wenn Andretti ausfällt auch Peterson stehenbleiben muß.
Zu haushoch die Lotus-Überlegenheit, zu mühelos die Doppelsiege, zu operettenhaft die Situation. „Nur noch drei Rennen", schreibt ein seriöser Journalist, „werden Andretti/Peterson den Grand-Prix-Sport fadisieren."
Die Ausgangslage ist klar: 12 Punkte Vorsprung für Andretti — das heißt, Mario hat in Monza sozusagen „ersten Matchball". Wenn er gewinnt und Ronnie nicht unter die ersten drei kommt, ist Andretti schon Weltmeister. Genauso, wenn er Zweiter wird, Ronnie aber punktelos bleibt. Freilich: Fällt Mario aus und gewinnt Ronnie, dann wären die beiden vorm WM-Finale in Nordamerika nur um drei magere Punkte auseinander ...
„Wäre ich Peterson, würde ich auf die Vertragsbedingungen husten und gewinnen!", schreibt Watson in seiner englischen Zeitungskolumne. Chapman stellt den Iren in der Hotelhalle zur Rede: „Warum machst du mir noch zusätzliche Probleme?" Einmal erwidert mir

Chapman auf die Frage, wie er wirklich mit der schwierigen Situation Andretti/Peterson zurechtkomme: „Mit Schwierigkeiten . . .“
Das Training in flimmernder Hitze beginnt wie in Zeltweg: Andretti vor Peterson und Jabouille. Lauda hat nach einer Stunde Motorschaden, detto Watson, der über eine Kerbe räubert und die Ölwanne abreißt. Der Motorwechsel für Niki braucht knapp zwei Stunden, für John zweieinhalb. Nachmittags platzt auch Petersons Motor. Ronnie muß in den alten Lotus 78 steigen, damit Andrettis übliches Zweipferdespringen — er kann pausenlos zwischen zwei Wagen wählen — nicht gestört wird.
Villeneuve distanziert Reutemann, Ferrari bestraft Carlos, den Abtrünnigen, mit einem PS-schwächeren Motor. Michelin jedoch serviert ihm unverändert die besten Pneus. Daß Reutemann sämtliche Daten (auch über die Michelin-Radial!) in sein berühmtes Zauberbuch eingetragen hat, also alle Geheimnisse zu Lotus und Goodyear mitnimmt, ist ein offenes Geheimnis. „Aber wir bezahlen Reutemann nicht als Reifenspion!“, dementiert Lauritzen, der flucht, daß viele Goodyear-Qualifikationsreifen beim italienischen Zoll steckengeblieben sind. „Ferrari hat dort Leute eingeschleust — oder die Zöllner bestochen.“
Samstag sind die „Qualifiers“ da: Die Goodyear-Armada ist „ready to attack“, speziell Peterson und Lauda — wieder einmal dank Willi Dungl, der herangebraust ist und Nikis verrissenen Halswirbel eingerenkt hat. Die Wirbel halten, der Alfa-Motor nicht: 13. Motorschaden der Saison, diesmal unter der Dunlop-Brücke. „Ein Schuß und aus war's.“ Niki schiebt den Brabham hinter die Leitplanken der zweiten Schikane. Darum sieht kein Pilot das Auto, muß die Brabham-Box 30 Minuten rätseln und warten. „Vielleicht“, grinst Murray gequält, „ist Niki einen Capucino trinken gegangen.“
Peterson bricht die halbe Plastikschürze weg. „Macht nichts“, befiehlt Chapman ungerührt, „fahr weiter.“ Außerdem rinnt Ronnie Getriebeöl auf die Kupplung. Bis alles getrocknet und gesäubert ist, sind zwei Drittel des Abschlußtrainings verronnen.
Das ist es, was Peterson 1978 bei Lotus frustriert: Nicht die Stallorder, nicht die harten Reifen, nicht die vollen Tanks — sondern das Zuschauenmüssen, wenn ihn ein Defekt ereilt hat. Jeder andere, bis hinunter zu Lunger und Merzario, hat ein gleichwertiges Ersatzauto

— er nicht. Enttäuscht lümmelt Ronnie an der Boxenmauer. „Bin ich froh, daß ich schon für McLaren unterschrieben hab", sagt er mir. „Dort hab ich immer zwei Autos." Später steigt er in den alten Lotus 78.

Villeneuve teufelt im Windschatten von Jabouille und Andretti in die erste Startreihe vor, neben Mario. Lauda peitscht den Brabham vom 8. auf den 4. Startplatz, um einen Wimpernschlag (41 Tausendstel) schneller als Peterson. Als Ronnies Mechaniker die „Qualifiers" montieren wollen, springt Chapman dazwischen: „No!" Mr. Lotus schnappt selber ein paar Peterson-Reifen und schleppt sie rüber in die Andretti-Box.

„Am liebsten", ist Chapmans alte Philosophie, „hab ich ein Auto in der Pole-Position und das zweite in der dritten Startreihe."

Samstag abends sind Colin, Mario und Ronnie beim Grafen Lurani in Mailand eingeladen. Gegen Mitternacht brausen sie zurück ins Luxushotel „Villa d'Este" am Comosee: ein verrücktes Wettrennen, wie ausgelassene Buben, mit Ausbremsmanövern vor jeder Kreuzung. Im Hotel wartet Graf Zanon, den eine Vorahnung plagt: „Ronnie, sei morgen vorsichtig zwischen Start und erster Schikane."

Sonntagaufwärmtraining. Die Peterson-Mechaniker haben neue Bremsbeläge montiert, jedoch die Sicherheitsbolzen vergessen. Zweite Schikane: Ronnie muß von 260 auf 100 km/h verlangsamen, tritt voll auf die Bremsen — nichts, totaler Bremsversager. Der Lotus durchreißt alle drei Fangzäune, die Frontpartie ist zerfetzt. Ronnie entkommt durchgeschüttelt, irritiert, etwas wütend. Jetzt muß er endgültig in den alten Lotus 78, „mit dem ich gegen die Ferrari und Brabhams immer noch gewinnen kann", sagt Peterson. Kurze Pause. „Aber gegen Andretti nicht."

Vorm Start holt sich Peterson von Lauda Ohrenstöpsel. Andretti ißt Obst im Wohnmobil, registriert „Good-luck-Wünsche" total geistesabwesend. Heute kann er Weltmeister werden — als erster in Italien Geborener seit 25 Jahren. Spürst du den Druck? frage ich. Mario schaut wie ein Raubtier, dann nickt er: „Yes. High pressure."

Zwischen Andretti und Peterson ist jetzt Funkstille. „Wir reden nichts mehr miteinander. Jedes Wort wäre unnütz. Nichts muß gesagt werden. Wir wissen, worum es geht. Das Schicksal muß entscheiden, er oder ich", rekapituliert mir Andretti später die Startstimmung, „und es entscheidet gegen Ronnie. Aber das verfluchte Pech ist ihm ja das ganze Wochenende nachgerannt."

Motorschaden — Kupplungsdefekt — Bremsversager — Trainingsunfall: Wie Warnlichter blinken die Alarmsignale am letzten Wochenende seines Lebens. Kurz vor dem Start beugt sich Stewart — TV-Reporter für die US-Gesellschaft ABC — mit dem Mikrofon in Petersons Cockpit. „Heute ist nicht mein Tag", sagt ihm Ronnie. „This is not my day."

Der 61jährige, weißhaarige Rennleiter Gianni Restelli macht beim Ampelstart einen verhängnisvollen Fehler. Er schaltet bereits auf Grünlicht, als die mittleren bzw. hinteren Startreihen noch rollen. Patrese (9. Reihe) produziert einen „fliegenden Start", ist schon im zweiten Gang, als andere noch stillstehen. Patrese, „die im Pulk mitfahrende Bombe, die jederzeit explodieren kann", beschreibt ein Gegner die Gefahr, die von Ricardo ausgeht. Für Lauda ist es „kein Zufall, daß immer die gleichen die Kollisionen haben" und Chapman tobt: „Patrese hat jeden zweiten Sonntag ein Unglück auf dem Gewissen: mit Ertl in Zeltweg, mit Pironi in Zandvoort. So verantwortungsloses Fahren gehört bestraft."

Die Monza-Piste beginnt breit, ehe sie sich wie ein Flaschenhals verengt, die Piloten zwingt, sich in ein Nadelöhr einzufädeln. 200 m vorm Schikanenbremspunkt, bei über 200 km/h: Die Anatomie der Katastrophe, geklärt von Zeitlupenkameras: Scheckter (5. Reihe) zieht von links hinüber nach rechts, Patrese hinter sich. So jagen sie auf die Leitplanken zu. Jody manövriert langsam, sukzessive nach links, Riccardo (ganz rechts außen in einer Viererkette mit Reutemann, Peterson, Hunt) kommt jedoch schlagartig herein. Lauda, der das Unglück im Rückspiegel kommen sieht: „Wahrscheinlich glaubt Patrese, ein Wunder geschieht und alle anderen lösen sich in Luft auf."

Niki hat ausgerechnet: „Ich hab in meiner Formel-1-Karriere mindestens 15 Plätze verloren, weil ich in der ersten Runde gebremst hab. Aber wir haben Idioten, die gehen einfach nicht vom Gas."

Vier Tage später diskutieren Fittipaldi und Patrese den Unfall am Telefon — fast zwei Stunden lang. Patrese beteuert seine Unschuld: „Hunt war hinter mir, ich hab ihn im Rückspiegel nicht sehen kön-

nen." Doch Augenzeuge Fittipaldi, unmittelbar hinter der verhängnisvollen Viererreihe gelegen, weiß: „Du lügst, Hunt war genau neben dir und du hast rübergeboxt."

Sofort steht der McLaren — mitten im Pulk — quer. Das Inferno bricht los, eine unübersehbare Zahl von der Piste geratender, zusammenstoßender Wagen. Der Peterson-Lotus wird rechts gegen die Leitplanken gedrückt. Der Anprall schlitzt den Sammeltank auf, im Nu steht das Auto meterhoch in Flammen. Brambilla kann nicht ausweichen, kracht gegen die rechte Vorderseite des querstehenden Lotus und schiebt ihn weiter, gegen die linksseitigen Leitplanken, von wo er zurückgeschleudert wird. Fittipaldi fährt durch die Feuerwand hindurch („ja nicht bremsen, sonst knallen dir die anderen voll hintendrauf"), nimmt die Flammen hunderte Meter mit, ehe sie der Fahrtwind löscht. Den Tyrrells brechen Räder weg, von denen eins Stuck auf den Kopf trifft. Der Deutsche hat für zehn Sekunden ein klassisches „Blackout". Dagegen wird Brambilla (beim Anprall gegen Peterson) vom eigenen Vorderrad fast erschlagen.

Als der Peterson-Lotus stillsteht, kann Ronnie selber das Gurtenschloß öffnen, sich halb erheben — aber nicht aussteigen. Die Flammen schlagen zehn Meter hoch. Hunt erfaßt die Situation als Erster: „In solchen Situationen denkst du nichts mehr, du rennst nur noch und versuchst zu helfen." Feuerwehrleute kämpfen, das Feuer einzudämmen. Hunt taucht wie der liebe Gott (oder wie Mike Hailwood 1973 in Kyalami bei Clay Regazzoni; oder wie Arturo Merzario 1976 am Nürburgring für Lauda) in die Flammen — und verschwindet hinter der Feuerwand.

Stoßweise, bruchstückartig, abgehackt und zitternd rekapituliert James später seinen heldenhaften Einsatz. „Ronnie war nicht leicht rauszukriegen. Weil man beim Lotus das Lenkrad nicht abnehmen kann — wie beim McLaren. Ich hatte Ronnie schon halb heraußen. Nur sein Fuß war noch drin, eingeklemmt zwischen Cockpitwand und Lenkrad." Der kleine Depailler zertrümmert mit einem Fußtritt das Lenkrad. Von Regazzoni unterstützt, rettet Hunt binnen 30 Sekunden Peterson aus der Feuerhölle — seinen, wie man glaubt, Nachfolger bei McLaren. Als James weggeht, sich die verbrannten Handschuhe von den Fingern reißt, schüttelt er den Kopf ...

Als das restliche Feld, angeführt von Villeneuve und Andretti, aus der ersten Runde zurückkommt, sind schon die roten Abbruchflaggen heraußen. Nichts soll Petersons Rettung stören — aber die Bergung ist ein Alptraum. Professor Watkins (von Ecclestone seit Le Castellet für alle WM-Läufe als Arzt verpflichtet) wird zu Peterson nicht durchgelassen. Lauda sieht Watkins — und schleust ihn durch. Die Sanitäter laufen mit Peterson auf der Bahre 300 Meter. Der Rettungswagen kommt erst nach 10 Minuten ...
Nach 40 Minuten liegt Peterson im Hubschrauber. Loris Kessel, ein Schweizer Rennfahrer, fliegt mit ihm in die „Niguarda"-Klinik. „Bitte ruf meine Frau in Monte Carlo an, sie soll herkommen", bittet Ronnie. Und: „Frag doch Renato, den Freund Regazzonis, ob er sein Flugzeug herborgen kann."
In Monza werden (klagt eine schwedische Zeitung an) mittlerweile „die Toten und die Trümmer weggeräumt, damit die Gladiatorenkämpfe weitergehen können". Fittipaldi: „Ich komm mir vor, als würde ich den Löwen zum Fraß vorgeworfen." Prof. Watkins rät allen Piloten, die in die Karambolage verwickelt waren: „Startet nicht mehr." Doch hastig werden Ersatzautos präpariert. In der Aufwärmrunde bricht Scheckter links vorn das Rad weg — der Wolf kracht in der zweiten Lesmo-Kurve (210 km/h) gegen die Leitplanken, reißt sie auf. Dort gähnt ein Loch. Dort inspiziert das „Safety comitee" (Lauda, Fittipaldi, Reutemann, Hunt, Andretti) den Schaden — während Feuerwehrleute den rasenden, schimpfenden Pöbel mühsam im Zaum halten.
Lauda, Fittipaldi, Reutemann sind für Absage: „Wenn in Lesmo einer rausfliegt, gibt es Tote." Hunt schwankt. Andretti ist eher fürs Rennen. Als die fünf im Pkw zu den Boxen zurückfahren, sagt Lauda: „Es wird schwer sein, Charakter zu bewahren."
Lauda zu Ecclestone: „Ein Witz, unter diesen Bedingungen zu fahren." Also Fahrerstreik? „Dann kommt keiner von uns mehr lebend heraus", warnt Wolf. Posten mit Bluthunden, bewaffnete Karabinieri riegeln bereits alle Ausgänge hermetisch ab. Ecclestone sagt: „400 Millionen schauen im Fernsehen zu, wir haben keine andere Wahl." Chapman und Tyrrell, typisch Tyrrell, treiben die Fahrer zu den Autos. Die meisten gehorchen widerwillig, mit leerem Herzen.

Reutemann meldet noch ein Problem an: „Ich weiß vom Testen, daß es in den Lesmo-Kurven rasch finster wird, wir müssen auf 40 Runden verkürzen." Darauf Ecclestone, sarkastisch: „Du kannst ja winken, wenn's dir zu finster wird." Giftiges Lächeln: „Aber nur, wenn du führst."

Statt Restelli startet jetzt ein anderer — und wartet lang mit dem Grünlicht. Durch die Wärmeausdehnung sind Rennwagen mit der Kupplung nur schwer zu halten. Villeneuve verliert die Nerven und stiehlt glatt eine Sekunde. Andretti schaut nach rechts — und glüht gleichfalls weg: „Eine animalische Reaktion." Lauda sieht die eklatanten Frühstarts und sagt sich: „Jetzt mußt nur noch Dritter werden, das genügt."

Villeneuve — Andretti — Jabouille — Lauda heißt die Reihung. Keiner denkt mehr an die tödliche Gefahr in Lesmo, die Leitplanken-Attrappe. „Ein kurzer Seitenblick in der Aufwärmrunde — dann ist's vergessen", sagt Fittipaldi, „und keiner fährt dort um einen Hauch langsamer." 5. Runde: Kommissäre kommen in die Renault-Box mit der Meldung: „Villeneuve und Andretti haben je eine Strafminute, ihr führt." Gerade, als die Renault-Leute ihr „Platz 1" raushalten, kriecht Jabouille an die Box: Motorschaden. Gleichzeitig erhascht die Brabham-Crew einen Blick in die Lotus-Box. Andretti wird (wie 1976 in Anderstorp) signalisiert: „1 Minute Penalty", aber keinerlei Position; nur sein Minus auf Villeneuve und (auf der Straße) sein Plus auf Lauda. 15 Sekunden, maximal. Ecclestone schickt einen Spion zur Rennleitung: „Ja, stimmt, Lauda führt." Ein paar Runden wird Niki „Platz 1" signalisiert, aber dann, weil Zweifel auftauchen und kein Mensch etwas schriftlich hat, wieder „P 3". Und der stürmisch vordrängende Watson, nur Zehnter nach der Startrunde, liest abwechselnd „P 3" und „P 5".

Auf dem riesigen Turm flammt es bis zur 34. Runde in Leuchtschrift: 1. Villeneuve, 2. Andretti, 3. Lauda. Mario hat Brems-, der Ferrari-Fahrer Reifenprobleme. Sechs Runden vor Schluß geht Andretti an Villeneuve vorbei, kassiert als erster die Zielflagge. Erster, aber nicht Sieger. Nur sechster Platz. 13,67 Sekunden später kommt Lauda — bis ins Ziel von Watson gehetzt.

Niki ist arm dran: Zweiter Sieg — und wie in Anderstorp von Protestgezank überschattet. Erster Doppelsieg für Brabham-Alfa, der erste für Brabham seit Watkins Glen 1974 (Reutemann/Pace) — schon damals ein Sieg mit Trauerflor, weil Helmut Koinigg getötet wurde. Andretti steht verdattert auf dem Siegespodest, aber Lauda flüchtet, so schnell er kann, ein freudloser Sieger — wie Jochen Mass beim Abbruchrennen von Barcelona 1975: „Mir reichts. Ich will vom Rennen nichts mehr hören, nichts wissen, sollen die anderen reden, was sie wollen — Hauptsache, es ist vorbei."

Was inzwischen mit Peterson geschehen ist, empört Montag abend Millionen Fernsehzuschauer in ganz Europa: Die italienischen TV-Kameras filmen Ronnie im Spital, auf dem Weg in den Operationssaal — mit ekliger Publicitygeilheit tritt der Arzt zur Seite, zeigt auf Ronnies rechten Fuß, der übel zugerichtet ist.

Eine Zeitlang sieht es bös aus um die Blutversorgung. Die Ärzte überlegen eine Amputation, beschließen aber dann: „Der Fuß bleibt dran." Die sechs Frakturen des linken Beins sind kein Problem: alles gerade Brüche. Und der Feuerhölle ist Peterson fast ungezeichnet entronnen: minimale Brandwunden am rechten Arm — sonst nichts. Die Gefahr, daß Ronnie stirbt: laut ärztlicher Auskunft nur 2 bis 4 Prozent. „In fünf, sechs Monaten kann er wieder Rennen fahren."

Ronnies Manager Stefan Svenby telefoniert Barbro nach Monte Carlo: „Keine Lebensgefahr, es genügt, wenn du morgen kommst." Fittipaldi-Arzt Dr. Grajales verläßt um 23 Uhr beruhigt das „Niguarda"-Spital: „Ronnie ist in Ordnung, alles wird gut." Ein grausamer Irrtum. Peterson hat nicht das Glück wie Lauda 1976 am Nürburgring, als Niki (erheblicher verletzt) gleich in die richtigen Hände kam, als die deutschen Ärzte vier Tage lang die Brandwunden negierten, den Patienten nur am Leben hielten — und erst dann operierten: Zuerst der Anästhesist, dann der Chirurg. Für Lauda, aber nicht für Peterson. Ab 23 Uhr wird Ronnie zu Tode operiert. Sechs Stunden lang, unter stärkster Narkose. Im Morgengrauen kommt der Schock — und binnen Sekunden bricht der Kreislauf zusammen. Die Pupillen werden starr, das Atmen fällt immer schwerer. Ronnie stirbt den Ärzten förmlich unter den Händen weg: an Schocklunge und Nierenversagen. Schocklunge — wie im Zweiten Weltkrieg, für die moderne Intensiv-

medizin aber längst ein Fremdwort. Für die Mailänder Ärzte offensichtlich nicht.
Chapman und Andretti haben das Spital nach Mitternacht verlassen. Lauda erhält einen alarmierenden Anruf von Parmalat-Chef Tanzi: „Ronnie ist klinisch tot.“ Fittipaldi ist noch bei ihm. Als Andretti mit seiner Frau ins „Niguarda“-Spital kommt, kommt er zu spät. Peterson stirbt im gleichen Spital, in dem man 1970 Jochen Rindt auf dem Gang stehengelassen hat. Ich habe Ronnies Gesicht noch gesehen: ohne Brandwunden, der Feuerhölle von Hunt ungezeichnet entrissen; friedlich, als würde er nur schlafen.
Jetzt sind nur noch drei aus der Rindt-Ära dabei: Fittipaldi, Regazzoni und Andretti.
Die Reaktionen auf die Todesnachricht sind verschieden. Lauda erkennt: „Am wichtigsten ist, einen eigenen Anästhesisten zu den Rennen mitzunehmen.“ Depailler: „Wer weiß, vielleicht ist Ronnie ein lebenslanges Siechtum im Rollstuhl erspart geblieben.“ Und Andretti: „Ronnies Pech war, daß er kein normaler Mensch mit einem normalen Beruf war. In diesem Fall hätten die Ärzte ein Bein amputiert — so aber versuchten sie, sein Bein und seine Karriere zu retten ... und haben alles verloren.“
Vittorio Brambilla schwebt tagelang in Lebensgefahr. Vorm Spitalstor prügelt sich sein Bruder Ernesto mit lästigen italienischen Fotoreportern. Brambilla überlebt — mit einer Hirnprellung, dem sogenannten Boxerschaden. Als ihm langsam die Wahrheit über Monza dämmert, macht sich Vittorio unbegründet bittere Vorwürfe: „Ich hab Ronnie getötet, denn ich bin ihm ja reingefahren.“

WATKINS GLEN: KEINE ANDRETTI-SHOW

Wie alle, braucht Andretti lange, um Monza abzuschütteln — vergessen kann es keiner. Mario ist nach Monza nicht mehr der gleiche. Die „heiteren Gesichtszüge eines toskanischen Engels“ (Copyright: Yörn Pugmeister) sind verloren. Mario ist ernst geworden, nachdenklich, Stimme und Blick: matt, manchmal müde. Seine Frau, Dee-Ann: „Bobby Foster, der Indy-Rookie, und Lucien Bianchi, der belgische

Langstreckenpilot, waren zwei Teamkollegen, deren Tod Mario nahe-ging. Aber Ronnies Ende ging ihm am nächsten." Beim 150-Meilen-Rennen von Trenton wird Andretti wieder zum Sieger: Johncock wird von A. J. Foyt aus seinem brennenden Auto gerissen — der führende Ongais kreiselt in die Barriere — Andretti zwingt Rutherford vier Runden vor Schluß gegen die Mauer, ein Rad bricht ab, und so gewinnt Mario nach fünf Jahren wieder ein USAC-Rennen; sein 33. insgesamt.

In der Grand-Prix-Familie macht sich verstärktes Sicherheitsdenken breit. Der Monza-Bahn droht das Zusperren. Der Starter Restelli reagiert auf Laudas berechtigte Vorwürfe lendenlahm: „Ich verklag ihn." Niki: „Gut so, ich hab 25 Zeugen, die seinen Fehler bestätigen." Der Ruf nach einem professionellen Starter wird laut — denn um irgendwelchen knieweichen Herrschaften das „Ehrenamt" zu übergeben, dazu ist diese Funktion zu wichtig, zu gefährlich. Die nachträgliche Entdeckung, wie ungünstig Petersons Sterne am 10. September gestanden haben (mit allen drei Kurven im Minus), nützt nichts. „Der Biorhythmus ist gut im nachhinein, aber man kann nicht drauf sein Leben aufbauen: Sonst traut man sich überhaupt nicht mehr, über die Straße zu gehen", sagt Lauda — dessen Bio-Rhythmus an jenem 1. August 1976 die Katastrophe förmlich angezogen hat.

Jetzt geht's um praktische Hilfe, um Selbstschutz. „Ein Fußballer kriegt für ein Foul die rote Karte gezeigt, aber ein Formel-1-Fahrer kann ungestraft wüten, bis er das halbe Feld eliminiert hat", vergleicht Lauda und fordert die „rote Karte" für Patrese — zwingend notwendig, weil ja die CSI keinerlei Gesetz für lebensgefährliches Foulspielen auf der Rennpiste geschaffen hat. „Unseren Staubsauger haben die Herren innerhalb von Minuten verboten, aber gegen Patrese greift niemand ein." Also schreibt das „Sicherheitskomitee" einen Brief an die Watkins-Glen-Veranstalter, parallel dazu stellt Ecclestone einen Antrag bei der CSI. Ergebnis: Watkins-Glen-Rennleiter Malcolm Currie lehnt die Patrese-Nennung ab (wozu jeder Veranstalter das Recht hat). Der Arrows-Pilot ist für einen Grand Prix gesperrt, schmollt, trotzt, redet von einem „Komplott gegen mich".

Die vorhergegangenen Sperren betrafen 1977 den Schweizer BMW-Junior Marc Surer (wegen einer Tourenwagen-Rempelei) und 1971 den Franzosen Jean-Pierre Beltoise wegen tödlichen Leichtsinns im 1000-km-Rennen von Buenos Aires. Beltoise schob seinen ohne Benzin liegengebliebenen Matra Richtung Box, quer über die Fahrbahn, der Italiener Ignazio Giunti (Ferrari) prallte auf und erlitt tödliche Verletzungen. Beltoise, der zuvor ein Buch mit dem Titel: „Sterben verboten" herausgebracht hatte, wurde für drei Monate gesperrt. Aber die italienischen Reporter, unter anderen Franco Lini, die damals Beltoise öffentlich als „Mörder" gebrandwarkt haben, toben jetzt nach der Patrese-Sperre: „In der Formel 1 herrscht Anarchie."

Die Grenze zwischen rücksichtslosem Einsatz und katastrophalem Fehlverhalten ist oft minimal: Sekundenbruchteile, ein paar Zentimeter. In früheren Tagen haben ältere, erfahrene Piloten einen Nachwuchsmann, der zu stürmisch nach oben drängte, nach waghalsigen Manövern beiseitegenommen, ihm ins Gewissen geredet (seinerzeit auch dem jungen Ronnie). Oder die (inzwischen aufgelassene) Fahrergewerkschaft hat offen diskutiert.

Anno 1978, in Watkins Glen, wird Patrese vom „Safety comitee" nochmals angehört und nach 30 Minuten einstimmig (also 5:0) verurteilt. Andretti: „Ein Tritt in den Hintern tut seiner Karriere nur gut." Lauda: „Er gibt gewisse Schuld zu, drückt sich aber nicht klar aus." Patrese verspricht: „Ich werd' mich bessern." Lauda: „Davon hab ich noch nichts gemerkt." Patrese ist sich bewußt: „Eine Verurteilung bedeutet zwar nicht bei uns, aber draußen in der Welt, daß ich Ronnie umgebracht habe. Das kann meinen Ruf und meine Karriere zerstören." Riccardo beruft sich aufs USA-Gesetz, daß ihm niemand die Berufsausübung verbieten könne. Oliver verschafft ihm einen New Yorker Anwalt, der Sheriff kommt dazu, und Patrese streitet in der nächstgelegenen Stadt Elmira, um seine Zulassung fürs Training (und Rennen) durchzuboxen. Aber Teamkollege Stommelen und viele Piloten drohen: „Wenn Patrese fährt, dann fahren wir nicht." Und Ecclestone, kurz und bündig: „Dann gibt's am Sonntag keinen Grand Prix von Amerika . . ."

Armer, junger Riccardo, bedauert Oliver, „jetzt wächst ihm die Sache über den Kopf. Aber das ist eine reine Patrese-Aktion, keine Team-Aktion." Der Richter erklärt sich als nicht zuständig — und Arrows zieht die Nennung für Patrese zurück, damit Frieden ist.

Der zweite Lotus bleibt natürlich nicht leer. Erstens hat Chapman der FOCA (die zwei Lotus-Autos garantiert) gegenüber Verpflichtungen, zweitens verzichtet er nicht auf Geld, das man ihm nachwirft. Mit rund 800.000 Schilling kauft eine französische Firma Jean-Pierre Jarier für die zwei restlichen Rennen ein: „Ich hab Chapman Mitte September angerufen, und er hat gleich ja gesagt." Jarier, der oft etwas zerknautscht wirkende, etwas tolpatschige, meist lustlose Franzose: sicherlich hochtalentiert, aber unberechenbar, nie verläßlich, schwankende Form, unregelmäßige Rundenzeiten. Er hat schon Formel-1-Rennen mit 30 Sekunden Vorsprung angeführt (Brasilien 1975, auf Shadow), aber auch schon Autos absichtlich gegen die Leitplanken gequetscht, seine Mechaniker öffentlich, über Lautsprecher, der Unfähigkeit bezichtigt. Kein Fahrer also, der vor Teamgeist platzt, wahrscheinlich auch keiner, um ein schwaches Team hochzubringen — aber in einem Spitzenauto kann Jarier sehr, sehr schnell sein.

Seine „schlampige Karriere" hat ihn schon bei March, Shadow, ATS Halt machen lassen. Von Günter Schmid wollte er als Entgelt für zehn Rennen dessen Turbo-Porsche (40.000 km), von Geld wurde nichts geredet. „Ein komischer Mensch", sagt der Deutsche, „der zwar ein Auto gut abstimmen kann, aber dann frißt oder sauft er wieder, hat keinen Ehrgeiz, ist ihm alles wurscht." Gelegentlich beklagt sich Jarier bei französischen Reportern: „Warum schreibt ihr so wenig über mich?" Weil's nichts zu berichten gäbe, ist oft die Antwort. Jarier hat die Erfahrung von fast 80 Grand-Prix-Rennen, ist ein fähiger Pilot — zum Lotus 79 kommt er wie zum Haupttreffer im großen Lotto.

„Das weitaus beste Rennauto, das ich je gefahren hab", schwärmt Jarier spontan: Eine gegenteilige Aussage hätte auch überrascht. „Als würde ich von einem Lkw in einen Mercedes steigen." Aber Jarier ist nur Peterson-Ersatz und wird von Chapman auch nie im Zweifel gelassen, daß er nur da ist, um einen Platz auszufüllen — nicht mehr, aber auch nicht weniger. Aus Rücksicht, Pietät oder sonstwelchen Gründen malt „Mr. Lotus" auch nicht die Peterson-Nummer „6" aufs Auto, sondern „55" (zweimal Andretti), und auch Jariers Namenszug fehlt. Es ist ja das große Andretti-Wochenende.

„We welcome our World Champion"; „Go, Mario, go!". Ein Pokal von einem Rennklub, eine Trophäe von einem italienischen Einwandererverein. Wie ein Grand Prix im Vorzimmer des neuen World Champions: Andretti da, Andretti dort. Einmal mit schlanken Flittermädchen, einmal mit der molligen Frau Dee-Ann, die er bei einem Kirchenfest in Nazareth kennengelernt hat, dann mit den drei Kindern: Familienidylle zwischen Reifenstapeln, Ölkannen, Stoppuhren. Aber daran hat sich die Andretti-Sippschaft — im Fahrerlager in einer riesigen Wagenburg zusammengeschobener Wohnmobils — längst gewöhnt: „Alle unsere Familienfeste hängen mit großen Mario-Siegen zusammen." Wie zum Beispiel, erläutert Frau Andretti öffentlich im Grand-Prix-Programmheft: „1969, beim Gala-Empfang für seinen Indy-Sieg, gewann Mario zu Hause in Nazareth ein 100-Meilen-Rennen. Es war ein rauschendes Fest. Am nächsten Morgen hatte ich Barbara, unsere Tochter."

Barbara, Jeff, Mike können von der Stoppuhr ablesen: Ihr Daddy legt los wie gewohnt. Bombenzeiten im Training, vier Sekunden unterm Rundenrekord. Dagegen Jarier: anfangs Probleme mit dem Luftstarter (den er nicht kennt), eiernde Bremsscheiben und ein abgebrochener Auspuff, der wie bei Mario in Zandvoort durch die Fiberglasverkleidung schmort. Das harmlose Feuer wird in der Box gelöscht. Größer ist der Schreck für Alan Jones: In einer 200-km/h-Rechtskurve bricht links vorn der Bolzen, an dem das Rad hängt. Der Williams-Wagen schießt geradeaus weiter, durchreißt drei Fangzäune. Ohne Kratzer, das Gesicht gerötet wie immer, steigt Jones aus den Trümmern. Jetzt muß er ins Ersatzauto — mit dem er Samstag auf den 3. Trainingsrang vorstößt, seinen besten überhaupt (vorher: 5. in Brands Hatch).

Niki Lauda ist in die dritte Reihe verbannt: „Ich bin eine Sekunde langsamer als gestern und weiß nicht wieso. Wahrscheinlich haut uns der Wind mehr nieder als die anderen", glaubt Niki, „aber hinterherzufahren wird mir fad: wie wennst von einer Lear-Jet in eine Einmotorige umsteigen mußt. Mir fehlen zwei Sekunden."

Reutemann ist von allen Andretti am nächsten. Lautlos, aber neugierig, lächelnd bis mißtrauisch pirscht der „Indianer" durch den „Glen Motor Inn": an jedem zweiten Tisch wird „Benzin geredet". Daß Jariers Bremsen überhitzen, nimmt „El Lole" erfreut zur Kenntnis. „Ich schwör euch: Ich mach diesen Mann Andretti nieder", droht

er den Lotus-Mechanikern, die herunterschlucken, was sie sich denken: Dann wird uns ja nächstes Jahr einiges blühen.
Renntag in Watkins Glen: Mittels Hubschrauber hüpfen die Fahrer vom „Motor Inn" über die Wälder, die längst in allen Farben leuchten, auf die von 200.000 Race-Fans gesäumte Strecke. Im Aufwärmtraining fährt Villeneuve vor Reutemann die beste Zeit. In der Sprecherkabine wartet, um dem neuen Weltmeister vorgelesen zu werden, ein vom US-Präsidenten Jimmy Carter „an einen der besten Botschafter unseres Landes" abgeschicktes Glückwunschtelegramm. Die Schutzengel verhindern, daß es zum Nachruf wird:
Andretti weiß, daß die 30 Minuten um sind, will auch an die Box — beschließt aber dann, noch eine Runde draußenzubleiben, „weil ich noch etwas checken möchte". Die lange Gerade. Dann die Rechtskurve, Fünfte — Vierte, über 230 km/h. Alle Kraft auf dem linken Hinterrad. Plötzlich bricht der Bolzen, mitten in der Kurve, und Mario erlebt ein Alptraumunfall: „Das linke Hinterrad fliegt mir über den Kopf . . . das Auto dreht sich wie verrückt, schneller als ich zählen kann . . . schlägt links gegen die Leitplanken, dann rechts." Das Rad fliegt 500 Meter, der Lotus kratzt, radiert und stürzt ebensoweit.
Ein Streckensicherungsauto bringt Andretti an die Box. Sein Gesicht: eine Maske, aber hart. „Die Halsmuskeln tun mir weh", sagt mir Mario, und: „Hab ich Glück gehabt. Stell dir vor, das passiert im Rennen in der ersten Runde, mit dem ganzen Pulk hinter mir." Mario schüttelt den Kopf, Chapmans Bewegungen werden, wie immer nach Unfällen, fahrig, mit leisem Schuldgefühl. Andretti fragt ihn: „Wie kann das passieren: Ein Rad bricht weg?" Chapman kann sich „an so was überhaupt nimmer erinnern. Muß schon Jahre her sein." Wenn man nachhelfen darf: Kyalami 1973, Fittipaldi.
Andretti rafft sich auf, geht zu Start und Ziel, hört die Jimmy-Carter-Botschaft, dankt stramm und grüßt die Fans — dann schaut er, wie weit die Mechaniker sind. Er übernimmt jetzt Jariers Auto (mit neuem Sitz, aber alten Bremsproblemen). Und Jarier jenen Lotus, den Chapman erst Freitag aus London herbeibefohlen hat: nagelneu, noch keinen Kilometer gefahren.
Hinten, bei den Garagen, schluckt Reuteman zwei Aspirin, legt sich auf die Hinterbank des Mietautos, um eine Stunde zu schlafen.

Krank? „Nur ein bißl Grippe." Probleme mit Ferrari? „Nein, alle freundlich." Sieger: „Vielleicht ich." Der Andretti-Wagenwechsel baut Carlos auf, kein Zweifel.

Diesmal klappt der Ampelstart. Andretti schießt, wie normal, in Führung, kann sich aber, wie befürchtet, von seinen Verfolgern nicht lösen. Im Gegenteil: In der 3. Runde zieht das Ferrari-Duo Reutemann/Villeneuve am Lotus vorbei, in der 21. Jones, in der 25. auch Lauda, der von der Seite erkennt: „Mario hat Bremsprobleme." Was den World Champion aus seinem Heimatrennen wirft, ist aber wenig später ein Motorschaden; genau wie bei Lauda und (etwas früher) auch bei Villeneuve, der sich schon hinter seiner Nr. 1 auf die Lauer gelegt hat: „Ich wart nur ab, was heute passiert."

So ist der arabische Williams ab der 23. Runde Zweiter hinter Reutemann, um den dritten Platz streiten Jabouille und Scheckter.

Viele Verfolger sind durch Reifenwechsel zurückgefallen. Wie Laffite — der 30 Sekunden länger braucht, weil der Zentralverschluß klemmt. Wie Hunt — der beim Stop zusätzliche 15 Sekunden über den Reifendruck diskutiert, bis ihn Alistar Caldwell anbrüllt: „Du Tepp, fahr endlich weiter!" James hält bis ans Ende das Tempo Reutemanns und gewinnt sogar kampflos einen Platz, weil ihn Daly vorbeiwinkt: „Ich hab geglaubt, James führt."

Das Herz des Rennens aber ist Jarier. Der Peterson-Ersatzmann liefert eine Verfolgungsjagd, wie sie von Ronnie sein könnte: Reifenwechsel in der 11. Runde, zurückgefallen auf Platz 21 (etwa wie Ronnie in Zolder) — aber danach ein mitreißendes Aufholrennen. Eine Runde superschnell, eine langsamer — immerhin überholt Jean-Pierre der Reihe nach Merzario (17. Runde), Lunger (19.), Rahal (20.), Arnoux (27.), Daly (28.), Pironi (31.), Fittipaldi (34.), Tambay (37.), Jabouille (52.) und Scheckter (53.), gleich dreimal den offiziellen Rundenrekord verbessernd — seine schnellste Runde ist schließlich um 1,5 Sekunden (!) besser als jene des Nächstschnellsten, Laffite.

„Der Rücken tut mir weh, alle Muskeln sind verspannt, weil mir der Sitz nicht paßt", schildert Jarier nachher. „Mein bestes Rennen ist es nicht, aber mein härtestes. Wie schnell ich unterwegs bin, merk ich nur am Tempounterschied, wenn ich überhol." Vier Runden vor Schluß ist Jarier bereits Dritter. Aber die 320-km-Distanz von Watkins Glen ist berüchtigt für ihre Benzinpannen. Zwar haben die Lotus-Mechaniker Jarier noch am Startplatz die Tanks vollgefüllt (171 Liter), doch der 3. Gang ist zu niedrig übersetzt, weshalb Jarier zu oft in Höchstdrehzahl kommt, und die Aufholjagd frißt zusätzlich Sprit. Drei Runden vor dem Ziel stottert der Lotus, dann rollt er draußen auf der Strecke aus. Die Show ist vorbei, andere haben heute mehr Glück: Tambay, der im Leerlauf, mit Zick-Zack-Bewegungen die letzten Benzintropfen zur Benzinpumpe durchbringt, und Jabouille, dem erst in der Auslaufrunde der Sprit ausgeht ...

Erster: Reutemann — wie in Long Beach fügt er Goodyear eine schwere Heimniederlage zu, grinst aber nur in die Kamera: „Auto gut, Pilot krank." Zweiter: Jones — nach einer endlosen Kette von Defekten, die alle Williams Leute scherzen läßt: „Wieso sind wir diesmal angekommen? Was haben wir falsch gemacht?" Dritter: Scheckter — mit aufgerissenen, blasenübersäten Händen, an denen die Hautfetzen herunterhängen: „Diese unebene Buckelpiste prügelt einem dauernd das Lenkrad aus der Hand, die Vibrationen tun weh." Und Vierter: Jabouille — endlich die ersten WM-Punkte für den pechverfolgten Renault-Turbo.

Die Franzosen-Crew feiert den 4. Platz und Jabouilles 36. Geburtstag mit einer Riesenparty. Im „Glen Motor Inn" sitzt ein müder Jarier. Scheckter, der sich bei Wolf nicht mehr (und bei Ferrari noch nicht) zu Hause fühlt, hockt sich zu Alan Jones. Und an einem langen Tisch zelebriert die Ferrari-Sippschaft. Reutemann bereits vierter Saisonsieger! Wie hat Enzo Ferrari am Jahresanfang gejammert? „Lauda ist weggelaufen, ich wollte Scheckter oder Andretti, bekam jedoch keinen von ihnen. Mit Reutemann/Villeneuve muß ich mir vorkommen wie ein Hungriger, der nichts zu essen kriegt." Heute lacht Reutemann darüber: „Ich hab Ferraris Tisch gedeckt, seinen Erfolgshunger gestillt, aber was hab ich davon abgekriegt? Kaum ein Stück Brot."

50.000 Kilometer — Testen, Training, Rennen — ist Reutemann 1978 im Ferrari gesessen. „Das macht müde und ist viel Risiko." Doppelt so lang: Die 100.000-km-Reise „round the world" der Formel 1, die am 15. Jänner in der Fußball-WM-Stadt Buenos Aires begonnen hat und am 8. Oktober in der Olympiastadt Montreal zu Ende geht: Grand Prix of Canada in Montreal, „auf Expo", wie Wolf sagt.

MONTREAL: MERCI, VILLENEUVE

Zwei Piloten fahren in Montreal ihr Jubiläumsrennen: Lauda und Reutemann, als neue Mitglieder im exklusiven „Hunderterklub", bestreiten sie ihren 100. Grand Prix. Und zwei Drittel starten letztmals für ihr altes Team: Reutemann für Ferrari, Hunt für McLaren, Scheckter für Wolf, Depailler für Tyrrell, Watson für Brabham, Stuck/Regazzoni für Shadow etc.

Die Monza-Folgen haben die Figuren im Formel-1-Transferschach nochmals kräftig durcheinandergebracht. McLaren, ohne Spitzenpiloten dastehend, kauft Watson aus seinem Brabham-Vertrag frei. Damit wird, wie von „Parmalat" gewünscht, Nelson Piquet Laudas neue Nr. 2 (und schon in Kanada als Nr. 3 ausprobiert).

Stuck hat noch in Watkins Glen für ATS unterschrieben, sich aber damit riesige Reifensorgen aufgehalst. Denn Goodyear gibt in Montreal bekannt: „1979 werden nur noch neun Teams von uns voll am Kampfplatz unterstützt: Lotus, Brabham, Tyrrell, McLaren, Wolf, Williams, Arrows, Fittipaldi und Ligier. Alle anderen können die Pneus in Wolverhampton für 80 Pfund pro Stück kaufen, müssen sie aber selber montieren, transportieren. auswuchten etc." Was pro Auto 25.000 Pfund zusätzlich frißt, für ein Zwei-Mann-Team also 50.000. Ensign-Boss Mo Nunn, der allen leidtut, fürchtet: „Für mich ist dies das Ende."

Dafür ist Regazzoni, wieder einmal, in letzter Minute auf einen Transferzug aufgesprungen. Regazzoni, über den eine Schweizer „Blick"-Reporterin nach gründlichem Recherchieren urteilt: „Ein Mann wie ein Baum ... aber ein Baum ohne Wurzeln ... Lebt von seiner Frau getrennt, und das Appertement in Monte Carlo sieht aus wie zum Übernachten, nicht wie zum Wohnen." Aber ähnlich heimatlos war Clay ja bei Shadow. Zigarren-Sponsor Heinrich Villiger (Jahresumsatz: 100 Millionen Franken) hatte abgemacht: „Ich zahl die halbe Sponsorsumme." Und Don Nichols hatte bestätigt: „Kein Problem, einen zweiten Sponsor zu kriegen" (er kriegte keinen). Also wurden die lahmen Shadow-Bomber ganz mit Zigarren-Stickers vollgeklebt, fast wie 1973, als der US-Konzern „UOP" die Shadow-Auftritte finanzierte. Der UOP-Chef zum damaligen Shadow-Designer

Tony Southgate: „. . . und möchte ich Sie um möglichst große seitliche Blechteile an den Heckflügeln ersuchen, damit wir dort ganz groß ‚UOP' hinmalen können." Nur mühsam konnte Southgate den Businessman überzeugen: „Die Größe der Leitbleche wird von den aerodynamischen Gesetzen bestimmt, nicht vom Sponsor diktiert." Anno 1978 also: Zigarrenwerbung, worauf Villiger auch mehr bezahlte, „damit das Team nicht sterben muß." Eigenartig nur, daß Villiger fast am liebsten hat, wenn seine Autos minutenlang in der Box stillstehen. „Weil man dann im Fernsehen so schön die Werbung sehen kann."

Aber nicht immer war schön, was bei Shadow passierte. Silverstone-Testtag: Regazzoni reist nach drei Defekten ab, doch in Geheimaktion wird der italienische Millionärssohn Elia de Angelis (im Privatjet) nach Silverstone geholt, damit er Clays Auto testen kann. Angeblich war de Angelis um 0,8 schneller — und Clay restlos sauer. Übrigens: Das Trainingsduell Regazzoni—Stuck endete 10:6 für den Schweizer, und Stuck war auch Frank Williams' erste Wahl für den zweiten Teamplatz 1979 (als die Araber zusätzlich 400.000 Pfund bewilligt hatten) — aber Stuck stieg aus und Regazzoni ein. „Nimm Clay oder Jochen Mass", hatte Alan Jones vorgeschlagen, und weil der Deutsche (statt Stommelen) schon bei Arrows verpflichtet war, blieb Regazzoni, der Abenteurer, Draufgänger, Weiberheld.

Freut er sich schon auf arabische Nächte? Bauchtänze? Orientalisches Vergnügen? „Ich selber war erst sechsmal bei meinen Sponsors", bremst Williams, „und wenn ich einmal einen Piloten mitnimm, dann zuerst Jones." Außerdem solle niemand den Eindruck gewinnen, die Araber würden mit Geld herumschmeißen. „Die haben das nicht gern." Regazzoni also bei Williams — und damit kein Heimatloser mehr. Für ein Jahr wenigstens.

Mit heißen Tennisschlachten verlebt Clay eine sportliche Woche in Montreal. Derweil stellen Lauda und Watson New York auf den Kopf. Und ganz Kanada ist verrückt mit Villeneuve.

Der kleine Ferrari-Mann erlebt — genau ein Jahr nach seinem Ferrari-Debüt in Mosport — seinen perfekten Heimat-Grand-Prix. Nur eine knappe Autostunde von Montreal (Berthiersville) aufgewachsen, jetzt Lokalheld für den Grand Prix. Auch Lokalfavorit? „Gilles wird gewinnen“, schätzt Reutemann, „aber ich schenk ihm das Rennen nicht. Ich kämpf bis zum letzten Meter.“ Aber das hört oder sieht man natürlich nicht in den stundenlangen Fernseh-Vorschauen, seitenlangen Zeitungsberichten: Überall Villeneuve, von der ersten bis letzten Seite, von Programmbeginn bis Sendeschluß. Vater Villeneuve gibt Interviews: „Gilles ist so gut, daß er sogar mit einem Rasenmäher gewinnen würde.“ Mutter Villeneuve hält den Sport für „zu gefährlich, aber wenigstens fahren sie alle in die gleiche Richtung“. Im Prinzip, ergänzt der Vater — der Gilles wilde Anfangszeit nicht vergessen hat . . .

„Ich spür, was auf mich zukommt. Aber ich paß auf, daß der Druck nicht zu stark wird.“ Beim Empfang durch Olympia-Bürgermeister Drapeau (zu dem Lauda die Kollegenschaft in der Hotelhalle zusammentrommeln muß) erklärt Villeneuve namens der Piloten: „Nur eine Stadt wie Montreal kann einen solchen Grand Prix schaffen.“ Den engen, gewundenen Kurs (sechs Schikanen, zwei Haarnadeln) hat Gilles mitkonstruiert. „Für mich ist Rennfahren fast das gleiche wie Walzer tanzen. Und hier lassen wir unsere Autos am besten tanzen — von einer Kurve zur nächsten.“

Die Strecke, sagt Reutemann nüchtern, bevorzuge den Fahrstil von Leuten wie Villeneuve: „You know: the oversteering people.“ Aber das pausenlose „stop-and-go“ (bremsen, beschleunigen) paßt auch Scheckter. Andretti kritisiert, als er mich um den Kurs chauffiert: „Ein Micky-Maus-Kurs, das wird eine fürchterlich fade Prozession am Sonntag. Wer kann wo wen überholen?“

Das Freitagtraining ertrinkt im Regen. Und wird eine eiskalte Dusche fürs gesamte Brabham-Team: Watson 23., das Greenhorn Piquet 26., und Lauda gar nur 27. und Vorletzter, schneller nur als Bleekemolen mit dem ATS (der wie Gabbiani, Arnoux, Rebaque & Co. einen Ausritt hatte). Das heißt: Weil ausgerechnet Zirkusdirektor Ecclestone die Zahl der Startplätze mit 22 limitiert hat, ist Freitag abend kein einziger Brabham qualifiziert — Laudas Jubiläums-Grand-Prix ist in Gefahr. „Ein Auto draußen, das hätte man ernst nehmen müssen: ein Fahrer- oder Autoproblem. Aber alle drei nicht qualifiziert, ist ein schlechter Witz“, lächelt Gordon Murray grimmig.

Frage vieler: Wieso war 1977 der BT45 (mit Stuck) im Regen so gut?

Weil der BT45 ein weitaus weicheres Auto war als der BT46. Vor allem Lauda hat (seit Zandvoort) das härteste und steifste Chassis von allen. Und damit: ein im Regen unfahrbares Auto.
Als Niki Samstag früh aus dem 24. Stock des Wolkenkratzerhotels „Regence Hyatt" blickt: nasse, spiegelglatte Straßen. Doch der Regen hört rechtzeitig fürs Abschlußtraining auf. Laudas unheimliches Gefühl, in extremis das letzte aus sich und seinem Auto herauszuquetschen, ist bekannt. Einmal, in Europa, sagte er: „Eine Zehntelsekunde geht's noch schneller, mehr nicht." Er fuhr raus, kam wieder: exakt ein Zehntel schneller gewesen.
Jetzt werden die Regenbestzeiten von Reutemann/Villeneuve/Stuck rasch hinweggefegt. Lauda und Watson zetteln die Pole-Position-Jagd an. Das spannendste Abschlußtraining des Jahres: Immer neue Bestzeiten spuckt der Brabham-Computer aus, die Pole-Position fliegt wie ein Tennisball hin und her, 14mal insgesamt. Als drittletztem gehört sie Villeneuve („kingt wie ein Traum"), als Vorletztem Scheckter („endlich, am Saisonende, hab ich die Lotus geschlagen", jubelt Wolf unter Freudentränen), als Letztem jedoch dem Unheimlichen im Lotus Nummer 55: Jarier — um elf Hundertstel schneller als Scheckter!
Jody mault: „Jedem anderen hätt' ich's eher gegöntt", hat aber auch egoistische Ziele: Ferrari will mit ihm gleich nach Kanada ein Testprogramm aufziehen, Wolf beharrt aber auf Vertragserfüllung bis 31. Dezember, „außer, du kaufst dich mit 120.000 Dollar aus dem Vertrag aus. Oder du gewinnst für mich den Kanada-Grand-Prix." Scheckter juckt der Ferrari, geizig ist er sowieso, also bleibt nur das Gewinnen.
Niki lümmelt im Hotelzimmer, läßt den Fernseher mit der Watkins-Glen-Aufzeichnung rennen und wartet, bis das Telefon klingelt. Fad ist ihm. „Mein schönster Moment: Wenn ich morgen um fünf die Lear-Jet in Los Angeles aufsetz. Denn dieses Rennen kannst vergessen. Es freut nur noch drei von uns: Jarier — weil er vorn wegfahren wird, bis ihm die Luft oder das Benzin ausgeht. Villeneuve — weil er hier zuhause ist. Und Piquet — weil er zum erstenmal den Brabham lenken darf. Sonst keinen." Die Autos auf den Kurs abzustimmen, war kaum möglich, der Zirkus ist ausgelaugt, die Mechaniker haben keinen Punch mehr.

Der Renntag ist grauslich kalt: knapp über null Grad, es riecht schon nach Schnee. 150.000 Kanadier fahren mit der U-Bahn zum Volksspektakel auf der Insel „Notre Dame". Premier Trudeau schreitet am Start die Autos ab: Jarier, Scheckter, Villeneuve, Franzose, kanadisches Auto, Kanadier, auf dem 7. Platz Lauda, nur auf dem 9. Andretti, von Zweifeln geplagt: „Ein Auto liegt miserabel, das andere besser, faßt aber nicht genug Benzin" (Unterschied: 14 Liter). Und warum nimmst du nicht Jariers Auto? frage ich. Mario: „Nein, ich kann's ihm nicht wegnehmen, nicht schon wieder."

Jarier nützt seine Pole-Position zum Bilderbuchstart, verfolgt von Jones, Scheckter, Villeneuve, Watson. Dahinter reißt die bunte Kette plötzlich ab. Erste Schikane, 250 m nach dem Start: Stuck (nach Superstart) will an Fittipaldi vorbei, karamboliert, steht quer, blokkiert die Straße, zwingt Laffite auf die Wiese (wo er warten muß, bis alle vorbei sind). Lauda gerät schuldlos ins Schlamassel, muß voll auf die Bremsen, Andretti räubert an ihm vorbei, verhakt sich rechts mit einem Fittipaldi-Rad, bumst links gegen die Leitplanken, teufelt weiter. „Hätte Fitti nicht so gescheit reagiert: Das wäre ein zweites Monza geworden!" Und: „Mitten im Pulk gibt's in der ersten Runde immer Konfusion", sagt Andretti.

Riccardo Patrese ist vorm Start von Southgate streng befohlen worden: „Was immer passiert: Halt dich aus allem heraus. Nirgendwo anecken, sofort vom Gas." Darum rutscht Patrese, voll bremsend, beim Schikanen-Tohuwabohu auf den 14. Platz zurück.

Warst du dort auch in Schwierigkeiten? frage ich Patrese nachher. „Ich nicht — nur das Sicherheitskomitee . . ."

Die 6. Runde, und Laudas prophezeiter Ausfall: Sturzflug über eine Schikane (wegen totalen Bremsversagens), dann langsame Fahrt an die Box. Gleichzeitig wird Watson in der Haarnadel von Andretti abgeschossen. Der Ire klagt: „Mario hat mich torpediert." Dagegen der Weltmeister: „Dreimal hab ich ihn vorgewarnt: Ich kämpf dich nieder. Und dann schmeißt mir Watson einfach die Tür zu."

Andretti fährt weiter (mit immer schlechter werdenden Bremsen), Watson muß aufgeben. Gleichzeitig: Alarm in der benachbarten Tyrrell-Box. „Der Depailler ist auch schon da", sagt Lauda freudig

erregt, „jetzt können wir gleich abfliegen.“ Doch Patrick läßt den Formel-1-Flugkapitän warten: Er wechselt nur die Reifen und arbeitet sich dann durchs ganze Feld, vor bis auf den 5. Rang.
Vorne fährt Jarier ein einsames Rennen. „Fünf Runden Vollgas, und ab der 12. Runde kein Gegner mehr im Rückspiegel.“ Gewinn: eine Sekunde pro Runde, erst auf Jones (Reifenschaden), dann auf Scheckter, schließlich auf Villeneuve — der unter tosendem Jubel der 150.000 in der 19. Runde an Alan, in der 26. an Jody vorbeigekommen ist. Aber es ist Jariers Rennen. Wieder kratzt der Franzose am Andretti-Ruhm und am Peterson-Mythos, stärker noch als in Watkins Glen, wieder beweist er, wie wichtig 1978 das Auto sein muß. Aber die Alleinfahrt ist grandios.
Größter Vorsprung: 31,9 Sekunden, obwohl in Chapman längst mit Signalen einbremst: „Save fuel = Benzin sparen.“ Jariers Plan wäre: „40—50 Sekunden Vorsprung herausholen, damit ich notfalls nachtanken oder Reifen wechseln kann.“ Vorn der fliegende Jarier, hinten Andretti, mit Jones, Piquet, Laffite um die Plätze 10—13 raufend: eine unwirkliche Show, aber irgendwie hat man das Gefühl: Jarier wird nicht gewinnen. In der 49. Runde (Vorsprung: 25,7) ist prompt das Ende da: Leck im Ölkühler — Öl tropft auf die hinteren Bremsscheiben — Jarier steigt an den Boxen aus, kommt vor zu Chapman, der an der Mauer unbeirrt seine Rundentabelle führt: Kurze Umarmung: „Du warst wunderbar.“ Dann: „Sorry“. Schon gut, sagt Jarier, geht in seinem eigentümlichen Krebsgang zurück, lehnt sich an die Boxenwand, würgt die Tränen hinunter: „Jetzt werd ich wohl nie einen Gran Prix gewinnen.“
Der Aufschrei der 150.000 gilt Villeneuve: nach Jariers Ausfall automatisch in Führung, als Sieger abgewunken, ein erfüllter Bubentraum, der am stürmischesten gefeierte Sieger des ganzen Jahres! Hunderte Kanadier packen die Zielflagge und rennen damit die Strecke entlang. Eine Nation jubelt, Zeitungsschlagzeilen danken: „Merci Gilles!“ Auf dem Siegerpodest: Villeneuve freudetrunken — Scheckter, der Zweite, bös und zornig dreinschauend — Reutemann, der Dritte, mit merkwürdigem Indianergrinsen: „Das perfekte Ergebnis für ein großes Ferrari-Casino. Wart nur ab, welche Troubles Jody 1979 mit Villeneuve kriegen wird.“

Jeder blickt voraus, keiner mehr zurück: „Wir brauchen nächstes Jahr dringend neue Bremsen, neue Radaufhängungen, die Stoßdämpfer müssen weg von den Bremsscheiben — unter uns gesagt: Das war das ganze Jahr ein Problem bei uns", sagt mir Andretti am Abend, als wir in der Hotelrezeption zusammenlaufen. Er legt seine Kreditkarte hin, sagt alle Zimmernummern der Riesenfamilie und miaut „Ändräddi". Der Weltmeister wirkt ernst und verbittert: „Was für ein miserables Ende. Das war nicht mehr der Lotus, den ich gekannt hab." Und der alles niedermachte, einschließlich Brabham.

Regazzoni glaubt heute noch, daß Lauda, wäre er bei Ferrari geblieben, 1978 den WM-Titel behalten hätte: „Er hätte alle Rennen gewonnen, die Reutemann gewonnen hat, dazu seine eigenen und vielleicht noch Monte Carlo." Für Niki selber heißt „der wahre Weltmeister Ronnie Peterson: immer schnell und das ganze Jahr nie einen Fehler gemacht. Dagegen Andretti: Karambolage mit Reutemann in Zeltweg, Fehlstart in Monza. Wenn bei Mario etwas schiefgeht, fällt er immer in seinen wilden Indianapolis-Kampfstil zurück. Nur, daß einmal die Wahrheit rauskommt", sagt Lauda.

Jedoch ist es für Lauda „keine Frage, daß Andretti ein würdiger Weltmeister ist. Nur hat er's nicht gerade am allerschwersten von all denen gehabt, die World Champion geworden sind."

Mario Andretti Superstar: erster Weltmeister aus Amerika seit 1961, erster für Lotus seit 1972. Die Lotus-Modelle eilen den Jahreszahlen stets ein Jahr voraus. Der „Lotus 80": Wirklich so sensationell, daß gegen ihn „der Lotus 79 aussieht wie ein biederer Londoner Citybus", wie Mario behauptet? Lauda weiß: daß man in der Formel 1 solche „Ego-Trips" braucht. „Aber glaub mir: Mit gleichem Material sollte er 1979 kein Problem werden, der Bursche."

Der „schwarze Teufel". Das „Raubtier im Rennwagen". Vergöttert von seinen Fans, gefürchtet von manchen Gegnern: Ein Jahr lang Weltbotschafter seines Sports — Andretti, Nummer 1.

1978 hat er, alles addiert, unglaubliche 2129,3 Grand-Prix-Kilometer geführt. Aber bei allem Respekt: 1979 hat der kampfdurstige Mario keinen Ronnie mehr, der ihm den Rücken deckt.

Dort lauert jetzt der Indianer.

Statistik

AUTOMOBILWELTMEISTER

1950: Dr. Giuseppe Nino Farina (Italien) auf Alfa Romeo
1951: Juan Manuel Fangio (Argentinien) auf Alfa Romeo
1952: Alberto Ascari (Italien) auf Ferrari
1953: Alberto Ascari (Italien) auf Ferrari
1954: Juan Manuel Fangio (Argentinien) auf Maserati und Mercedes
1955: Juan Manuel Fangio (Argentinien) auf Mercedes
1956: Juan Manuel Fangio (Argentinien) auf Ferrari
1957: Juan Manuel Fangio (Argentinien) auf Maserati
1958: Mike Hawthorn (England) auf Ferrari
1959: Jack Brabham (Australien) auf Cooper-Climax
1960: Jack Brabham (Australien) auf Cooper-Climax
1961: Phil Hill (USA) auf Ferrari
1962: Graham Hill (England) auf BRM
1963: Jim Clark (Schottland) auf Lotus-Climax
1964: John Surtees (England) auf Ferrari
1965: Jim Clark (Schottland) auf Lotus-Climax
1966: Jack Brabham (Australien) auf Brabham-Repco
1967: Denis Hulme (Neuseeland) auf Brabham-Repco
1968: Graham Hill (England) aus Lotus-Ford
1969: Jackie Stewart (Schottland) auf Matra-Ford
1970: Jochen Rindt (Österreich) auf Lotus-Ford
1971: Jackie Stewart (Schottland) auf Tyrrell-Ford
1972: Emerson Fittipaldi (Brasilien) auf Lotus-Ford
1973: Jackie Stewart (Schottland) auf Tyrrell-Ford
1974: Emerson Fittipaldi (Brasilien) auf McLaren-Ford
1975: Niki Lauda (Österreich) auf Ferrari
1976: James Hunt (England) auf McLaren-Ford
1977: Niki Lauda (Österreich) auf Ferrari
1978: Mario Andretti (USA) auf Lotus-Ford

Lauf 1 — Großer Preis von Argentinien — Buenos Aires, 15. Jänner 1978

1. Training:		2. Training:		3. Training	
1. Reutemann	1:47,84	1. Andretti	1:48,02	1. Andretti	1:47,75
2. Lauda	1:48,70	2. Watson	1:48,42	2. Peterson	1:48,39
3. Peterson	1:48,87	3. Peterson	1:48,93	3. Hunt	1:48,72
4. Villeneuve	1:48,97	4. Reutemann	1:48,99	4. Laffite	1:49,13
5. Watson	1:49,08	5. Hunt	1:49,29	5. Depailler	1:49,69
6. Hunt	1:49,19	6. Tambay	1:49,47	6. Tambay	1:49,75
7. Brambilla	1:49,91	7. Villeneuve	1:49,51	7. Jarier	1:49,82
8. Mass	1:50,06	8. Jarier	1:49,77	8. Villeneuve	1:49,92
9. Jones	1:50,11	9. Lauda	1:49,79	9. Reutemann	1:49,95
10. Laffite	1:50,16	10. Laffite	1:50,35	10. Lauda	1:50,03
11. Regazzoni	1:50,45	11. Scheckter	1:50,38	11. Mass	1:50,33
12. Jarier	1:50,74	12. Mass	1:50,86	12. Scheckter	1:50,35
Scheckter	1:50,74	13. Fittipaldi	1:51,00	13. Watson	1:50,43
14. Fittipaldi	1:50,82	14. Stuck	1:51,16	14. Regazzoni	1:51,14
15. Merzario	1:51,68	15. Regazzoni	1:51,23	15. Fittipaldi	1:51,33
16. Tambay	1:51,71	16. Keegan	1:51,42	16. Jones	1:51,67
17. Stuck	1:51,86	17. Ongais	1:51,71	17. Keegan	1:51,81
18. Leoni	1:51,94	18. Lunger	1:52,27	18. Pironi	1:51,99
19. Ongais	1:52,75	19. Pironi	1:52,59	19. Ongais	1:52,00
20. Rebaque	1:52,88	20. Brambilla	1:52,71	20. Brambilla	1:52,06
21. Lunger	1:52,98	21. Depailler	1:52,79	21. Stuck	1:52,30
22. Keegan	1:52,99	22. Leoni	1:43,22	22. Leoni	1:52,48
23. Cheever	1:53,25	23. Rebaque	1:53,24	23. Rebaque	1:52,52
24. Depailler	1:59,95	24. Merzario	1:53,26	Lunger	1:52,52
25. Galica	2:00,85	25. Cheever	1:55,02	25. Cheever	1:54,14
26. Pironi	2:14,20	26. Galica	1:56,69	26. Galica	1:57,62
27. Andretti	2:29,70	27. Jones	1:59,60	Merzario	—

Startaufstellung:

Mario Andretti
Lotus-Ford 78 (JPS17)
1:47,75

Carlos Reutemann
Ferrari 312T2 (031)
1:47,84

Ronnie Peterson
Lotus-Ford 78 (JPS16)
1:48,39

John Watson
Brabham-Alfa Romeo
BT 45C-8, 1:48,42

Niki Lauda
Brabham-Alfa Romeo
BT 45C-7, 1:48,70

James Hunt
McLaren-Ford M26/4
1:48,72

Gilles Villeneuve
Ferrari 312T2 (027)
1:48,97

Jacques Laffite
Ligier-Matra JS7-03
1:49,13

Patrick Tambay
McLaren-Ford M 26/3
1:49,47

Patrick Depailler
Tyrrell-Ford 008/1
1:49,69

Jean-Pierre Jarier
ATS-Ford HS 1-2
1:49,77

Vittorio Brambilla
Surtees-Ford TS 19-06
1:49,91

Jochen Mass
ATS-Ford HS 1-1
1:50,06

Alan Jones
Williams-Ford FW 06/1
1:50,11

Jody Scheckter
Wolf-Ford WR 4
1:50,35

Clay Regazzoni
Shadow-Ford DN 8/5A
1:50,45

Emerson Fittipaldi
Fittipaldi-Ford F 5A-1
1:50,82

Hans-Joachim Stuck
Shadow-Ford DN 8/4A
1:51,16

Rupert Keegan
Surtees-Ford TS 19-07
1:51,42

Arturo Merzario
Merzario-Ford A 1/001
1:51,68

Danny Ongais
Ensign-Ford N177 MN-07
1:51,71

Lamberto Leoni
Ensign-Ford N177 MN-08
1:51,94

Didier Pironi
Tyrrell-Ford 008/2
1:51,99

Brett Lunger
McLaren-Ford M 23/14
1:52,27

Nicht qualifiziert: Hector Rebaque (Lotus-Ford 78-15) 1:52,52; Eddie Cheever (Theodore-Ford TR1) 1:53,25; Divina Galica (Hesketh-Ford 308E/3) 1:56,69.

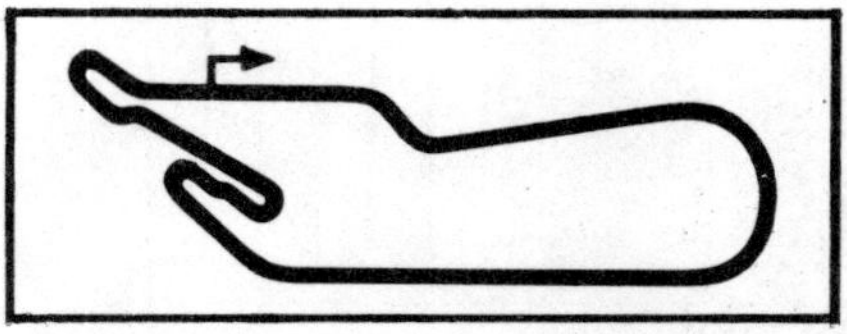

Rekorde: Distanz: Fittipaldi (McLaren-Ford M 23) 190,861 km/h (1975); Runde: Hunt (Hesketh-Ford 308) 1:50,91 = 193,720 km/h (1975); Training: Hunt (McLaren-Ford M 23) 1:48,68 (1977).

Wetter am Renntag: sehr heiß, Temperatur: 38 Grad.

Boxenstops:

Regazzoni:	10. Runde:	Reifenwechsel links vorn; Platz 13—22
Reutemann:	27. Runde:	Lenkungskontrolle nach Kollision mit Laffite und Wechsel aller vier Reifen; Platz 7—15
Jones:	30. Runde:	Zündung; Platz 11—20

Ausfälle:

Merzario:	10. Runde:	Von der Piste abgekommen, Kühler verstopft; Platz 24
Keegan:	5. Runde:	Motorschaden; Platz 20
Leoni:	29. Runde:	Motor überhitzt; Platz 19
Jones:	36. Runde:	Zündung; Platz 21
Ongais:	36. Runde:	Zündung; Platz 18
Watson:	42. Runde:	Kühlwasser verloren, Motorschaden; Platz 2—4
Laffite:	51. Runde:	Motorschaden; Platz 5
Regazzoni:	52. Runde:	Benzinleitung gebrochen; Platz 15

Renndistanz: 52 Runden à 5,968 km = 310,336 km.

Stand nach 1 Runde: 1. Andretti, 2. Reutemann, 3. Peterson, 4. Lauda, 5. Watson, 6. Laffite, 7. Hunt, 8. Depailler, 9. Tambay, 10. Scheckter.

Stand nach 10 Runden: 1. Andretti, 2. Watson, 3. Reutemann, 4. Lauda, 5. Peterson, 6. Depailler, 7. Hunt, 8. Laffite, 9. Scheckter, 10. Villeneuve.

Stand nach 30 Runden: 1. Andretti, 2. Watson, 3. Lauda, 4. Depailler, 5. Hunt, 6. Peterson, 7. Laffite, 8. Scheckter, 9. Villeneuve, 10. Tambay.

Stand nach 40 Runden: 1. Andretti, 2. Lauda, 3. Depailler, 4. Watson, 5. Hunt, 6. Peterson, 7. Laffite, 8. Scheckter, 9. Villeneuve, 10. Tambay.

Ergebnis:

1.	Mario Andretti (USA) Lotus-Ford	1.37:04,47 = 191,820 km/h
2.	Niki Lauda (Österreich) Brabham-Alfa Romeo	13,21 zurück
3.	Patrick Depailler (Frankreich) Tyrrell-Ford	13,64 zurück
4.	James Hunt (England) McLaren-Ford	16,05 zurück
5.	Ronnie Peterson (Schweden) Lotus-Ford	1:14,85 zurück
6.	Patrick Tambay (Frankreich) McLaren-Ford	1:19,90 zurück
7.	Carlos Reutemann (Argentinien) Ferrari	1:22,54 zurück
8.	Gilles Villeneuve (Argentinien) Ferrari	1:38,88 zurück
9.	Emerson Fittipaldi (Brasilien) Copersucar-Ford	1:40,60 zurück
10.	Jody Scheckter (Südafrika) Wolf-Ford	1:43,50 zurück
11.	Jochen Mass (Deutschland) ATS-Ford	1:49,07 zurück
12.	Jean-Pierre Jarier (Frankreich) ATS-Ford	1 Runde zurück
13.	Brett Lunger (USA) McLaren-Ford	1 Runde zurück
14.	Didier Pironi (Frankreich) Tyrrell-Ford	1 Runde zurück
15.	Clay Regazzoni (Schweiz) Shadow-Ford	1 Runde zurück
16.	Jacques Laffite (Frankreich) Ligier-Matra	2 Runden zurück
17.	Hans-Joachim Stuck (Deutschland) Shadow-Ford	2 Runden zurück
18.	Vittorio Brambilla (Italien) Surtees-Ford	2 Runden zurück

Schnellste Runde: Offiziell nicht gegeben. Inoffiziell: Villeneuve (Ferrari) 1:49,76 = 195,75 km/h bzw. Hunt (McLaren) 1:50,58.

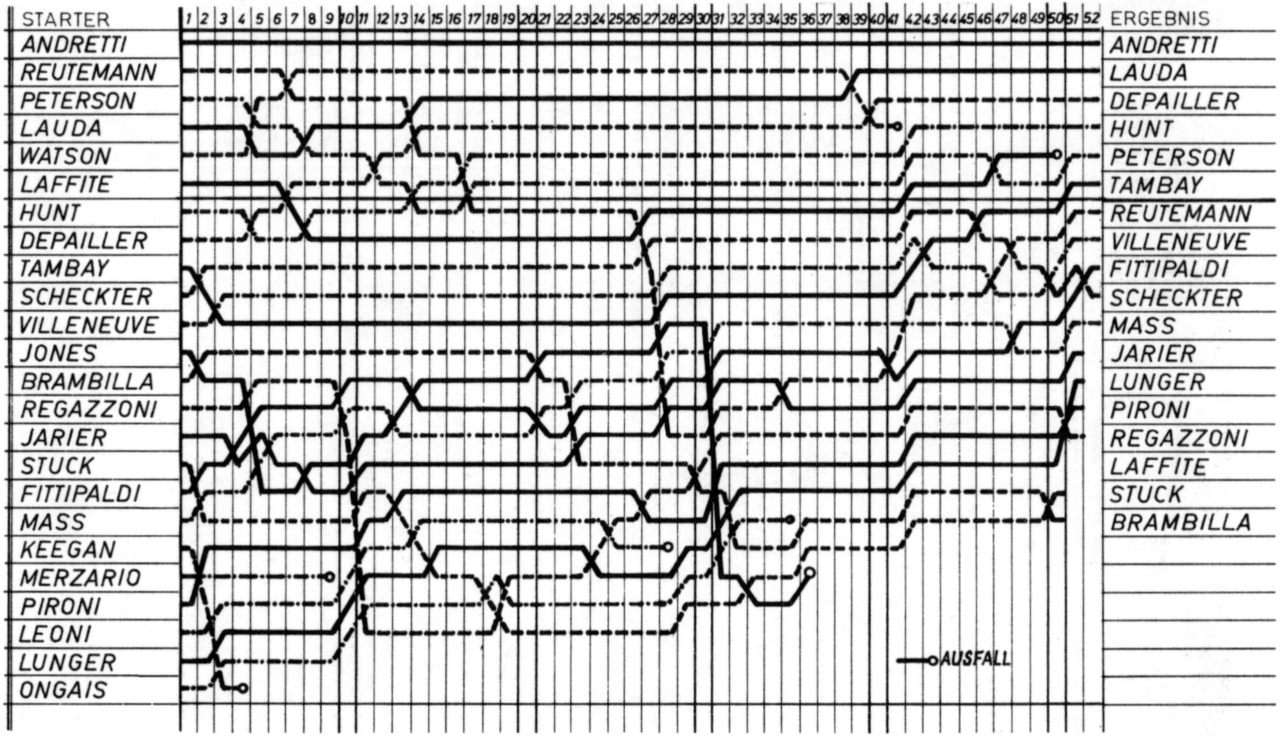
STARTER
ANDRETTI
REUTEMANN
PETERSON
LAUDA
WATSON
LAFFITE
HUNT
DEPAILLER
TAMBAY
SCHECKTER
VILLENEUVE
JONES
BRAMBILLA
REGAZZONI
JARIER
STUCK
FITTIPALDI
MASS
KEEGAN
MERZARIO
PIRONI
LEONI
LUNGER
ONGAIS
1 2 3 4 5 6 7 8 9 10 11 12 13 14 15 16 17 18 19 20 21 22 23 24 25 26 27 28 29 30 31 32 33 34 35 36 37 38 39 40 41 42 43 44 45 46 47 48 49 50 51 52
AUSFALL
ERGEBNIS
ANDRETTI
LAUDA
DEPAILLER
HUNT
PETERSON
TAMBAY
REUTEMANN
VILLENEUVE
FITTIPALDI
SCHECKTER
MASS
JARIER
LUNGER
PIRONI
REGAZZONI
LAFFITE
STUCK
BRAMBILLA

Lauf 2 — Großer Preis von Brasilien — Rio, 29. Jänner 1978

1. Training:		2. Training:		3. Training:	
1. Andretti	1:41,19	1. Andretti	1:41,14	1. Peterson	1:40,45
2. Hunt	1:41,59	2. Hunt	1:41,27	2. Hunt	1:40,53
3. Reutemann	1:41,86	3. Fittipaldi	1:41,50	3. Andretti	1:40,62
4. Fittipaldi	1:42,39	4. Reutemann	1:41,70	4. Reutemann	1:40,73
5. Villeneuve	1:42,44	5. Villeneuve	1:41,74	5. Tambay	1:40,94
6. Tambay	1:42,70	6. Peterson	1:41,86	6. Villeneuve	1:40,97
7. Scheckter	1:42,96	7. Scheckter	1:42,11	7. Fittipaldi	1:41,85
8. Lauda	1:43,54	8. Tambay	1:42,51	8. Jones	1:41,87
9. Laffite	1:43,78	9. Lauda	1:42,54	9. Stuck	1:42,07
10. Rebaque	1:43,86	10. Laffite	1:42,71	10. Lauda	1:42,08
11. Jarier	1:44,25	11. Jones	1:42,81	11. Depailler	1:42,10
12. Peterson	1:44,32	12. Depailler	1:43,10	12. Scheckter	1:42,32
13. Regazzoni	1:44,38	13. Jarier	1:43,13	13. Lunger	1:42,65
14. Stuck	1:44,49	14. Stuck	1:43,67	14. Regazzoni	1:42,80
15. Watson	1:45,26	15. Watson	1:43,86	15. Jarier	1:42,91
16. Depailler	1:45,42	16. Lunger	1:44,00	16. Leoni	1:43,19
Mass	1:45,42	17. Rebaque	1:44,02	Patrese	1:43,19
18. Lunger	1:45,56	18. Regazzoni	1:44,04	18. Pironi	1:43,55
19. Jones	1:45,60	19. Mass	1:44,95	19. Mass	1:43,74
20. Ongais	1:45,77	20. Ongais	1:45,07	20. Watson	1:43,75
21. Pironi	1:45,89	21. Brambilla	1:45,17	21. Laffite	1:43,81
22. Leoni	1:45,94	22. Leoni	1:45,49	22. Ongais	1:43,94
23. Keegan	1:46,12	23. Pironi	1:45,66	23. Keegan	1:44,20
24. Cheever	1:46,18	24. Cheever	1:46,09	Merzario	1:44,20
25. Brambilla	1:46,22	25. Patrese	1:46,29	25. Cheever	1:44,28
26. Patrese	1:46,67	26. Keegan	1:46,43	26. Brambilla	1:44,66
27. Galica	1:49,47	27. Merzario	1:48,10	27. Galica	1:46,79
28. Merzario	1:50,16	28. Galica	1:49,14	Rebaque	—

Startaufstellung:

James Hunt
McLaren-Ford M 26/4
1:40,53

Ronnie Peterson
Lotus-Ford 78 (JPS16)
1:40,45

Carlos Reutemann
Ferrari 312T2 (029)
1:40,73

Mario Andretti
Lotus-Ford 78 (JPS17)
1:40,62

Gilles Villeneuve
Ferrari 312T2 (027)
1:40,97

Patrick Tambay
McLaren-Ford M 26/3
1:40,94

Alan Jones
Williams-Ford FW 06/1
1:41,87

Emerson Fittipaldi
Fittipaldi-Ford F 5A-2
1:41,50

Niki Lauda
Brabham-Alfa Romeo
BT 45C-7, 1:42,08

Hans-Joachim Stuck
Shadow-Ford DN 8/4A
1:42,07

Jody Scheckter
Wolf-Ford WR 1
1:42,11

Patrick Depailler
Tyrrell-Ford 008/1
1:42,10

Jacques Laffite
Ligier-Matra JS 7-03
1:42,71

Brett Lunger
McLaren-Ford M 23/14
1:42,65

Jean-Pierre Jarier*)
ATS-Ford HS 1-2
1:42,91

Clay Regazzoni
Shadow-Ford DN 8/5A
1:42,80

Riccardo Patrese
Arrows-Ford FA 1/1
1:43,19

Lamberto Leoni
Ensign-Ford N177 MN-08
1:43,19

Jochen Mass*)
ATS-Ford HS 1-2
1:43,74

Didier Pironi
Tyrrell-Ford 008/2
1:43,55

Hector Rebaque
Lotus-Ford 78 (15)
1:43,86

John Watson
Brabham-Alfa Romeo
BT 45C-8, 1:43,75

Rupert Keegan
Surtees-Ford TS 19-07
1:44,20

Danny Ongais
Ensign-Ford N177 MN-07
1:43,94

Nicht qualifiziert: Arturo Merzario (Merzario-Ford A1/001) 1:44,20; Eddie Cheever (Theodore-Ford TR1) 1:44,28; Vittorio Brambilla (Surtees-Ford TS19-06) 1:44,66; Divina Galica (Hesketh-Ford 308E/3) 1:46,79.

*) Jarier nicht gestartet, weil er sein Auto an Mass (undichte Tanks) abtreten mußte. — Laffite fuhr Trainingszeit mit JS 7-02, startete im Rennen wegen Unfalls beim Aufwärmtraining aber mit JS 7-03.

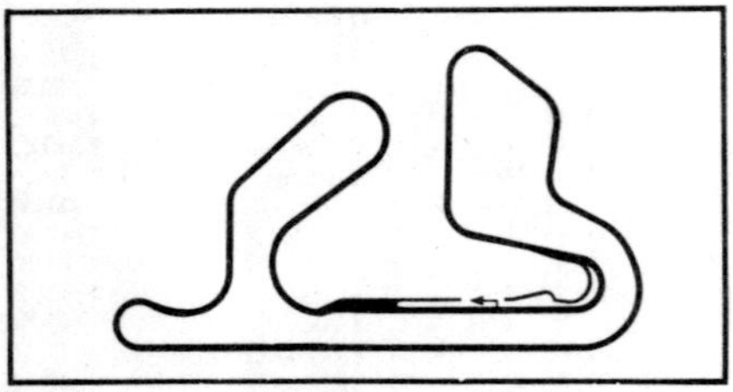

Wurde 1978 auf dieser Strecke zum erstenmal ausgetragen.

Wetter am Renntag: stechend heiß, Temperatur: 42 Grad.

Boxenstops:

Hunt:	6. Runde:	Reifenwechsel; Platz 3
Villeneuve:	13. Runde:	Reifenwechsel nach Kollision mit Peterson; Platz 5
Patrese:	35. Runde:	Nachtanken; Platz 11

Ausfälle:

Leoni:	1. Runde:	Halbachse beim Start gebrochen
Keegan:	6. Runde:	Unfall, von der Piste abgekommen; Platz 21
Depailler:	8. Runde:	Unfall, Bremsen beschädigt; Platz 10
Lunger:	12. Runde:	Wegbleibender Benzindruck; Platz 15
Ongais:	13. Runde:	Motorschaden, gerissene Bremsscheibe; Platz 19
Peterson:	15. Runde:	Gebrochene Hinterradaufhängung wegen Kollision mit Villeneuve; Platz 4
Scheckter:	16. Runde:	Verbogener Lenkhebel rechts vorn nach Kollision mit Tambay; Platz 9—17
Hunt:	26. Runde:	Unfall, von Patrese behindert; Platz 11
Stuck:	26. Runde:	Elektrische Benzinpumpe defekt; Platz 5
Tambay:	35. Runde:	Unfall, weil Fahrer von der Hitze erschöpft war; Platz 5
Villeneuve:	36. Runde:	Unfall mit neuen Reifen; Platz 8
Rebaque:	40. Runde:	Aufgabe mit Anzeichen eines Hitzschlags; Platz 8

Distanz: 63 Runden à 5,031 km = 316,953 km.

Stand nach 1 Runde: 1. Reutemann, 2. Peterson, 3. Hunt, 4. Andretti, 5. Fittipaldi, 6. Tambay, 7. Villeneuve, 8. Stuck, 9. Lauda, 10. Jones.
Stand nach 20 Runden: 1. Reutemann, 2. Andretti, 3. Fittipaldi, 4. Stuck, 5. Lauda, 6. Tambay, 7. Regazzoni, 8. Pironi, 9. Laffite, 10. Patrese.

Ergebnis:

1.	Carlos Reutemann (Argentinien) Ferrari	1.49:59,86 = 172,887 km/h
2.	Emerson Fittipaldi (Brasilien) Copersucar-Ford	49,13 zurück
3.	Niki Lauda (Österreich) Brabham-Alfa Romeo	57,02 zurück
4.	Mario Andretti (USA) Lotus-Ford	1:33,12 zurück
5.	Clay Regazzoni (Schweiz) Shadow-Ford	1 Runde zurück
6.	Didier Pironi (Frankreich) Tyrrell-Ford	1 Runde zurück
7.	Jochen Mass (Deutschland) ATS-Ford	1 Runde zurück
8.	John Watson (Irland) Brabham-Alfa Romeo	2 Runden zurück
9.	Jacques Laffite (Frankreich) Ligier-Matra	2 Runden zurück
10.	Riccardo Patrese (Italien) Arrows-Ford	4 Runden zurück
11.	Alan Jones (Australien) Williams-Ford	5 Runden zurück

Schnellste Runde: Reutemann (Ferrari) 1:43,07 = 175,721 km/h.

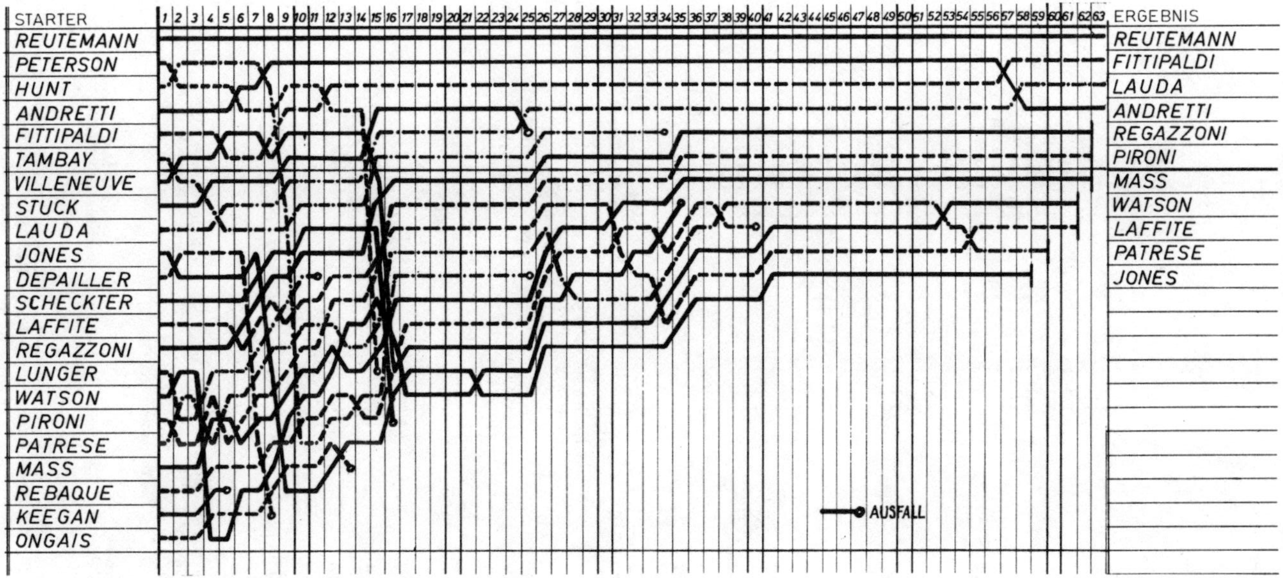
STARTER
REUTEMANN
PETERSON
HUNT
ANDRETTI
FITTIPALDI
TAMBAY
VILLENEUVE
STUCK
LAUDA
JONES
DEPAILLER
SCHECKTER
LAFFITE
REGAZZONI
LUNGER
WATSON
PIRONI
PATRESE
MASS
REBAQUE
KEEGAN
ONGAIS
1 2 3 4 5 6 7 8 9 10 11 12 13 14 15 16 17 18 19 20 21 22 23 24 25 26 27 28 29 30 31 32 33 34 35 36 37 38 39 40 41 42 43 44 45 46 47 48 49 50 51 52 53 54 55 56 57 58 59 60 61 62 63
AUSFALL
ERGEBNIS
REUTEMANN
FITTIPALDI
LAUDA
ANDRETTI
REGAZZONI
PIRONI
MASS
WATSON
LAFFITE
PATRESE
JONES

Lauf 3 — Großer Preis von Südafrika — Kyalami, März 1978

1. Training:		2. Training:	
1. Lauda	1:14,65	1. Patrese	1:15,48
2. Andretti	1:14,90	2. Lauda	1:15,50
3. Hunt	1:15,14	Villeneuve	1:15,50
4. Tambay	1:15,30	4. Hunt	1:15,64
5. Scheckter	1:15,32	5. Scheckter	1:15,74
6. Jabouille	1:15,36	6. Peterson	1:15,94
7. Reutemann	1:15,52	7. Watson	1:16,03
8. Watson	1:15,62	Reutemann	1:16,03
9. Villeneuve	1:15,89	9. Depailler	1:16,05
10. Depailler	1:15,97	10. Jabouille	1:16,09
11. Patrese	1:16,08	11. Tambay	1:16,33
12. Peterson	1:16,29	12. Andretti	1:16,61
13. Pironi	1:16,38	Fittipaldi	1:16,61
14. Laffite	1:16,40	14. Laffite	1:16,91
15. Fittipaldi	1:16,47	15. Pironi	1:16,98
16. Mass	1:16,60	16. Jarier	1:17,12
17. Lunger	1:17,30	17. Jones	1:17,16
18. Stommelen	1:17,49	18. Mass	:17,20
19. Rosberg	1:17,62	19. Brambilla	1:17,32
20. Keegan	1:17,72	20. Rebaque	1:17,50
21. Rebaque	1:17,74	21. Keegan	1:17,57
22. Cheever	1:17,83	22. Lunger	1:17,83
23. Jones	1:17,97	23. Stommelen	1:17,96
24. Brambilla	1:18,12	24. Cheever	1:18,13
25. Arnoux	1:18,24	25. Merzario	1:18,15
26. Regazzoni	1:18,51	26. Rosberg	1:18,20
27. Stuck	1:18,87	27. Arnoux	1:18,21
28. Merzario	1:19,67	28. Regazzoni	1:18,30
29. Jarier	1:19,72	29. Leoni	1:18,38
30. Leoni	1:20,47	30. Stuck	1:18,45

Startaufstellung:

Mario Andretti Lotus-Ford 78 (JPS17) 1:14,90		Niki Lauda Brabham-Alfa Romeo BT 46-4, 1:14,65	
	Patrick Tambay McLaren-Ford M26/5 1:15,30		James Hunt McLaren-Ford M26/4 1:15,14
Jean-Pierre Jabouille Renault RS 02 1:15,36		Jody Scheckter Wolf-Ford WR1 1:15,32	
	Gilles Villeneuve Ferrari 312T3 (032) 1:15,60		Riccardo Patrese Arrows-Ford FA1/2 1:15,48
John Watson Brabham-Alfa Romeo BT46-3, 1:15,62		Carlos Reutemann Ferrari 312T3 (033) 1:15,52	
	Patrick Depailler Tyrrell-Ford 008/3 1:15,97		Ronnie Peterson Lotus-Ford 78 (JPS16) 1:15,94
Jacques Laffite Ligier-Matra JS7/9-01 1:16,40		Didier Pironi Tyrrell-Ford 008/2 1:16,38	
	Jochen Mass ATS-Ford HS1-2 1:16,60		Emerson Fittipaldi Fittipaldi-Ford F5A-1 1:16,47
Alan Jones Williams-Ford FW06/1 1:17,16		Jean-Pierre Jarier ATS-Ford HS1-1 1:17,12	
	Vittorio Brambilla Surtees-Ford TS19-06 1:17,32		Brett Lunger McLaren-Ford M23/14 1:17,30
Hector Rebaque Lotus-Ford 78 (15) 1:17,50		Rolf Stommelen Arrows-Ford FA1/1 1:17,49	
	Keljo Rosberg Theodore-Ford TR1 (2) 1:17,62		Rupert Keegan Surtees-Ford TS19-07 1:17,57
Arturo Merzario Merzario-Ford A1/001 1:18,15		Eddie Cheever Hesketh-Ford 308E/5 1:17,83	

Nicht qualifiziert: Rene Arnoux (Martini-Ford Mk23-01) 1:18,21; Clay Regazzoni (Shadow-Ford DN8/5A) 1:18,30; Lamberto Leoni (Ensign-Ford N177-06) 1:18,38; Hans-Joachim Stuck (Shadow-Ford DN8/4A) 1:18,45.

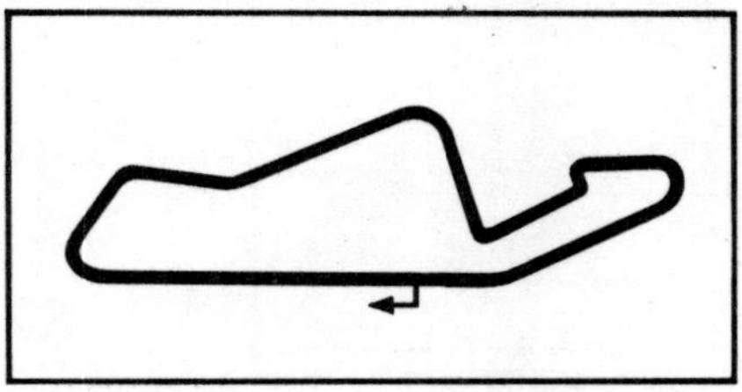

Rekorde: Distanz: Stewart (Tyrrell-Ford 006) 188,526 km/h (1973); Runde: Fittipaldi (Lotus-Ford 72) 1:17,10 = 191,626 km/h (1973); Training: Hunt (McLaren-Ford M23) 1:15,96 (1977).

Wetter am Renntag: sonnig, etwas bewölkt, vormittags leichter Regen; Temperatur: 31 Grad.

Boxenstops:

Mass:	14. Runde:	Reifenwechsel rechts vorn; Platz 17
Merzario:	37. Runde:	Hinterradaufhängung überprüft; Platz 22
Andretti:	76. Runde:	Nachtanken; Platz 3—8
Stommelen:	76. Runde:	Nachtanken; Platz 6

Ausfälle:

Hunt:	5. Runde:	Motorschaden; Platz 4
Cheever:	6. Runde:	Motorschaden; Platz 21
Fittipaldi:	9. Runde:	Halbachse, Schmierfett ausgelaufen; Platz 14
Rosberg:	15. Runde:	Kupplungsschaden, undichte Benzinleitung, Fahrer von den Dämpfen benebelt; Platz 22
Jabouille:	38. Runde:	Zündungsschaden und Benzinzufuhr; Platz 10
Merzario:	39. Runde:	Radaufhängung rechts hinten gebrochen; Platz 21
Mass:	43. Runde:	Vibrationen durch Reifenunwucht; Platz 20
Lauda:	53. Runde:	Motorschaden; Platz 3
Keegan:	53. Runde:	Ölleitungsflansch gebrochen, fuhr trotz starken Ölverlusts eine volle Runde; Platz 16
Villeneuve:	55. Runde:	Motorschaden, Ölverlust; Platz 12
Reutemann:	56. Runde:	Unfall in Crowthorne-Corner auf Villeneuves und Keegans Ölspur, Feuer beim Aufprall; Platz 10
Tambay:	56. Runde:	Unfall auf Ölspur; Platz 12
Scheckter:	60. Runde:	Motoraussetzer und Unfall auf Ölspur; Platz 6
Patrese:	64. Runde:	Motorschaden; Platz 1

Renndistanz: 78 Runden à 4,13 km = 320,09 km.

Stand nach 1 Runde: 1. Andretti, 2. Scheckter, 3. Lauda, 4. Hunt, 5. Jabouille, 6. Patrese, 7. Watson, 8. Reutemann, 9. Depailler, 10. Peterson.

Stand nach 20 Runden: 1. Andretti, 2. Scheckter, 3. Patrese, 4. Lauda, 5. Depailler, 6. Watson, 7. Jabouille, 8. Reutemann, 9. Jones, 10. Villeneuve.

Stand nach 39 Runden (Halbdistanz): 1. Patrese, 2. Depailler, 3. Lauda, 4. Scheckter, 5. Andretti, 6. Watson, 7. Peterson, 8. Jones, 9. Reutemann, 10. Villeneuve.

Stand nach 60 Runden: 1. Patrese, 2. Depailler, 3. Andretti, 4. Peterson, 5. Watson, 6. Jones, 7. Laffite, 8. Stommelen, 9. Pironi, 10. Jarier.

Ergebnis:

1.	Ronnie Peterson (Schweden) Lotus-Ford	1.42:15,767 = 187,808 km/h
2.	Patrick Depailler (Frankreich) Tyrrell-Ford	0,466 zurück
3.	John Watson (Irland) Brabham-Alfa Romeo	4,442 zurück
4.	Alan Jones (Australien) Williams-Ford	38,986 zurück
5.	Jacques Laffite (Frankreich) Ligier-Matra	1:09,218 zurück
6.	Didier Pironi (Frankreich) Tyrrell-Ford	1 Runde zurück
7.	Mario Andretti (USA) Lotus-Ford	1 Runde zurück
8.	Jean-Pierre Jarier (Frankreich) ATS-Ford	1 Runde zurück
9.	Rolf Stommelen (Deutschland) Arrows-Ford	1 Runde zurück
10.	Hector Rebaque (Mexiko) Lotus-Ford	1 Runde zurück
11.	Brett Lunger (USA) McLaren-Ford	2 Runden zurück
12.	Vittorio Brambilla (Italien) Surtees-Ford	2 Runden zurück

Schnellste Runde: Andretti (Lotus-Ford) 1:17,09 = 191,641 km/h.

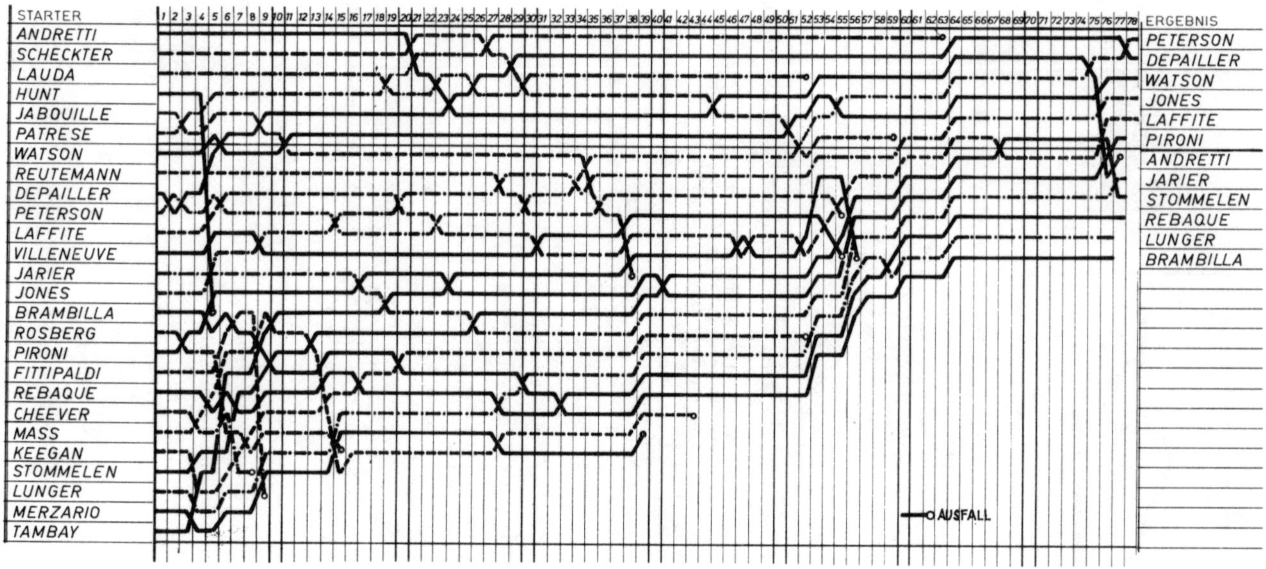

STARTER
ANDRETTI
SCHECKTER
LAUDA
HUNT
JABOUILLE
PATRESE
WATSON
REUTEMANN
DEPAILLER
PETERSON
LAFFITE
VILLENEUVE
JARIER
JONES
BRAMBILLA
ROSBERG
PIRONI
FITTIPALDI
REBAQUE
CHEEVER
MASS
KEEGAN
STOMMELEN
LUNGER
MERZARIO
TAMBAY
1 2 3 4 5 6 7 8 9 10 11 12 13 14 15 16 17 18 19 20 21 22 23 24 25 26 27 28 29 30 31 32 33 34 35 36 37 38 39 40 41 42 43 44 45 46 47 48 49 50 51 52 53 54 55 56 57 58 59 60 61 62 63 64 65 66 67 68 69 70 71 72 73 74 75 76 77 78
AUSFALL
ERGEBNIS
PETERSON
DEPAILLER
WATSON
JONES
LAFFITE
PIRONI
ANDRETTI
JARIER
STOMMELEN
REBAQUE
LUNGER
BRAMBILLA

Lauf 4 — Großer Preis der USA-West — Long Beach, April 1978

1. Training:		2. Training:	
1. Reutemann	1:20,636	1. Villeneuve	1:20,836
2. Villeneuve	1:22,113	2. Lauda	1:20,973
3. Andretti	1:22,141	3. Andretti	1:21,188
4. Lauda	1:22,327	4. Watson	1:21,244
5. Hunt	1:22,358	5. Peterson	1:21,474
6. Scheckter	1:22,740	6. Hunt	1:21,738
7. Jones	1:22,750	7. Jones	1:21,935
8. Depailler	1:22,790	8. Patrese	1:22,006
9. Watson	1:22,830	9. Scheckter	1:22,163
10. Peterson	1:22,890	10. Depailler	1:22,234
11. Laffite	1:22,963	Tambay	1:22,234
12. Patrese	1:23,061	12. Laffite	1:22,630
13. Fittipaldi	1:23,313	13. Fittipaldi	1:22,790
14. Regazzoni	1:23,505	14. Jabouille	1:22,491
15. Stommelen	1:23,540	15. Mass	1:23,106
16. Brambilla	1:23,675	16. Brambilla	1:23,212
17. Keegan	1:23,677	17. Stommelen	1:23,291
18. Tambay	1:23,691	18. Jarier	1:23,419
19. Stuck	1:23,733	19. Regazzoni	1:23,454
20. Pironi	1:23,792	20. Merzario	1:23,589
21. Jarier	1:23,870	21. Lunger	1:23,795
22. Mass	1:23,990	22. Leoni	1:24,008
23. Merzario	1:24,217	Reutemann	—
24. Lunger	1:24,344	Stuck	—
25. Jabouille	1:25,191	Keegan	—
26. Leoni	1:25,906	Pironi	—

Startaufstellung:

	Gilles Villeneuve Ferrari 312T3 (034) 1:20,836		Carlos Reutemann Ferrari 312T3 (032) 1:20,636
Mario Andretti Lotus-Ford 78 (JPS17) 1:21,188		Niki Lauda Brabham-Alfa Romeo BT46-4, 1:20,937	
	Ronnie Peterson Lotus-Ford 78 (JPS16) 1:21,474		John Watson Brabham-Alfa Romeo BT46-3, 1:21,244
Alan Jones Williams-Ford FW06/2 1:21,935		James Hunt McLaren-Ford M26/4 1:21,738	
	Jody Scheckter Wolf-Ford WR3 1:22,163		Riccardo Patrese Arrows-Ford FA1/2 1:22,006
Patrick Depailler Tyrrell-Ford 008/3 1:22,414		Patrick Tambay McLaren-Ford M26/5 1:22,234	
	Jacques Laffite Ligier-Matra JS7/9-03 1:22,630		Jean-Pierre Jabouille Renault RS03 1:22,491
Jochen Mass ATS-Ford HS1-2 1:23,106		Emerson Fittipaldi Fittipaldi-Ford F5A/2 1:22,790	
	Rolf Stommelen Arrows-Ford FA1/1 1:23,291		Vittorio Brambilla Surtees-Ford TS19-02 1:23,212
Clay Regazzoni Shadow-Ford DN8/4A 1:23,454		Jean-Pierre Jarier ATS-Ford HS1-1 1:23,419	
	Didier Pironi*) Tyrrell-Ford 008/4 1:23,792		Arturo Merzario Merzario-Ford A1/001 1:23,589

*) Rupert Keegan (Surtees-Ford TS19-07) mit 1:23,677 qualifiziert, aber wegen eines Trainingsunfalls (Kollision mit Stuck) nicht gestartet. — Pironi nicht qualifiziert, aber als Reservefahrer zum Rennen zugelassen.

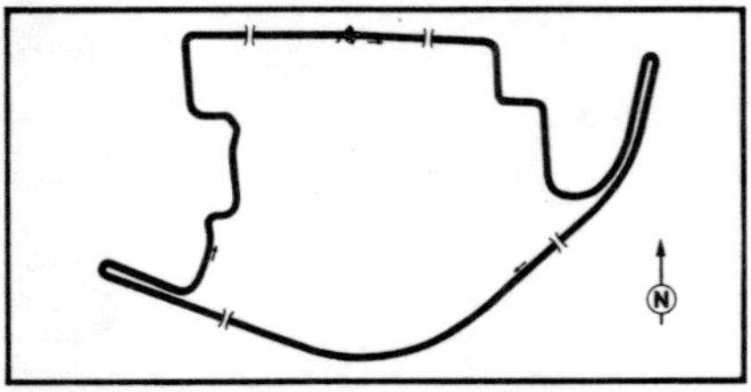

Rekorde: Distanz: Andretti (Lotus-Ford 78) 139,804 km/h (1977); Runde: Lauda (Ferrari 312T2) 1:22,753 = 141,428 km/h (1977); Training: Lauda (Ferrari 312T2) 1:21,650 (1977).

Wetter am Renntag: bewölkt bis heiter, Temperatur: 22 Grad.

Boxenstops:

Jarier:	3. Runde:	Ölkühler und Schnauze nach Kollision mit Brambilla gewechselt; Platz 22
Mass:	4. Runde:	Bremsprobleme; Platz 14—18
Merzario:	12. Runde:	Bremsen und Getriebe; Platz 19
Brambilla:	14. Runde:	Überprüfung des Autos nach Kollision mit Jarier; Platz 17
Peterson:	28. Runde:	Wechsel beider Vorderreifen; Platz 8
Patrese:	47. Runde:	Rad bei Anprall gegen die Mauer zerbrochen; Platz 9

Ausfälle:

Hunt:	5. Runde:	Unfall, Vorderrad weggebrochen; Platz 8
Watson:	10. Runde:	Explosion im Heck, Monocoque beschädigt; Platz 2
Mass:	12. Runde:	Bremsdefekt; Platz 19
Merzario:	18. Runde:	Getriebeschaden; Platz 19
Pironi:	26. Runde:	Getriebeschaden (2. Gang gebrochen); Platz 16
Lauda:	27. Runde:	Zündbox; Platz 2
Villeneuve:	39. Runde:	Kollision mit Regazzoni beim Überrunden; Platz 1
Jabouille:	44. Runde:	Schmieröl des Turbolagers ausgeronnen; Feuer im Heck; Platz 10
Brambilla:	51. Runde:	Kegel- und Tellerrad gebrochen, Bremsen defekt; Platz 14
Scheckter:	60. Runde:	Kollision mit Tambay, Hinterradaufhängung gebrochen; Platz 5
Tambay:	75. Runde:	Kollision mit Laffite; Platz 4

Renndistanz: 80,5 Runden à 3,251 km = 261,70 km.

Stand nach 1 Runde: 1. Villeneuve, 2. Watson, 3. Lauda, 4. Reutemann, 5. Andretti, 6. Jones, 7. Hunt, 8. Peterson, 9. Depailler, 10. Tambay.

Stand nach 10 Runden: 1. Villeneuve, 2. Lauda, 3. Reutemann, 4. Andretti, 5. Jones, 6. Peterson, 7. Depailler, 8. Scheckter, 9. Tambay, 10. Laffite.

Stand nach 40 Runden (Halbdistanz): 1. Reutemann, 2. Jones, 3. Andretti, 4. Depailler, 5. Scheckter, 6. Tambay, 7. Laffite, 8. Patrese, 9. Peterson, 10. Jabouille.

Ergebnis:

1.	Carlos Reutemann (Argentinien) Ferrari	1.52:01,301 = 144,293 km/h
2.	Mario Andretti (USA) Lotus-Ford	11,061 zurück
3.	Patrick Depailler (Frankreich) Tyrrell-Ford	28,951 zurück
4.	Ronnie Peterson (Schweden) Lotus-Ford	45,603 zurück
5.	Jacques Laffite (Frankreich) Ligier-Matra	1:22,884 zurück
6.	Riccardo Patrese (Italien) Arrows-Ford	1 Runde zurück
7.	Alan Jones (Australien) Williams-Ford	1 Runde zurück
8.	Emerson Fittipaldi (Brasilien) Copersucar-Ford	1 Runde zurück
9.	Rolf Stommelen (Deutschland) Arrows-Ford	1 Runde zurück
10.	Clay Regazzoni (Schweiz) Shadow-Ford	1 Runde zurück
11.	Jean-Pierre Jarier (Frankreich) ATS-Ford	5 Runden zurück
12.	Patrick Tambay (Frankreich) McLaren-Ford*)	6 Runden zurück

*) Tambay bei Rennschluß nicht mehr im Rennen (Karambolage mit Laffite), aber klassiert.
Schnellste Runde: Jones (Williams-Ford) 1:22,215 = 142,317 km/h.

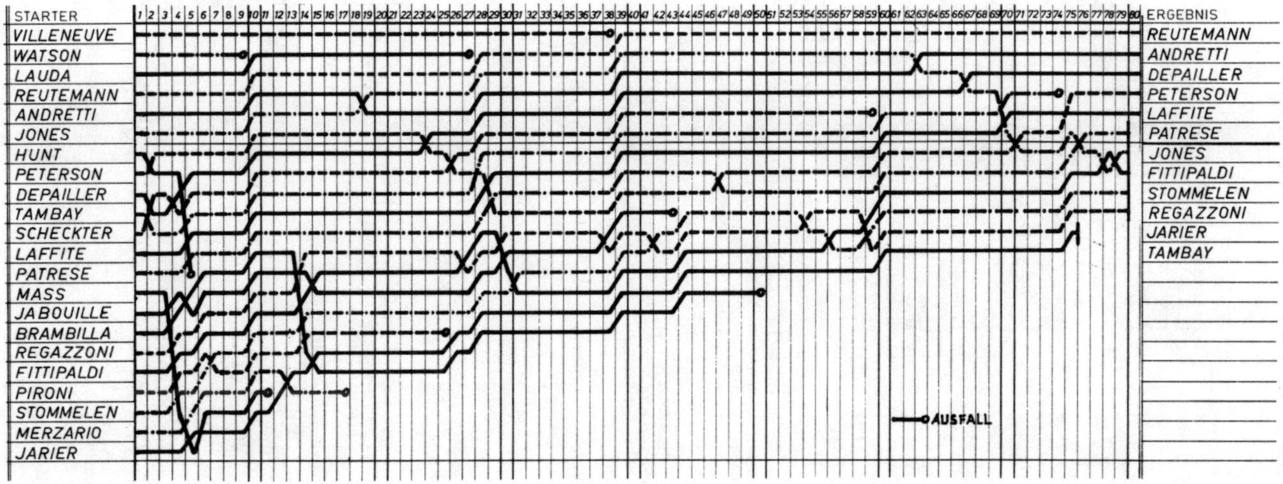
STARTER
VILLENEUVE
WATSON
LAUDA
REUTEMANN
ANDRETTI
JONES
HUNT
PETERSON
DEPAILLER
TAMBAY
SCHECKTER
LAFFITE
PATRESE
MASS
JABOUILLE
BRAMBILLA
REGAZZONI
FITTIPALDI
PIRONI
STOMMELEN
MERZARIO
JARIER
1 2 3 4 5 6 7 8 9 10 11 12 13 14 15 16 17 18 19 20 21 22 23 24 25 26 27 28 29 30 31 32 33 34 35 36 37 38 39 40 41 42 43 44 45 46 47 48 49 50 51 52 53 54 55 56 57 58 59 60 61 62 63 64 65 66 67 68 69 70 71 72 73 74 75 76 77 78 79 80
ERGEBNIS
REUTEMANN
ANDRETTI
DEPAILLER
PETERSON
LAFFITE
PATRESE
JONES
FITTIPALDI
STOMMELEN
REGAZZONI
JARIER
TAMBAY
AUSFALL

Lauf 5 — Großer Preis von Monaco — Monte Carlo, 7. Mai 1978

1. Training:

1. Reutemann	1:29,51
2. Andretti	1:29,60
3. Lauda	1:29,86
4. Peterson	1:29,93
5. Villeneuve	1:30,23
6. Hunt	1:30,39
7. Depailler	1:30,40
8. Watson	1:30,86
9. Laffite	1:31,14
10. Stuck	1:31,30
11. Jabouille	1:31,36
Fittipaldi	1:31,36
13. Regazzoni	1:31,61
14. Mass	1:31,64
15. Ickx	1:31,67
16. Scheckter	1:31,77
17. Jones	1:31,81
18. Stommelen	1:32,02
19. Pironi	1:32,21
20. Tambay	1:32,41
21. Patrese	1:32,72
22. Brambilla	1:32,88
23. Jarier	1:33,82
24. Keegan	1:34,23

2. Training:

1. Reutemann	1:28,34
2. Lauda	1:28,84
3. Andretti	1:29,10
4. Villeneuve	1:29,40
5. Hunt	1:29,48
6. Depailler	1:29,80
7. Watson	1:30,24
8. Scheckter	1:30,34
9. Jones	1:30,62
10. Jabouille	1:30,97
11. Tambay	1:31,16
12. Ickx	1:31,20
13. Laffite	1:31,51
14. Patrese	1:31,67
15. Pironi	1:31,90
16. Regazzoni	1:32,15
17. Stuck	1:32,21
18. Mass	1:32,36
19. Brambilla	1:32,46
20. Fittipaldi	1:32,50
21. Keegan	1:32,51
22. Jarier	1:33,08
23. Stommelen	1:49,90
Peterson	—

3. Training:

1. Watson	1:28,83
2. Lauda	1:28,88
3. Reutemann	1:28,95
4. Depailler	1:29,14
5. Hunt	1:29,22
6. Peterson	1:29,23
7. Andretti	1:29,34
8. Scheckter	1:29,50
9. Jones	1:29,51
10. Villeneuve	1:29,74
11. Ickx	1:30,00
12. Tambay	1:30,09
13. Jabouille	1:30,18
14. Pironi	1:30,55
15. Patrese	1:30,59
16. Laffite	1:30,60
17. Keegan	1:31,31
Stommelen	1:31,31
19. Mass	1:31,40
20. Fittipaldi	1:31,42
21. Stuck	1:31,97
22. Jarier	1:32,11
23. Regazzoni	1:32,31
24. Brambilla	1:32,93

Startaufstellung:

Carlos Reutemann
Ferrari 312T3 (034)
1:28,34

John Watson
Brabham-Alfa Romeo
BT46-3, 1:28,83

Niki Lauda
Brabham-Alfa Romeo
BT46-4, 1:28,84

Mario Andretti
Lotus-Ford 78 (JPS17)
1:29,10

Patrick Depailler
Tyrrell-Ford 008/3
1:29,14

James Hunt
McLaren-Ford M26/4
1:29,22

Ronnie Peterson
Lotus-Ford 78 (JPS16)
1:29,23

Gilles Villeneuve
Ferrari 312T3 (032)
1:29,40

Jody Scheckter
Wolf-Ford WR1
1:29,50

Alan Jones
Williams-Ford FW06/1
1:29,51

Patrick Tambay
McLaren-Ford M26/5
130,08

Jean-Pierre Jabouille
Renault RS02
1:30,18

Didier Pironi
Tyrrell-Ford 008/4
1:30,55

Riccardo Patrese
Arrows-Ford FA1/3
1:30,59

Jacques Laffite
Ligier-Matra JS9-01
1:30,60

Jacky Ickx
Ensign-Ford N177MN-06
1:30,72

Hans-Joachim Stuck
Shadow-Ford DN9/1A(5A)
1:31,30

Rupert Keegan
Surtees-Ford TS19-02
1:31,31

Rolf Stommelen
Arrows-Ford FA1/1
1:31,31

Emerson Fittipaldi
Fittipaldi-Ford F5A/3
1:31,36

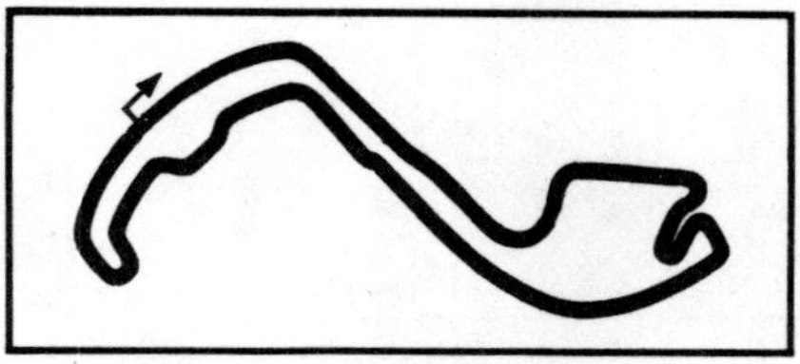

Rekorde: Distanz: Lauda (Ferrari 312T2) 129,321 km/h (1976); Runde: Regazzoni (Ferrari 312T2) 1:30,28 = 132,089 km/h (1976); Training: Lauda (Ferrari 312T2) 1:29,65 = 132,997 km/h (1976).

Nicht qualifiziert: Jochen Mass (ATS-Ford H51-2) 1:31,40; Clay Regazzoni (Shadow-Ford DN9/4A) 1:31,61; Jean-Pierre Jarier (ATS-Ford HS1-1) 1:32,11; Vittorio Brambilla (Surtees-Ford TS20-01) 1:32,46.

Qualifikationstraining (Donnerstag): 1. Patrese 1:32,30; 2. Stommelen 1:33,47. — Nicht qualifiziert: Rosberg (Theodore-Ralt) 1:33,79; Daly (Hesketh) 1:34,29; Arnoux (Martini) 1:35,17; Rebaque (Lotus) 1:37,29; Lunger (McLaren) 1:39,11; Merzario (Merzario) 1:49,43.

Wetter am Renntag: bedeckt, Temperatur: 16 Grad.

Boxenstops:

Reutemann:	1. Runde:	Radbruch links hinten nach Kollision mit Lauda in der St.-Devote-Schikane; Platz 19
Hunt:	1. Runde:	Nach Leitplankenkollision in die St.-Devote-Schikane (um Reutemann auszuweichen); Platz 20
Stuck:	4. Runde:	Reifenwechsel rechts vorn (nach Kollision mit Keegan); Platz 15—19
Ickx:	15. Runde:	Bremsen; Platz 11—15
Lauda:	44. Runde:	Reifenwechsel rechts hinten; Platz 2—6
Andretti:	45. Runde:	Gebrochener Benzinanzeiger, Sprit im Cockpit; Platz 4—13
Andretti:	50.,61. Runde:	Halterung an Einspritzpumpe gebrochen; Platz 12
Jabouille:	69. Runde:	Reifenwechsel; Platz 10

Ausfälle:

Keegan:	8. Runde:	Nach Kollision mit Stuck in Loews-Kurve; Platz 17
Laffite:	12. Runde:	Getriebeschaden; Platz 16
Stuck:	23. Runde:	Lenkungsdefekt; Platz 16
Ickx:	24. Runde:	Halbachse gebrochen; Platz 18
Jones:	29. Runde:	Öltank leck, Öl auf die Bremsscheiben; Platz 8
Stommelen:	37. Runde:	Aufgabe wegen zu starker Schmerzen (Rippenbruch); Platz 15
Hunt:	42. Runde:	Hinterer Stabilisator gebrochen; Platz 14
Peterson:	56. Runde:	Getriebeschaden (2. Gang gebrochen); Platz 4
Villeneuve:	63. Runde:	Unfall wegen Reifenplatzers links vorn im Tunnel; Platz 4

Renndistanz: 75 Runden à 4,312 km = 248,4 km.

Stand nach 1 Runde: 1. Watson, 2. Depailler, 3. Lauda, 4. Andretti, 5. Scheckter, 6. Jones 7. Peterson, 8. Villeneuve, 9. Tambay, 10. Laffite.

Stand nach 25 Runden (1. Drittel): 1. Watson, 2. Depailler, 3. Lauda, 4. Andretti, 5. Scheckter, 6. Peterson, 7. Villeneuve, 8. Jones, 9. Tambay, 10. Pironi.

Stand nach 38 Runden (Halbdistanz): 1. Depailler, 2. Lauda, 3. Watson, 4. Andretti, 5. Scheckter, 6. Peterson, 7. Villeneuve, 8. Pironi, 9. Patrese, 10. Tambay.

Stand nach 50 Runden (2. Drittel): 1. Depailler, 2. Watson, 3. Scheckter, 4. Peterson, 5. Villeneuve, 6. Lauda, 7. Pironi, 8. Patrese, 9. Tambay, 10. Reutemann.

Ergebnis:

1.	Patrick Depailler (Frankreich) Tyrrell-Ford	1.44:14,66 = 129,325 km/h
2.	Niki Lauda (Österreich) Brabham-Alfa Romeo	22,45 zurück
3.	Jody Scheckter (Südafrika) Wolf-Ford	32,29 zurück
4.	John Watson (Irland) Brabham-Alfa Romeo	33,53 zurück
5.	Didier Pironi (Frankreich) Tyrrell-Ford	1:08,06 zurück
6.	Riccardo Patrese (Italien) Arrows-Ford	1:08,77 zurück
7.	Patrick Tambay (Frankreich) McLaren-Ford	1 Runde zurück
8.	Carlos Reutemann (Argentinien) Ferrari	1 Runde zurück
9.	Emerson Fittipaldi (Brasilien) Copersucar-Ford	1 Runde zurück
10.	Jean-Pierre Jabouille (Frankreich) Renault-Turbo	4 Runden zurück
11.	Mario Andretti (USA) Lotus-Ford	6 Runden zurück

Schnellste Runde: Lauda (Brabham-Alfa Romeo) 1:28,65 = 134,649 km/h.

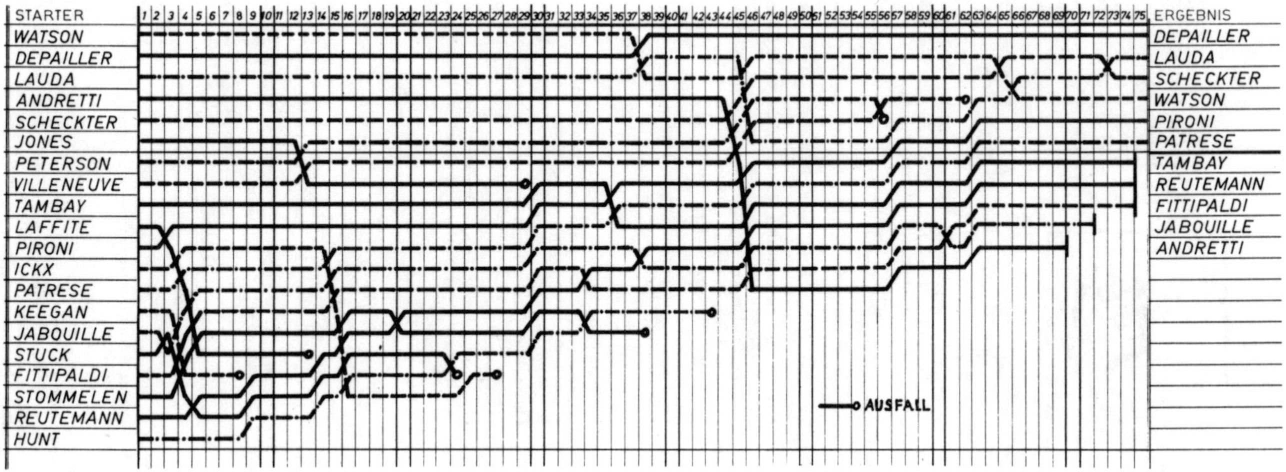
STARTER
WATSON
DEPAILLER
LAUDA
ANDRETTI
SCHECKTER
JONES
PETERSON
VILLENEUVE
TAMBAY
LAFFITE
PIRONI
ICKX
PATRESE
KEEGAN
JABOUILLE
STUCK
FITTIPALDI
STOMMELEN
REUTEMANN
HUNT
ERGEBNIS
DEPAILLER
LAUDA
SCHECKTER
WATSON
PIRONI
PATRESE
TAMBAY
REUTEMANN
FITTIPALDI
JABOUILLE
ANDRETTI
AUSFALL

Lauf 6 — Großer Preis von Belgien — Zolder, 21. Mai 1978

1. Training:		2. Training:		3. Training:	
1. Andretti	1:21,78	1. Andretti	1:21,48	1. Andretti	1:20,90
2. Reutemann	1:22,60	2. Scheckter	1:22,12	2. Reutemann	1:21,69
3. Villeneuve	1:23,05	3. Reutemann	1:22,35	3. Lauda	1:21,70
4. Scheckter	1:23,12	4. Lauda	1:22,65	4. Villeneuve	1:21,77
5. Hunt	1:23,16	5. Hunt	1:23,16	5. Hunt	1:22,50
6. Lauda	1:23,34	6. Villeneuve	1:23,21	6. Peterson	1:22,62
7. Peterson	1:23,51	7. Peterson	1:23,26	7. Patrese	1:23,65
8. Watson	1:23,61	8. Patrese	1:23,46	8. Watson	1:23,26
9. Jones	1:23,93	9. Jabouille	1:23,58	9. Brambilla	1:23,78
10. Jabouille	1:24,10	10. Jones	1:23,71	10. Depailler	1:23,82
11. Laffite	1:24,12	11. Watson	1:23,96	11. Laffite	1:23,90
12. Stommelen	1:24,21	12. Depailler	1:24,03	12. Stommelen	1:24,14
13. Arnoux	1:24,29	13. Fittipaldi	1:24,11	Mass	1:24,14
14. Depailler	1:24,71	14. Arnoux	1:24,28	14. Regazzoni	1:24,18
15. Brambilla	1:24,76	Regazzoni	1:24,28	15. Stuck	1:24,47
16. Patrese	1:25,07	16. Stommelen	1:24,60	16. Giacomelli	1:24,81
17. Regazzoni	1:25,11	17. Ickx	1:24,82	17. Pironi	1:24,85
18. Daly	1:25,69	18. Brambilla	1:25,07	18. Lunger	1:24,99
19. Fittipaldi	1:25,73	19. Keegan	1:25,40	19. Rosberg	1:25,87
20. Pironi	1:25,89	20. Giacomelli	1:25,47	20. Colombo	1:26,01
21. Ickx	1:26,07	21. Pironi	1:25,55	Fittipaldi	—
22. Mass	1:26,28	22. Mass	1:25,90	Jabouille	—
23. Keegan	1:26,82	23. Daly	1:26,01	Keegan	—
24. Colombo	1:26,83	24. Colombo	1:26,51	Scheckter	—
25. Giacomelli	1:28,30	25. Rosberg	1:28,28	Ickx	—
26. Rosberg	1:32,03	26. Laffite	1:35,34	Daly	—
27. Stuck	1:48,55	Stuck	—	Jones	—
Lunger	—	Lunger	—	Arnoux	—

Startaufstellung:

Mario Andretti Lotus-Ford 79 (JPS20) 1:20,90		Carlos Reutemann Ferrari 312T3 (033) 1:21,69	
	Niki Lauda Brabham-Alfa Romeo BT46-4, 1:21,70		Gilles Villeneuve Ferrari 312T3 (034) 1:21,77
Jody Scheckter Wolf-Ford WR5 1:22,12		James Hunt McLaren-Ford M26/4 1:22,50	
	Ronnie Peterson Lotus-Ford 78 (JPS16) 1:22,62		Riccardo Patrese Arrows-Ford FA1/4 1:23,25
John Watson Brabham-Alfa Romeo BT46-3, 1:23,26		Jean-Pierre Jabouille Renault RS03 1:23,58	
	Alan Jones Williams-Ford FW06/2 1:23,71		Vittorio Brambilla Surtees-Ford TS20-01 1:23,78
Patrick Depailler Tyrrell-Ford 008/3 1:23,82		Jacques Laffite Ligier-Matra JS7/9-01 1:23,90	
	Emerson Fittipaldi Fittipaldi-Ford F5A/3 1:24,11		Jochen Mass ATS-Ford HS1-1 1:24,14
Rolf Stommelen Arrows-Ford FA1/2 1:24,14		Clay Regazzoni Shadow-Ford DN9/4A(6A) 1:24,18	
	Rene Arnoux Martini-Ford Mk23-01 1:24,28		Hans-Joachim Stuck Shadow-Ford DN9/1A(5A) 1:24,47
Bruno Giacomelli McLaren-Ford M26/7 1:24,81		Jacky Ickx Ensign-Ford N177MN-06 1:24,82	
	Didier Pironi Tyrrell-Ford 008/4 1:24,85		Brett Lunger*) McLaren-Ford M26/6 1:24,99

*) Brett Lunger in der Vorqualifikation gescheitert, aber wegen Tambays Ausfall zum Training zugelassen.

Nicht qualifiziert: Rupert Keegan (Surtees-Ford TS20-02) 1:25,40; Derek Daly (Hesketh-Ford 308E/5) 1:25,69; Keijo Rosberg (Theodore-Ford TR1[2]) 1:25,87; Alberto Colombo (ATS-Ford HS1-1) 1:26,01. — In der Vorqualifikation ausgeschieden: Brett Lunger (McLaren-Ford M26/6) 1:24,86; Hector Rebaque (Lotus-Ford 78[18]) 1:25,10; Arturo Merzario (Merzario-Ford A1/001) 1:26,69.

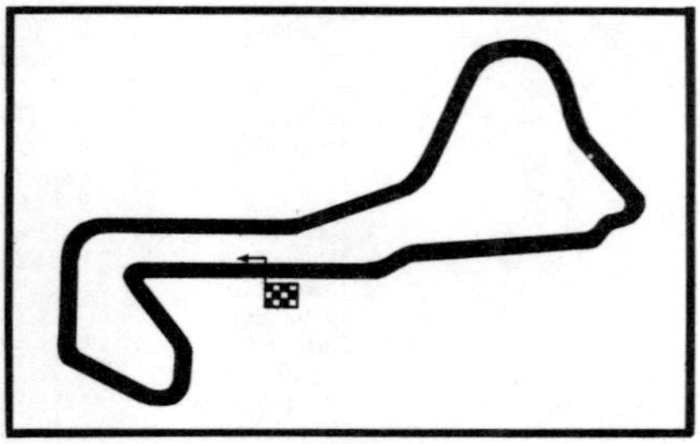

Rekorde: Distanz: Lauda (Ferrari 312T2) 173,980 km/h (1976); Runde: Lauda (Ferrari 312T2) 1:25,38 = 179,705 km/h (1976); Training: Andretti (Lotus-Ford 78) 1:24,64 (1977).

Wetter am Renntag: bewölkt, windig, 18 Grad.

Boxenstops:

Ickx:	2. Runde:	Frontpartie ausgetauscht; Platz 21
Jones:	8. Runde:	Vorderreifen gewechselt; Platz 12—20
Scheckter:	10. Runde:	Loses Zündkabel befestigt und verbogene Schnauze gewechselt; Platz 4—19
Watson:	13. Runde:	Reifenwechsel; Platz 8—18
Jabouille:	16. Runde:	Bremsprobleme; Platz 13—17
Villeneuve:	40. Runde:	Reifenplatzer links vorn; Platz 2—4
Peterson:	56. Runde:	Beide Vorderreifen gewechselt; Platz 2

Ausfälle:

Lauda, Hunt,	Fittipaldi:	Alle drei ausgefallen bei Startkarambolage
Watson:	18. Runde:	Ölwanne bei Abkommen von der Strecke zerschlagen; Platz 17
Stommelen:	26. Runde:	Unfall; Platz 11
Patrese:	31. Runde:	Hintere Radaufhängung gebrochen; Platz 4—5
Regazzoni:	41. Runde:	Differentialschaden; Platz 6
Depailler:	51. Runde:	Getriebeschaden; Platz 6—8
Scheckter:	54. Runde:	Dreher; Platz 12
Stuck:	56. Runde:	Dreher; Platz 12
Brambilla:	62. Runde:	Motorschaden; Platz 8
Laffite:	70. Runde:	Kollision mit Reutemann in der Schikane; Platz 3—4

Renndistanz: 70 Runden à 4,262 km = 298,34 km.

Stand nach 1 Runde: 1. Andretti, 2. Villeneuve, 3. Scheckter, 4. Peterson, 5. Patrese, 6. Watson, 7. Jabouille, 8. Reutemann, 9. Brambilla, 10. Mass.

Stand nach 35 Runden (Halbdistanz): 1. Andretti, 2. Villeneuve, 3. Peterson, 4. Reutemann, 5. Laffite, 6. Depailler, 7. Regazzoni, 8. Pironi, 9. Giacomelli, 10. Arnoux.

Stand nach 47 Runden: 1. Andretti, 2. Peterson, 3. Reutemann, 4. Laffite, 5. Villeneuve, 6. Depailler, 7. Pironi, 8. Giacomelli, 9. Brambilla, 10. Mass.

Ergebnis:

1.	Mario Andretti (USA) Lotus-Ford	1.39:52,02 = 179,24 km/h
2.	Ronnie Peterson (Schweden) Lotus-Ford	9,90 zurück
3.	Carlos Reutemann (Argentinien) Ferrari	24,34 zurück
4.	Gilles Villeneuve (Kanada) Ferrari	47,40 zurück
5.	Jacques Laffite (Frankreich) Ligier-Matra*)	1 Runde zurück
6.	Didier Pironi (Frankreich) Tyrrell-Ford	1 Runde zurück
7.	Brett Lunger (USA) McLaren-Ford	1 Runde zurück
8.	Bruno Giacomelli (Italien) McLaren-Ford	1 Runde zurück
9.	Rene Arnoux (Frankreich) Martini-Ford	2 Runden zurück
10.	Alan Jones (Australien) Williams-Ford	2 Runden zurück
11.	Jochen Mass (Deutschland) ATS-Ford	2 Runden zurück
12.	Jacky Ickx (Belgien) Ensign-Ford	6 Runden zurück
13.	Vittorio Brambilla (Italien) Surtees-Ford*)	7 Runden zurück
14.	Jean-Pierre Jabouille (Frankreich) Renault-Turbo*)	14 Runden zurück

*) Laffite (Kollision mit Reutemann) und Brambilla (Motorschaden) kurz vor Schluß ausgefallen, aber gewertet; Jabouille im Ziel, aber auf Grund zu geringer zurückgelegter Distanz nicht gewertet.

Schnellste Runde: Peterson (Lotus-Ford) 1:23,13 = 184,635 km/h.

Schnellste Runde jedes Fahrers im Rennen: Peterson 1:23,13; Brambilla 1:23,38; Andretti 1:23,45; Villeneuve 1:23,73; Scheckter 1:23,92; Laffite 1:23,95; Reutemann 1:24,27; Stuck 1:24,29; Giacomelli 1:24,35; Jones 1:24,46; Jabouille 1:24,68; Stommelen 1:25,01; Patrese 1:25,05; Watson 1:25,14; Ickx 1:25,18; Regazzoni 1:25,20; Depailler 1:25,24; Lunger 1:25,34; Pironi 1:25,59; Arnoux 1:26,13; Mass 1:26,20.

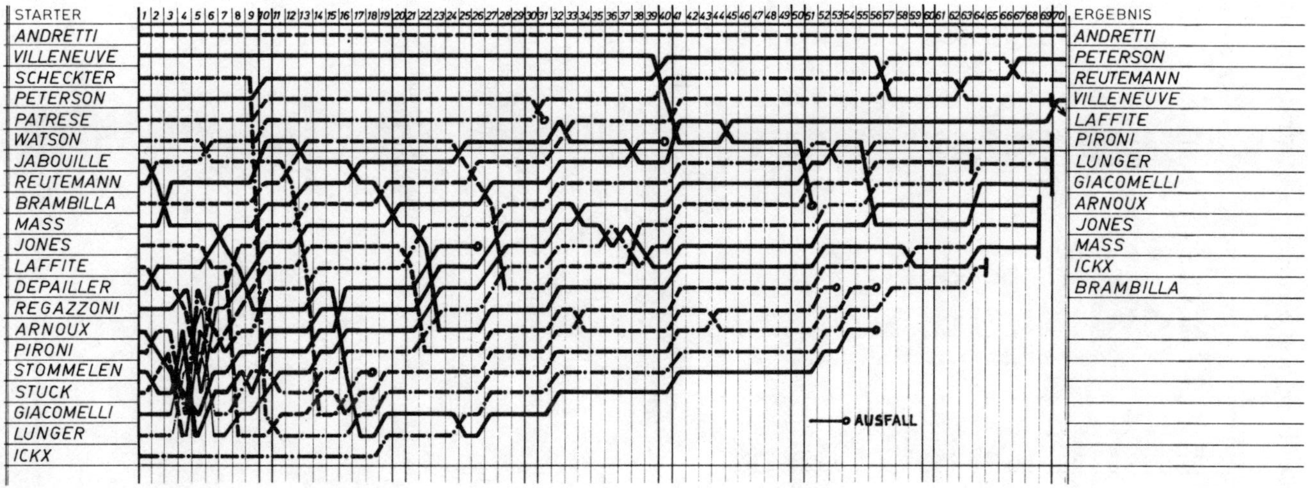
STARTER
ANDRETTI
VILLENEUVE
SCHECKTER
PETERSON
PATRESE
WATSON
JABOUILLE
REUTEMANN
BRAMBILLA
MASS
JONES
LAFFITE
DEPAILLER
REGAZZONI
ARNOUX
PIRONI
STOMMELEN
STUCK
GIACOMELLI
LUNGER
ICKX
1 2 3 4 5 6 7 8 9 10 11 12 13 14 15 16 17 18 19 20 21 22 23 24 25 26 27 28 29 30 31 32 33 34 35 36 37 38 39 40 41 42 43 44 45 46 47 48 49 50 51 52 53 54 55 56 57 58 59 60 61 62 63 64 65 66 67 68 69 70
ERGEBNIS
ANDRETTI
PETERSON
REUTEMANN
VILLENEUVE
LAFFITE
PIRONI
LUNGER
GIACOMELLI
ARNOUX
JONES
MASS
ICKX
BRAMBILLA
AUSFALL

Lauf 7 — Großer Preis von Spanien — Madrid-Jarama, 4. Juni 1978

1. Training:

1.	Peterson	1:16,68
2.	Andretti	1:16,98
3.	Reutemann	1:17,64
4.	Hunt	1:17,66
5.	Watson	1:17,98
6.	Scheckter	1:18,24
7.	Lauda	1:18,30
8.	Villeneuve	1:18,55
9.	Laffite	1:18,83
10.	Jabouille	1:18,99
11.	Depailler	1:19,06
12.	Patrese	1:19,20
13.	Brambilla	1:19,71
14.	Tambay	1:19,76
15.	Jones	1:19,99
16.	Stommelen	1:20,03
17.	Rebaque	1:20,21
18.	Pironi	1:20,32
19.	Ickx	1:20,36
20.	Mass	1:20,50
	Fittipaldi	1:20,50
22.	Stuck	1:20,87
23.	Lunger	1:21,17
24.	Regazzoni	1:21,30
25.	Merzario	1:21,42
26.	Villota	1:21,55
27.	Keegan	1:22,93
28.	Colombo	1:23,11

2. Training:

1.	Andretti	1:17,61
2.	Reutemann	1:18,17
3.	Lauda	1:18,19
4.	Peterson	1:18,33
5.	Laffite	1:18,42
6.	Scheckter	1:18,85
7.	Watson	1:18,86
8.	Villeneuve	1:18,89
9.	Depailler	1:19,32
10.	Hunt	1:19,43
11.	Patrese	1:19,99
12.	Tambay	1:20,17
13.	Fittipaldi	1:20,27
14.	Jones	1:20,37
15.	Brambilla	1:20,38
16.	Jabouille	1:20,42
17.	Pironi	1:20,55
18.	Stommelen	1:20,72
19.	Mass	1:20,82
20.	Ickx	1:21,08
21.	Regazzoni	1:21,13
22.	Merzario	1:21,43
23.	Rebaque	1:21,51
24.	Keegan	1:21,99
25.	Colombo	1:22,05
26.	Lunger	1:22,07
27.	Villota	1:22,41
	Stuck	—

3. Training:

1.	Andretti	1:16,39
2.	Reutemann	1:17,40
3.	Villeneuve	1:17,76
4.	Lauda	1:17,94
5.	Peterson	1:17,96
6.	Patrese	1:18,14
7.	Hunt	1:18,28
8.	Scheckter	1:18,54
9.	Watson	1:18,57
	Laffite	1:18,57
11.	Pironi	1:19,11
12.	Tambay	1:19,28
13.	Fittipaldi	1:19.33
14.	Depailler	1:19,40
15.	Jabouille	1:19,62
16.	Mass	1:19,98
17.	Stommelen	1:20,25
18.	Jones	1:20,41
19.	Brambilla	1:20,54
	Ickx	1:20,54
21.	Regazzoni	1:20,67
22.	Keegan	1:20,77
23.	Merzario	1:20,91
24.	Lunger	1:21,51
	Stuck	1:21,51
26.	Rebaque	1:21,54
27.	Colombo	1:21,59
28.	Villota	1:22,84

Startaufstellung:

Ronnie Peterson
Lotus-Ford 79 (JPS20)
1:16,68

Mario Andretti
Lotus-Ford 79 (JPS21)
1:16,39

James Hunt
McLaren-Ford M26/3
1:17,66

Carlos Reutemann
Ferrari 312T3 (033)
1:17,40

Niki Lauda
Brabham-Alfa Romeo
BT46-6, 1:17,94

Gilles Villeneuve
Ferrari 312T3 (034)
1:17,76

Riccardo Patrese
Arrows-Ford FA1/4
1:18,14

John Watson
Brabham-Alfa Romeo
BT46-4, 1:17,98

Jacques Laffite
Ligier-Matra JS9-01
1:18,42

Jody Scheckter
Wolf-Ford WR5
1:18,24

Patrick Depailler
Tyrrell-Ford 008/3
1:19,06

Jean-Pierre Jabouille
Renault RS02
1:18,99

Patrick Tambay
McLaren-Ford M26/5
1:19,28

Didier Pironi
Tyrrell-Ford 008/2(5)
1:19,11

Vittorio Brambilla
Surtees-Ford TS20-01
1:19,71

Emerson Fittipaldi
Fittipaldi-Ford F5A/3
1:19,33

Alan Jones
Williams-Ford FW06/2
1:19,99

Jochen Mass
ATS-Ford HS1-1
1:19,98

Hector Rebaque
Lotus-Ford 78 (15)
1:20,21

Rolf Stommelen
Arrows-Ford FA1/3
1:20,03

Clay Regazzoni
Shadow-Ford DN9/1A(5A)
1:20,67

Jacky Ickx
Ensign-Ford N177MN-08
1:20,36

Hans-Joachim Stuck
Shadow-Ford DN9/4A(6A)
1:20,87

Rupert Keegan
Surtees-Ford TS20-02
1:20,77

Nicht qualifiziert: Arturo Merzario (Merzario-Ford A1/001) 1:20,9; Brett Lunger (McLaren-Ford M26/6) 1:21,17; Emilio de Villota (McLaren-Ford M23/8) 1:21,55; Alberto Colombo (ATS-Ford HS1-2) 1:21,59. In der Vorqualifikation ausgeschieden: Keijo Rosberg (Theodore-Ford TR1[2]) 1:21,25.

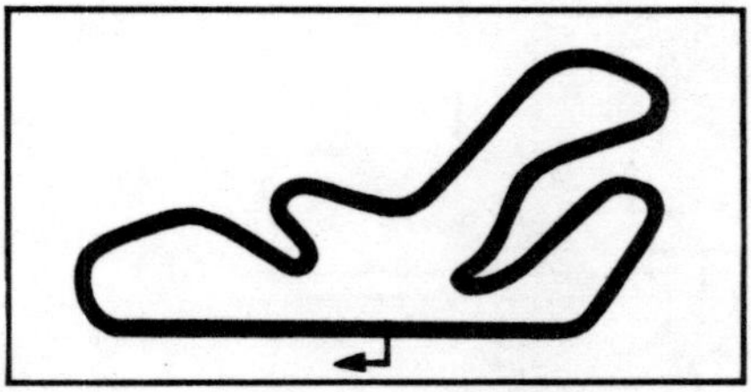

Rekorde: Distanz: Lauda (Ferrari 312T2) 148,939 km/h (1976); Runde: Laffite (Ligier-Matra JS7) 1:20,81 = 151,659 km/h (1977); Training: Ickx (Ferrari 312B2) 1:18,43 = 156,261 km/h (1972).

Wetter am Renntag: heiß, bedeckter Himmel, Temperatur: 29 Grad.

Boxenstops:

Ickx:	9. Runde:	Gebrochener Schalthebel, Reifenwechsel; Platz 20
Fittipaldi:	19. Runde:	Vibrationen wegen verlorener Auswuchtgewichte; Platz 17
Stommelen: 25.,	27. Runde:	Reifen wechseln; Platz 19—20
Reutemann:	28. Runde:	Alle vier Reifen gewechselt; Platz 3—7
Villeneuve:	28. Runde:	Alle vier Reifen gewechselt; Platz 15
Stuck: 38.,	42. Runde:	Reifen wechseln; Platz 18—19
Fittipaldi: 44.,	45. Runde:	Reifen wechseln; Platz 18—20
Depailler:	50. Runde:	Zündbox gewechselt; Platz 7—10
Pironi:	51. Runde:	Elektrischer Verteiler defekt; Platz 9
Hunt:	60. Runde:	Alle vier Reifen gewechselt; Platz 4

Ausfälle:

Tambay:	17. Runde:	Dreher; Platz 12
Rebaque:	21. Runde:	Auspuff abgebrochen; Platz 21
Patrese:	22. Runde:	Motor überhitzt; Platz 5
Stuck:	45. Runde:	Defekt an der Hinterradaufhängung; Platz 19
Depailler:	51. Runde:	Motorschaden; Platz 19
Lauda:	57. Runde:	Motorschaden; Platz 4
Reutemann:	58. Runde:	Unfall wegen gebrochener Halbachse; Platz 7
Fittipaldi:	62. Runde:	Gaszug ausgehakt; Platz 17
Ickx:	64. Runde:	Motorschaden; Platz 16
Regazzoni:	67. Runde:	Leck im Benzintank; Platz 9

Renndistanz: 75 Runden à 3,40432 km = 255,323 km.

Stand nach 1 Runde: 1. Hunt, 2. Andretti, 3. Reutemann, 4. Watson, 5. Villeneuve, 6. Patrese, 7. Scheckter, 8. Laffite, 9. Peterson, 10. Lauda.

Stand nach 38 Runden (Halbdistanz): 1. Andretti, 2. Hunt, 3. Peterson, 4. Laffite, 5. Lauda, 6. Watson, 7. Scheckter, 8. Reutemann, 9. Brambilla, 10. Jones.

Ergebnis:

1.	Mario Andretti (USA) Lotus-Ford	1.41:47,06 = 150,523 km/h
2.	Ronnie Peterson (Schweden) Lotus-Ford	18,56 zurück
3.	Jacques Laffite (Frankreich) Ligier-Matra	37,24 zurück
4.	Jody Scheckter (Südafrika) Wolf-Ford	1:00,60 zurück
5.	John Watson (Irland) Brabham-Alfa Romeo	1:05,93 zurück
6.	James Hunt (England) McLaren-Ford	1 Runde zurück
7.	Vittorio Brambilla (Italien) Surtees-Ford	1 Runde zurück
8.	Alan Jones (Australien) Williams-Ford	1 Runde zurück
9.	Jochen Mass (Deutschland) ATS-Ford	1 Runde zurück
10.	Gilles Villeneuve (Kanada) Ferrari	1 Runde zurück
11.	Rupert Keegan (England) Surtees-Ford	2 Runden zurück
12.	Didier Pironi (Frankreich) Tyrrell-Ford	4 Runden zurück
13.	Jean-Pierre Jabouille (Frankreich) Renault-Turbo	4 Runden zurück
14.	Rolf Stommelen (Deutschland) Arrows-Ford	4 Runden zurück
15.	Clay Regazzoni (Schweiz) Shadow-Ford*)	8 Runden zurück

*)Regazzoni wegen Tanklecks ausgefallen, aber gewertet.

Schnellste Runde: Andretti (Lotus-Ford) 1:20,06 = 153,065 km/h.

Schnellste Runde jedes Fahrers im Rennen: Andretti 1:20,06; Peterson 1:20,40; Hunt 1:20,44; Reutemann 1:20,78; Depailler 1:20,84; Lauda 1:20,85; Villeneuve 1:20,94; Laffite 1:21,10; Patrese 1:21,14; Watson 1:21,27; Scheckter 1:21,33; Pironi 1:21,58; Tambay 1:21,71; Jones 1:21,87; Mass 1:22,04; Fittipaldi 1:22,11; Ickx 1:22,19; Brambilla 1:22,44; Regazzoni 1:22,53; Jabouille 1:22,63; Stuck 1:22,90; Keegan 1:23,20; Stommelen 1:23,35; Rebaque 1:23,46.

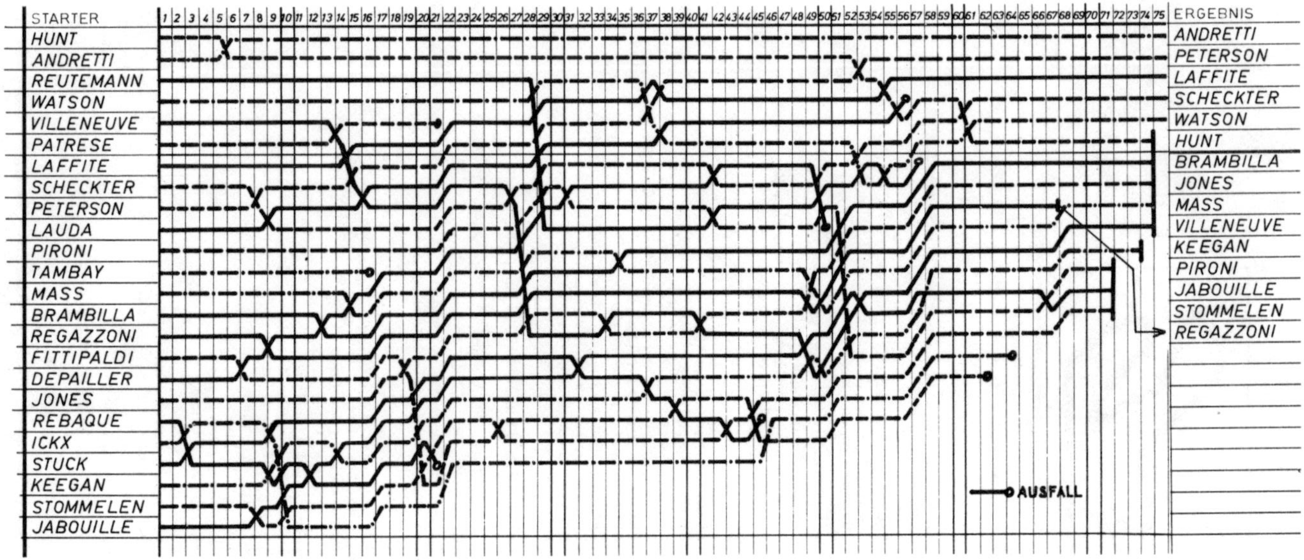

STARTER
HUNT
ANDRETTI
REUTEMANN
WATSON
VILLENEUVE
PATRESE
LAFFITE
SCHECKTER
PETERSON
LAUDA
PIRONI
TAMBAY
MASS
BRAMBILLA
REGAZZONI
FITTIPALDI
DEPAILLER
JONES
REBAQUE
ICKX
STUCK
KEEGAN
STOMMELEN
JABOUILLE
1 2 3 4 5 6 7 8 9 10 11 12 13 14 15 16 17 18 19 20 21 22 23 24 25 26 27 28 29 30 31 32 33 34 35 36 37 38 39 40 41 42 43 44 45 46 47 48 49 50 51 52 53 54 55 56 57 58 59 60 61 62 63 64 65 66 67 68 69 70 71 72 73 74 75
AUSFALL
ERGEBNIS
ANDRETTI
PETERSON
LAFFITE
SCHECKTER
WATSON
HUNT
BRAMBILLA
JONES
MASS
VILLENEUVE
KEEGAN
PIRONI
JABOUILLE
STOMMELEN
REGAZZONI

Lauf 8 — Großer Preis von Schweden — Anderstorp, 17. Juni 1978

1. Training:		2. Training:		3. Training:	
1. Reutemann	1:23,838	1. Andretti	1:22,058	1. Andretti	1:22,158
2. Peterson	1:24,652	2. Scheckter	1:23,628	2. Watson	1:22,737
3. Jabouille	1:24,859	3. Peterson	1:23,710	3. Lauda	1:22,783
4. Watson	1:24,900	4. Jabouille	1:23,963	4. Peterson	1:23,120
5. Villeneuve	1:24,906	5. Reutemann	1:24,237	5. Patrese	1:23,369
6. Andretti	1:25,010	6. Depailler	1:24,259	6. Scheckter	1:23,621
7. Scheckter	1:25,306	7. Villeneuve	1:24,473	7. Villeneuve	1:23,730
8. Lauda	1:25,410	8. Hunt	1:24,761	8. Reutemann	1:23,737
9. Tambay	1:25,432	9. Lauda	1:24,833	9. Jones	1:23,951
10. Hunt	1:25,955	10. Patrese	1:25,196	10. Laffite	1:24,030
11. Laffite	1:26,090	11. Jones	1:25,375	11. Depailler	1:24,203
12. Depailler	1:26,150	12. Laffite	1:25,409	12. Fittipaldi	1:24,274
13. Patrese	1:26,290	13. Fittipaldi	1:25,419	13. Jabouille	1:24,356
14. Jones	1:26,476	14. Watson	1:25,522	14. Tambay	1:24,986
15. Fittipaldi	1:26,742	15. Tambay	1:25,683	15. Regazzoni	1:25,007
16. Brambilla	1:26,856	16. Regazzoni	1:26,123	16. Hunt	1:25,575
17. Rebaque	1:27,350	17. Brambilla	1:26,618	17. Pironi	1:25,813
18. Merzario	1:27,479	18. Rebaque	1:27,139	18. Mass	1:26,787
19. Stuck	1:27,504	19. Pironi	1:27,462	19. Brambilla	1:26,895
20. Regazzoni	1:27,551	20. Stuck	1:27,546	20. Stuck	1:27,011
21. Rosberg	1:27,560	Merzario	1:27,546	21. Merzario	1:27,667
22. Stommelen	1:27,812	22. Rosberg	1:27,677	22. Stommelen	1:27,922
23. Mass	1:28,153	23. Mass	1:27,820	23. Rebaque	1:27,973
24. Keegan	1:28,282	24. Keegan	1:28,311	24. Ickx	1:28,400
25. Lunger	1:28,388	25. Stommelen	1:28,791	25. Keegan	1:28,479
26. Pironi	1:28,790	26. Lunger	1:28,999	26. Lunger	1:28,495
27. Ickx	1:29,438	27. Ickx	1:29,051	27. Rosberg	1:28,816

Startaufstellung:

Mario Andretti
Lotus-Ford 79/3 (JPS21)
1:22,058

John Watson
Brabham-Alfa Romeo
BT46/4B, 1:22,737

Niki Lauda
Brabham-Alfa Romeo
BT46/6B, 1:22,783

Ronnie Peterson
Lotus-Ford 79/2 (JPS20)
1:23,120

Riccardo Patrese
Arrows-Ford FA1/4
1:23,369

Jody Scheckter
Wolf-Ford WR5
1:23,621

Gilles Villeneuve
Ferrari 312T3 (035)
1:23,730

Carlos Reutemann
Ferrari 312T3 (036)
1:23,737

Alan Jones
Williams-Ford FW06/1
1:23,951

Jean-Pierre Jabouille
Renault-Turbo RS02
1:23,963

Jacques Laffite*)
Ligier-Matra JS7/9
1:24,000

Patrick Depailler
Tyrrell-Ford 008/3
1:24,203

Emerson Fittipaldi
Copersucar-Ford F5/3A
1:24,274

James Hunt
McLaren-Ford M26/3
1:24,761

Patrick Tambay
McLaren-Ford M26/5
1:24,986

Clay Regazzoni
Shadow-Ford DN9/4A-2
1:25,007

Didier Pironi
Tyrrell-Ford 008/2-2
1:25,843

Vittorio Brambilla
Surtees-Ford TS20/01
1:26,618

Jochen Mass
ATS-Ford HS1/1
1:26,787

Hans-Joachim Stuck
Shadow-Ford DN9/1A
1:27,011

Hector Rebaque
Lotus-Ford 78/4
1:27,139

Arturo Merzario
Merzario-Ford A1/01
1:27,479

Keijo Rosberg
ATS-Ford HS1/2
1:27,560

Rolf Stommelen
Arrows-Ford FA1/3-2
1:27,812

Nicht qualifiziert: Rupert Keegan (Surtees-Ford TS20/02) 1:28,282; Brett Lunger (McLaren-Ford M26/6) 1:28,338; Jacky Ickx (Ensign-Ford N177-MN06) 1:28,400.

*) Laffite nach Motorschaden im Aufwärmtraining von JS9 auf JS7/9 umgestiegen.

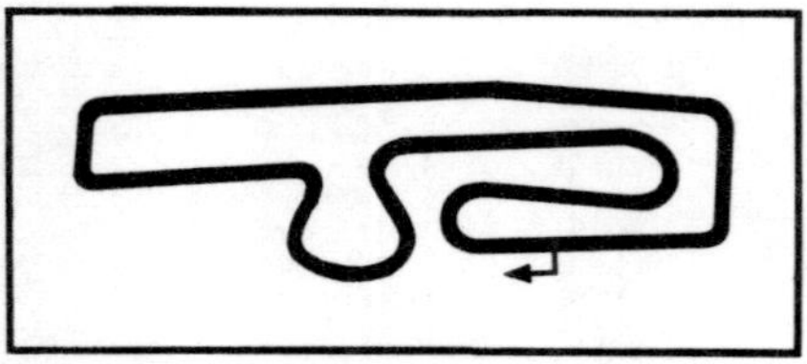

Rekorde: Distanz: Scheckter (Tyrrell-Ford P34) 162,3 km/h (1976) und Laffite (Ligier-Matra JS7) 162,3 km/h (1977); Runde: Depailler (Tyrrell-Ford 007) 1:27,262 = 165,763 km/h (1974); Training: Brambilla (March-Ford 751) 1:24,630 = 170,9 km/h (1975).

Wetter am Renntag: trocken, windig.

Boxenstops:

Peterson:	12. Runde:	Reifenwechsel rechts hinten; Platz 3—6/17
Rosberg:	16. Runde:	Kupplungszylinder in Aufwärmrunde defekt, ohne Kupplung gestartet; Platz 22
Rosberg:	19. Runde:	Kupplung; Platz 21
Depailler:	20. Runde:	klemmendes Gaspedal; Platz 18
Merzario:	37. Runde:	Reifenwechsel rechts hinten; Platz 8
Reutemann:	43. Runde:	alle vier Reifen gewechselt; Platz 6
Villeneuve:	48. Runde:	alle vier Reifen gewechselt; Platz 5—15

Ausfälle:

Brambilla:	8. Runde:	Kollision mit Pironi, Lenkungsbruch; Platz 17
Pironi:	9. Runde:	Kollision mit Brambilla, Reifenschaden; Platz 18
Scheckter:	17. Runde:	Motor explodiert; Platz 9
Watson:	20. Runde:	Unfall am Ende der Geraden, zu spät gebremst; Platz 4
Jabouille:	29. Runde:	Ölpumpe gebrochen; Platz 7
Depailler:	43. Runde:	Aufhängungsbruch rechts hinten; Platz 13
Andretti:	47. Runde:	Motorschaden/Kolben; Platz 2
Jones:	47. Runde:	Kollision mit Patrese; Platz 4

Renndistanz: 70 Runden à 4,031 km = 282,17 km.

Stand nach 1 Runde: 1. Andretti, 2. Lauda, 3. Watson, 4. Patrese, 5. Peterson, 6. Scheckter, 7. Reutemann, 8. Jones, 9. Villeneuve, 10. Depailler.

Stand nach 23 Runden (1. Drittel): 1. Andretti, 2. Lauda, 3. Patrese, 4. Reutemann, 5. Jones, 6. Villeneuve, 7. Jabouille, 8. Peterson, 9. Laffite, 10. Tambay.

Stand nach 47 Runden (2. Drittel): 1. Lauda, 2. Patrese, 3. Peterson, 4. Villeneuve, 5. Laffite, 6. Tambay, 7. Regazzoni, 8. Hunt, 9. Fittipaldi, 10. Reutemann.

Ergebnis:

1. Niki Lauda (Österreich) Brabham-Alfa Romeo	1.41:00,606 = 167,6 km/h
2. Riccardo Patrese (Italien) Arrows-Ford	34,019 zurück
3. Ronnie Peterson (Schweden) Lotus-Ford	34,105 zurück
4. Patrick Tambay (Frankreich) McLaren-Ford	1 Runde zurück
5. Clay Regazzoni (Schweiz) Shadow-Ford	1 Runde zurück
6. Emerson Fittipaldi (Brasilien) Copersucar-Ford	1 Runde zurück
7. Jacques Laffite (Frankreich) Ligier-Matra	1 Runde zurück
8. James Hunt (England) McLaren-Ford	1 Runde zurück
9. Gilles Villeneuve (Kanada) Ferrari	1 Runde zurück
10. Carlos Reutemann (Argentinien) Ferrari	1 Runde zurück
11. Hans-Joachim Stuck (Deutschland) Shadow-Ford	2 Runden zurück
12. Hector Rebaque (Mexiko) Lotus-Ford	2 Runden zurück
13. Jochen Mass (Deutschland) ATS-Ford	2 Runden zurück
14. Rolf Stommelen (Deutschland) Arrows-Ford	3 Runden zurück
15. Keke Rosberg (Finnland) ATS-Ford	7 Runden zurück

Bei Rennschluß noch im Rennen, aber aufgrund zu geringer zurückgelegter Distanz nicht gewertet: Merzario (62 Runden).

Schnellste Runde: Lauda (Brabham-Alfa Romeo) 1:24,836 = 168,0 km/h.

Schnellste Runde jedes Fahrers im Rennen: Lauda 1:24,836; Andretti 1:25,064; Peterson 1:25,202; Villeneuve 1:25,665; Watson 1:25,874; Patrese 1:25,897; Reutemann 1:26,118; Jones 1:26,213; Jabouille 1:26,549; Fittipaldi 1:26,819; Depailler 1:26,898; Regazzoni 1:27,117; Tambay 1:27,164; Hunt 1:27,274; Scheckter 1:27,303; Laffite 1:27,337; Pironi 1:28,134; Brambilla 1:28,174; Stuck 1:28,511; Rebaque 1:28,552; Mass 1:28,670; Merzario 1:29,034; Stommelen 1:29,354; Rosberg 1:29,714.

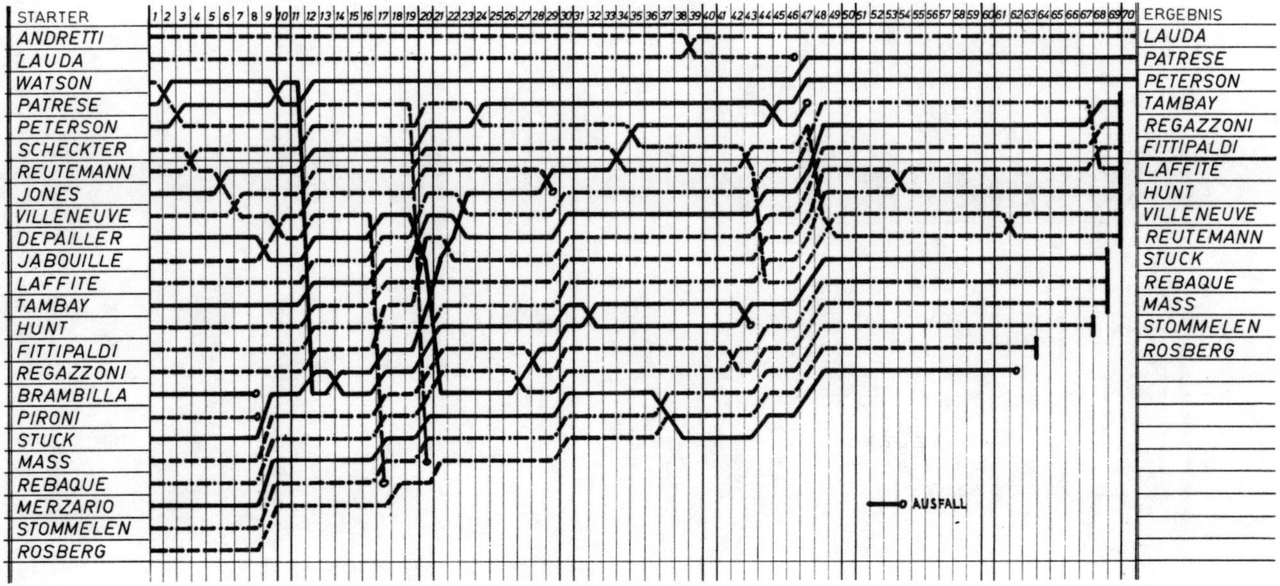

STARTER
ANDRETTI
LAUDA
WATSON
PATRESE
PETERSON
SCHECKTER
REUTEMANN
JONES
VILLENEUVE
DEPAILLER
JABOUILLE
LAFFITE
TAMBAY
HUNT
FITTIPALDI
REGAZZONI
BRAMBILLA
PIRONI
STUCK
MASS
REBAQUE
MERZARIO
STOMMELEN
ROSBERG
ERGEBNIS
LAUDA
PATRESE
PETERSON
TAMBAY
REGAZZONI
FITTIPALDI
LAFFITE
HUNT
VILLENEUVE
REUTEMANN
STUCK
REBAQUE
MASS
STOMMELEN
ROSBERG
AUSFALL

Lauf 9 — Großer Preis von Frankreich — Le Castellet, 2. Juli 1978

1. Training:		2. Training:		3. Training:	
1. Lauda	1:45,52	1. Watson	1:44,41	1. Lauda	1:44,71
2. Scheckter	1:46,10	2. Andretti	1:44,46	2. Hunt	1:44,92
3. Hunt	1:46,20	3. Lauda	1:45,02	3. Peterson	1:44,98
4. Peterson	1:46,46	4. Tambay	1:45,07	4. Andretti	1:45,02
5. Reutemann	1:46,50	5. Peterson	1:45,10	5. Reutemann	1:45,82
6. Tambay	1:47,06	6. Scheckter	1:45,20	6. Laffite	1:45,86
7. Watson	1:47,20	7. Hunt	1:45,32	7. Watson	1:45,97
8. Jabouille	1:47,34	8. Reutemann	1:45,35	8. Tambay	1:46,15
9. Laffite	1:47,44	9. Villeneuve	1:45,55	9. Petrese	1:46,32
10. Andretti	1:47,50	10. Laffite	1:45,68	10. Scheckter	1:46,33
11. Fittipaldi	1:47,89	11. Jabouille	1:45,73	11. Jones	1:46,40
Jones	1:47,89	12. Depailler	1:46,37	12. Villeneuve	1:46,56
13. Patrese	1:48,30	13. Patrese	1:46,39	13. Fittipaldi	1:46,70
14. Depailler	1:48,67	14. Jones	1:46,55	14. Depailler	1:46,74
15. Stuck	1:48,89	15. Fittipaldi	1:47,04	15. Jabouille	1:46,84
16. Pironi	1:49,36	16. Pironi	1:48,10	16. Pironi	1:47,12
17. Arnoux	1:49,48	17. Arnoux	1:48,68	17. Regazzoni	1:48,55
18. Merzario	1:50,11	18. Regazzoni	1:48,73	18. Arnoux	1:49,46
19. Brambilla	1:50,39	19. Stuck	1:49,07	19. Giacomelli	1:49,53
20. Regazzoni	1:50,44	20. Stommelen	1:49,14	20. Keegan	1:49,54
21. Villeneuve	1:50,72	21. Brambilla	1:49,23	21. Lunger	1:49,55
22. Stommelen	1:51,07	22. Lunger	1:49,65	22. Mass	1:49,90
23. Lunger	1:51,26	23. Mass	1:50,10	23. Brambilla	1:50,07
24. Mass	1:51,53	Keegan	1:50,10	24. Rosberg	1:50,09
25. Keegan	1:52,22	25. Daly	1:50,19	25. Stuck	1:50,18
26. Rebaque	1:54,03	26. Merzario	1:50,47	26. Rebaque	1:50,40
27. Daly	1:54,28	27. Giacomelli	1:50,77	27. Stommelen	1:50,51
28. Giacomelli	1:54,67	28. Rosberg	1:51,01	28. Daly	1:50,61
29. Rosberg	1:57,92	29. Rebaque	1:51,54	29. Merzario	1:50,80

Startaufstellung:

John Watson
Brabham-Alfa Romeo
BT46-4, 1:44,41

Mario Andretti
Lotus-Ford 79 (JPS21)
1:44,46

Niki Lauda
Brabham-Alfa Romeo
BT46-6, 1:44,71

James Hunt
McLaren-Ford M26/3
1:44,92

Ronnie Peterson
Lotus-Ford 79 (JPS20)
1:44,98

Patrick Tambay
McLaren-Ford M26/5
1:45,07

Jody Scheckter
Wolf-Ford WR5
1:45,20

Carlos Reutemann
Ferrari 312T3 (033)
1:45,35

Gilles Villeneuve
Ferrari 312T3 (034)
1:45,55

Jacques Laffite
Ligier-Matra JS9-01
1:45,68

Jean-Pierre Jabouille
Renault RS02
1:45,73

Riccardo Patrese
Arrows-Ford FA1/4
1:46,32

Patrick Depailler
Tyrrell-Ford 008/5
1:46,37

Alan Jones*)
Williams-Ford FW06-1
1:46,40

Emerson Fittipaldi
Fittipaldi-Ford F5A-2
1:46,70

Didier Pironi
Tyrrell-Ford 008/2(2)
1:47,12

Clay Regazzoni
Shadow-Ford DN9/1A(5A)
1:48,55

Rene Arnoux
Martini-Ford Mk23-01
1:48,68

Vittorio Brambilla
Surtees-Ford TS20-01
1:48,68

Hans-Joachim Stuck
Shadow-Ford DN9/4A(6A)
1:48,89

Rolf Stommelen
Arrows-Ford FA1/2
1:49,14

Bruno Giacomelli
McLaren-Ford M26/7
1:49,53

Rupert Keegan
Surtees-Ford TS20-02
1:49,54

Brett Lunger
McLaren-Ford M26/6
1:49,55

Jochen Mass
ATS-Ford HS1-2
1:49,90

Keijo Rosberg
ATS-Ford HS1-3
1:50,09

*) Alan Jones: Trainingszeit mit FW06-2.

Nicht qualifiziert: Arturo Merzario (Merzario-Ford A1B/001) 1:50,11; Derek Daly (Ensign-Ford N177MN-08) 1:50,19; Hector Rebaque (Lotus-Ford 78[18]) 1:50,40.

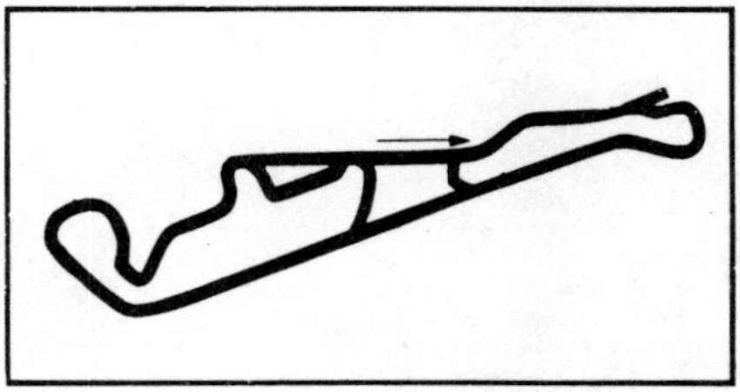

Rekorde: Distanz: Hunt (McLaren-Ford M 23) 186,423 km/h (1976); Runde: Mass (McLaren-Ford M 23) 1:50,6 = 189,113 km/h (1975); Training: Lauda (Ferrari 312 T 2) 1:47,82 (1975).

Wetter am Renntag: sonnig und heiß, 26 Grad.

Boxenstops:

Regazzoni:	2.,3. Runde:	Zündanlage überprüfen
Reutemann:	9. Runde:	Alle vier Reifen gewechselt; Platz 13—22
Tambay:	11. Runde:	Reifenwechsel; Platz 4—19
Villeneuve:	11. Runde:	Alle vier Reifen gewechselt; Platz 14—22
Reutemann:	19. Runde:	Reifenwechsel; Platz 21
Villeneuve:	25. Runde:	Reifenwechsel; Platz 20
Reutemann:	36. Runde:	Reifenwechsel; Platz 20
Reutemann:	46. Runde:	Reifenwechsel; Platz 18

Ausfälle:

Jabouille:	1. Runde:	Motorschaden
Regazzoni:	6. Runde:	Zündungsschaden
Lauda:	10. Runde:	Motorschaden; Ventilfeder gerissen; Platz 2
Depailler:	11. Runde:	Motorschaden; Platz 11
Giacomelli:	29. Runde:	Motorschaden; Platz 19
Keegan:	41. Runde:	Motorschaden; Platz 16
Fittipaldi:	44. Runde:	Aufhängungsschaden links hinten; Platz 8
Lunger:	46. Runde:	Motorschaden; Platz 12

Renndistanz: 54 Runden à 5,81 km = 313,74 km.

Stand nach 1 Runde: 1. Andretti, 2. Watson, 3. Tambay, 4. Lauda, 5. Peterson, 6. Hunt, 7. Jones, 8. Laffite, 9. Scheckter.

Stand nach 36 Runden: 1. Andretti, 2. Peterson, 3. Hunt, 4. Watson, 5. Jones, 6. Scheckter, 7. Laffite, 8. Patrese, 9. Fittipaldi, 10. Pironi.

Ergebnis:

1.	Mario Andretti (USA) Lotus-Ford	1.38:51,92 = 191,073 km/h
2.	Ronnie Peterson (Schweden) Lotus-Ford	2,93 zurück
3.	James Hunt (England) McLaren-Ford	19,80 zurück
4.	John Watson (Irland) Brabham-Alfa Romeo	36,88 zurück
5.	Alan Jones (Australien) Williams-Ford	41,81 zurück
6.	Jody Scheckter (Südafrika) Wolf-Ford	54,53 zurück
7.	Jacques Laffite (Frankreich) Ligier-Matra	54,74 zurück
8.	Riccardo Patrese (Italien) Arrows-Ford	1:24,88 zurück
9.	Patrick Tambay (Frankreich) McLaren-Ford	1:27,06 zurück
10.	Didier Pironi (Frankreich) Tyrrell-Ford	1:29,98 zurück
11.	Hans-Joachim Stuck (Deutschland) Shadow-Ford	1 Runde zurück
12.	Gilles Villeneuve (Kanada) Ferrari	1 Runde zurück
13.	Jochen Mass (Deutschland) ATS-Ford	1 Runde zurück
14.	Rene Arnoux (Frankreich) Martini-Ford	1 Runde zurück
15.	Rolf Stommelen (Deutschland) Arrows-Ford	1 Runde zurück
16.	Keijo Rosberg (Finnland) ATS-Ford	2 Runden zurück
17.	Vittorio Brambilla (Italien) Surtees-Ford	2 Runden zurück
18.	Carlos Reutemann (Argentinien) Ferrari	5 Runden zurück

Schnellste Runde: Reutemann (Ferrari) 1:48,56 = 192,597 km/h.

Schnellste Runde jedes Fahrers im Rennen: Reutemann 1:48,56; Hunt 1:48,77; Andretti 1:48,79; Peterson 1:48,94; Villeneuve 1:49,45; Jones 1:49,76; Lauda 1:49,78; Tambay 1:49,78; Watson 1:49,85; Scheckter 1:49,98; Laffite 1:50,04; Fittipaldi 1:50,17; Patrese 1:50,40; Depailler 1:50,64; Pironi 1:50,71; Lunger 1:51,29; Stuck 1:51,33; Mass 1:51,44; Keegan 1:51,87; Arnoux 1:51,92; Stommelen 1:52,01; Brambilla 1:52,12; Giacomelli 1:52,13; Rosberg 1:52,90; Regazzoni 2:29,31.

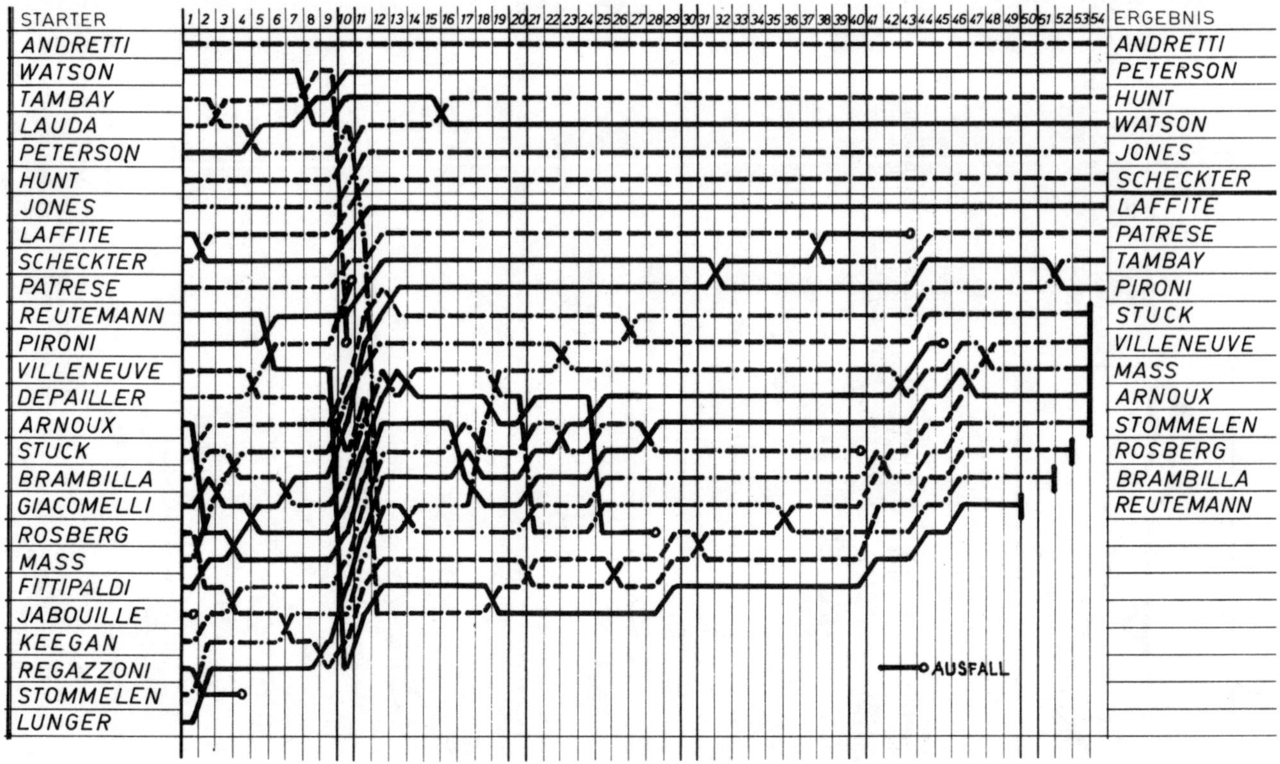
STARTER
ANDRETTI
WATSON
TAMBAY
LAUDA
PETERSON
HUNT
JONES
LAFFITE
SCHECKTER
PATRESE
REUTEMANN
PIRONI
VILLENEUVE
DEPAILLER
ARNOUX
STUCK
BRAMBILLA
GIACOMELLI
ROSBERG
MASS
FITTIPALDI
JABOUILLE
KEEGAN
REGAZZONI
STOMMELEN
LUNGER
1 2 3 4 5 6 7 8 9 10 11 12 13 14 15 16 17 18 19 20 21 22 23 24 25 26 27 28 29 30 31 32 33 34 35 36 37 38 39 40 41 42 43 44 45 46 47 48 49 50 51 52 53 54
ERGEBNIS
ANDRETTI
PETERSON
HUNT
WATSON
JONES
SCHECKTER
LAFFITE
PATRESE
TAMBAY
PIRONI
STUCK
VILLENEUVE
MASS
ARNOUX
STOMMELEN
ROSBERG
BRAMBILLA
REUTEMANN
AUSFALL

Lauf 10 — Großer Preis von England — Brands Hatch, 16. Juli 1978

1. Training:		2. Training:		3. Training:	
1. Peterson	1:17,16	1. Andretti	1:17,81	1. Peterson	1:16,80
2. Andretti	1:17,83	2. Lauda	1:18,03	2. Andretti	1:17,06
3. Scheckter	1:18,76	3. Scheckter	1:18,29	3. Scheckter	1:17,37
4. Hunt	1:19,05	4. Watson	1:18,57	4. Lauda	1:17,48
5. Reutemann	1:19,18	5. Jabouille	1:18,88	5. Patrese	1:18,28
6. Lauda	1:19,34	6. Villeneuve	1:18,89	6. Jones	1:18,36
7. Watson	1:19,38	7. Jones	1:19,03	7. Laffite	1:18,44
8. Laffite	1:19,55	8. Depailler	1:19,21	8. Reutemann	1:18,45
9. Villeneuve	1:19,75	9. Hunt	1:19,23	9. Depailler	1:18,73
10. Regazzoni	1:19,83	10. Reutemann	1:19,45	10. Fittipaldi	1:18,78
11. Daly	1:19,88	11. Patrese	1:19,61	11. Watson	1:18,98
12. Patrese	1:19,95	12. Laffite	1:19,95	12. Daly	1:19,13
13. Stuck	1:19,98	13. Tambay	1:20,14	13. Hunt	1:19,27
14. Pironi	1:19,99	14. Peterson	1:20,16	14. Villeneuve	1:19,30
15. Depailler	1:20,21	15. Rebaque	1:20,24	15. Giacomelli	1:19,79
16. Jabouille	1:20,52	16. Fittipaldi	1:20,34	16. Pironi	1:20,07
17. Jones	1:20,58	17. Merzario	1:20,35	17. Stuck	1:20,21
18. Brambilla	1:20,77	18. Daly	1:20,37	18. Jabouille	1:20,24
19. Rosberg	1:20,94	19. Stuck	1:20,43	19. Rosberg	1:20,27
20. Rebaque	1:21,10	20. Rosberg	1:20,56	20. Regazzoni	1:20,29
21. Fittipaldi	1:21,17	21. Mass	1:20,71	21. Rebaque	1:20,39
22. Lunger	1:21,33	22. Regazzoni	1:20,72	Lunger	1:20,39
23. Tambay	1:21,36	23. Stommelen	1:20,73	23. Merzario	1:20,46
24. Stommelen	1:21,37	24. Giacomelli	1:20,91	24. Brambilla	1:20,70
25. Lees	1:21,40	25. Lees	1:21,05	25. Tambay	1:20,74
26. Trimmer	1:21,99	26. Pironi	1:21,20	26. Keegan	1:21,10
27. Giacomelli	1:22,15	27. Lunger	1:21,38	27. Stommelen	1:21,17
28. Keegan	1:22,19	28. Trimmer	1:22,03	28. Mass	1:21,39
29. Mass	1:24,72	29. Brambilla	1:22,09	29. Trimmer	1:21,41
Merzario	—	30. Keegan	1:22,17	30. Lees	1:21,43

Startaufstellung:

	Ronnie Peterson Lotus-Ford 79/2 (JPS20) 1:16,80		Mario Andretti Lotus-Ford 79/3 (JPS21) 1:17,06
Jody Scheckter Wolf-Ford WR5 1:17,37		Niki Lauda Brabham-Alfa Romeo BT46-6, 1:17,48	
	Riccardo Patrese Arrows-Ford FA1/4 1:18,28		Alan Jones Williams-Ford FW06-2 1:18,36
Jacques Laffite Ligier-Matra JS9-01 1:18,44		Carlos Reutemann Ferrari 312T3 (033) 1:18,45	
	John Watson Brabham-Alfa Romeo BT46-5, 1:18,57		Patrick Depailler Tyrrell-Ford 008/5 1:18,73
Emerson Fittipaldi Copersucar-Ford F5A/2 1:18,78		Jean-Pierre Jabouille Renault RS02 1:18,88	
	Ferrari 312T3 (032) Gilles Villeneuve 1:18,99		James Hunt McLaren-Ford M26/3 1:19,05
Derek Daly Ensign-Ford N177MN08 1:19,13		Bruno Giacomelli McLaren-Ford M26/7 1:19,79	
	Clay Regazzoni Shadow-Ford DN9/5A 1:19,83		Hans-Joachim Stuck Shadow-Ford DN9/7A 1:19,98
Didier Pironi Tyrrell-Ford 008/2 1:19,99		Patrick Tambay McLaren-Ford M26/5 1:20,14	
	Hector Rebaque Lotus-Ford 78 (JPS18) 1:20,24		Keijo Rosberg ATS-Ford HS1-3 1:20,27
Arturo Merzario Merzario-Ford A1B/001 1:20,35		Brett Lunger McLaren-Ford M26/6 1:20,39	
	Vittorio Brambilla Surtees-Ford TS20-01 1:20,70		Jochen Mass ATS-Ford HS1-1 1:20,71

Nicht qualifiziert: Rolf Stommelen (Arrows-Ford FA1/3) 1:20,73; Geoff Lees (Ensign-Ford N177-MN05) 1:21,05; Rupert Keegan (Surtees-Ford TS20-02) 1:21,10; Tony Trimmer (McLaren-Ford M23/14) 1:21,41.

Nennungen von Rosberg (Wolf) und Arnoux (Martini) vom RAC nicht akzeptiert.

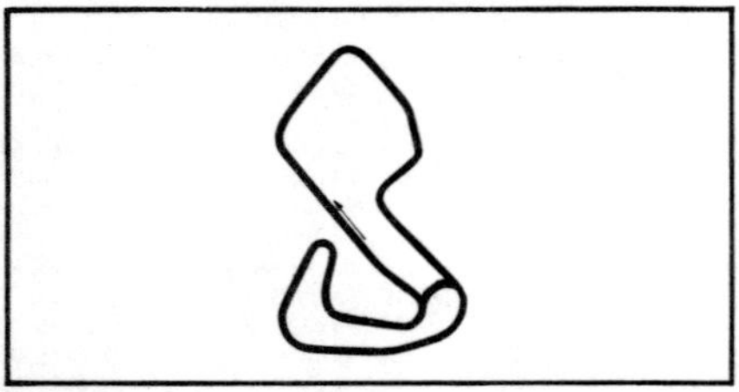

Rekorde: Distanz: Scheckter (Tyrrell-Ford 005) 185,168 km/h (1974); Runde: Hunt (McLaren-Ford M23) 1:19,48 = 190,51 km/h (1977); Training: Watson (Brabham-Alfa Romeo BT45B) 1:19,05 (1977).

Wetter am Renntag: dunstig,warm, etwa 20 Grad.

Boxenstops:

Villeneuve:	10. Runde:	Beide Vorderreifen gewechselt; Platz 23
Jabouille:	13. Runde:	Reifenwechsel; Platz 22
Laffite:	19. Runde:	Beide Vorderreifen gewechselt; Platz 19
Andretti:	23. Runde:	Reifenwechsel rechts hinten; Platz 1
Regazzoni:	24. Runde:	Reifenwechsel; Platz 16—19
Depailler:	37. Runde:	Reifenwechsel; Platz 5
Mass:	53. Runde:	Radaufhängung links hinten, Vibrationen; Platz 9

Ausfälle:

Peterson:	7. Runde:	Gebrochene Benzinleitung; Platz 2
Hunt:	9. Runde:	Unfall wegen defekter Bremsscheibe; Platz 9
Merzario:	11. Runde:	Benzinpumpe defekt; Platz 22
Rebaque:	14. Runde:	Getriebeschaden; Platz 20
Villeneuve:	19. Runde:	Halbachse rechts hinten gebrochen; Platz 21
Jones:	27. Runde:	Halbachse rechts hinten gebrochen; Platz 2
Andretti:	29. Runde:	Motorschaden; Platz 9
Daly:	30. Runde:	Hinterrad weggebrochen, Unfall; Platz 8
Fittipaldi:	32. Runde:	Kein Öldruck; Platz 7
Scheckter:	35. Runde:	Getriebeschaden (kein 2. und 4. Gang); Platz 1—2
Patrese:	39. Runde:	Reifenexplosion links hinten, deshalb Reifenschaden; Platz 2—3
Pironi:	40. Runde:	Getriebeschaden; Platz 5—11
Rosberg:	40. Runde:	Radaufhängung links vorn gebrochen; Platz 6
Jabouille:	44. Runde:	Motorschaden; Platz 12
Regazzoni:	49. Runde:	Auspuff und Getriebe

Renndistanz: 76 Runden à 4,2 km = 319,2 km.

Stand nach 1 Runde: 1. Peterson, 2. Andretti, 3. Scheckter, 4. Jones, 5. Lauda, 6. Patrese, 7. Reutemann, 8. Depailler, 9. Watson, 10. Hunt.

Stand nach 10 Runden: 1. Andretti, 2. Scheckter, 3. Jones, 4. Lauda, 5. Patrese, 6. Reutemann, 7. Watson, 8. Depailler, 9. Fittipaldi, 10. Daly.

Stand nach 25 Runden (1. Drittel): 1. Scheckter, 2. Jones, 3. Lauda, 4. Patrese, 5. Reutemann, 6. Watson, 7. Depailler, 8. Fittipaldi, 9. Daly, 10. Pironi.

Stand nach 38 Runden (Halbdistanz): 1. Lauda, 2. Patrese, 3. Reutemann, 4. Watson, 5. Pironi, 6. Rosberg, 7. Depailler, 8. Mass, 9. Tambay, 10. Giacomelli.

Stand nach 50 Runden (2. Drittel): 1. Lauda, 2. Reutemann, 3. Watson, 4. Depailler, 5. Rosberg, 6. Stuck, 7. Tambay, 8. Giacomelli, 9. Mass, 10. Lunger.

Ergebnis:

1.	Carlos Reutemann (Argentinien) Ferrari	1.42:12,39 = 187,66 km/h
2.	Niki Lauda (Österreich) Brabham-Alfa Romeo	0,23 zurück
3.	John Watson (Irland) Brabham-Alfa Romeo	37,25 zurück
4.	Patrick Depailler (Frankreich) Tyrrell-Ford	1:13,27 zurück
5.	Hans-Joachim Stuck (Deutschland) Shadow-Ford	1 Runde zurück
6.	Patrick Tambay (Frankreich) McLaren-Ford	1 Runde zurück
7.	Bruno Giacomelli (Italien) McLaren-Ford	1 Runde zurück
8.	Brett Lunger (USA) McLaren-Ford	1 Runde zurück
9.	Vittorio Brambilla (Italien) Surtees-Ford	1 Runde zurück
10.	Jacques Laffite (Frankreich) Ligier-Matra	3 Runden zurück
11.	Jochen Mass (Deutschland) ATS-Ford	8 Runden zurück

Schnellste Runde: Lauda (Brabham-Alfa Romeo) 1:18,60 = 192,65 km/h (72. Runde).

Schnellste Runde jedes Fahrers im Rennen: Lauda 1:18,60 (72.); Reutemann 1:18,84 (61.); Depailler 1:19,35 (67.); Andretti 1:19,39 (28.); Tambay 1:19,39 (64.); Laffite 1:19,64 (68.); Stuck 1:19,79 (60.); Watson 1:19,83 (67.); Giacomelli 1:19,89 (75.); Peterson 1:20,15 (6.); Regazzoni 1:20,39 (42.); Jabouille 1:20,63 (42.); Villeneuve 1:20,75 (14.); Fittipaldi 1:20,82 (31.); Lunger 1:20,82 (69.); Scheckter 1:20,91 (31.); Jones 1:21,04 (25.); Rosberg 1:21,05 (48.); Brambilla 1:21,15 (64.); Daly 1:21,19 (26.); Pironi 1:21,40 (24.); Mass 1:21,71 (41.); Rebaque 1:21,88 (10.); Hunt 1:21,92 (4.); Merzario 1:22,45 (16.).

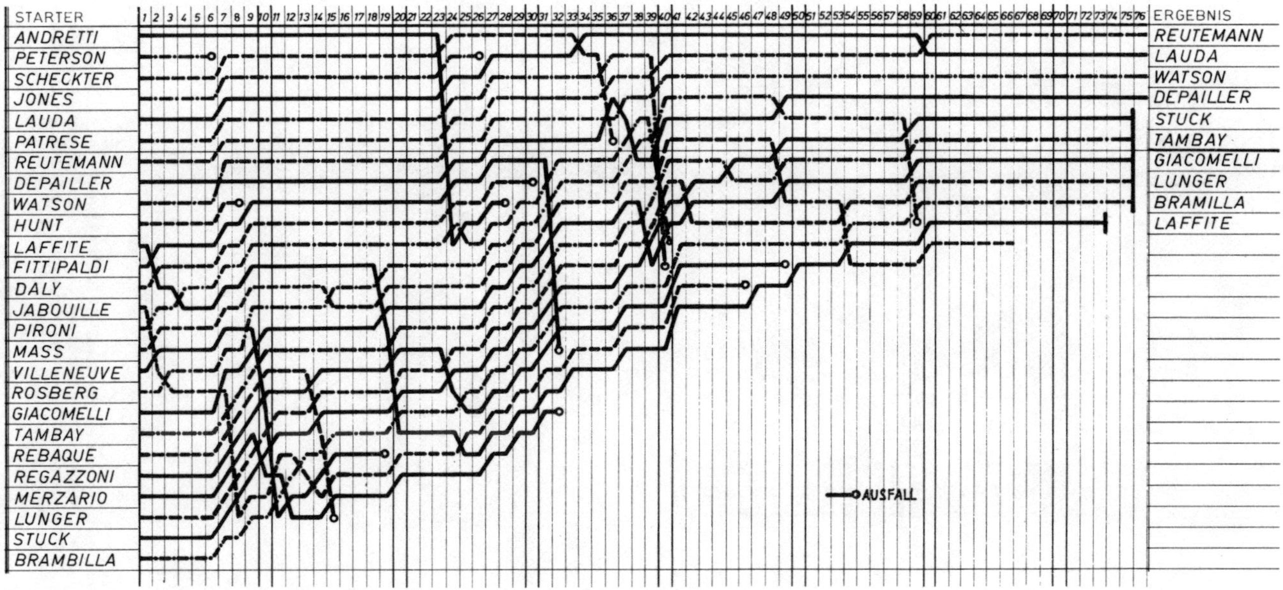
STARTER
ANDRETTI
PETERSON
SCHECKTER
JONES
LAUDA
PATRESE
REUTEMANN
DEPAILLER
WATSON
HUNT
LAFFITE
FITTIPALDI
DALY
JABOUILLE
PIRONI
MASS
VILLENEUVE
ROSBERG
GIACOMELLI
TAMBAY
REBAQUE
REGAZZONI
MERZARIO
LUNGER
STUCK
BRAMBILLA
1 2 3 4 5 6 7 8 9 10 11 12 13 14 15 16 17 18 19 20 21 22 23 24 25 26 27 28 29 30 31 32 33 34 35 36 37 38 39 40 41 42 43 44 45 46 47 48 49 50 51 52 53 54 55 56 57 58 59 60 61 62 63 64 65 66 67 68 69 70 71 72 73 74 75 76
AUSFALL
ERGEBNIS
REUTEMANN
LAUDA
WATSON
DEPAILLER
STUCK
TAMBAY
GIACOMELLI
LUNGER
BRAMILLA
LAFFITE

Lauf 11 — Großer Preis von Deutschland — Hockenheim, 30. Juli 1978

1. Training:		2. Training:		3. Training:	
1. Peterson	1:52,15	1. Peterson	1:52,13	1. Andretti	1:51,90
2. Andretti	1:52,70	2. Lauda	1:52,43	2. Peterson	1:51,99
3. Lauda	1:52,73	3. Scheckter	1:52,68	3. Lauda	1:52,29
4. Scheckter	1:53,71	4. Jones	1:53,50	4. Watson	1:52,84
5 Watson	1:54,12	5. Hunt	1:53,67	5. Scheckter	1:53,10
6. Jabouille	1:54,13	6. Andretti	1:53,89	6. Hunt	1:53,54
7. Hunt	1:54,28	7. Laffite	1:53,93	Laffite	1:53,54
8. Tambay	1:54,55	8. Depailler	1:54,42	8. Jabouille	1:53,61
9. Reutemann	1:54,56	9. Reutemann	1:54,46	9. Jones	1:53,67
10. Villeneuve	1:54,60	10. Jabouille	1:54,51	10. Fittipaldi	1:54,03
11. Jones	1:54,81	11. Tambay	1:54,71	11. Tambay	1:54,04
12. Laffite	1:54,95	12. Villeneuve	1:54,86	12. Reutemann	1:54,17
13. Fittipaldi	1:55,04	13. Watson	1:54,93	13. Depailler	1:54,32
14. Depailler	1:55,05	14. Patrese	1:55,11	14. Patrese	1:54,34
15. Patrese	1:55,14	15. Pironi	1:55,14	15. Villeneuve	1:54,40
16. Stommelen	1:55,18	16. Stommelen	1:55,44	16. Pironi	1:54,63
17. Pironi	1:55,85	17. Fittipaldi	1:55,55	17. Rebaque	1:55,57
18. Brambilla	1:55,86	18. Rosberg	1:56,07	Rosberg	1:55,57
19. Rosberg	1:56,07	19. Brambilla	1:56,42	19. Stommelen	1:55,75
20. Ertl	1:56,25	20. Rebaque	1:56,54	20. Piquet	1:56,15
21. Regazzoni	1:56,57	21. Stuck	1:56,73	21. Mass	1:56,21
22. Stuck	1:56,67	22. Ertl	1:57,36	22. Stuck	1:56,45
23. Rebaque	1:57,30	23. Regazzoni	1:57,63	23. Regazzoni	1:56,79
24. Mass	1:57,37	24. Piquet	1:58,25	24. Brambilla	1:56,93
25. Keegan	1:58,06	25. Jarier	1:58,77	25. Jarier	1:57,40
26. Piquet	1:58,14	26. Merzario	1:58,89	26. Keegan	1:57,86
27. Merzario	1:58,31	27. Keegan	1:58,92	27. Merzario	2:00,51
28. Jarier	1:59,39	28. Mass	1:59,62	Ertl	—

Startaufstellung:

Ronnie Peterson
Lotus-Ford 79 (JPS20)
1:51,99

Mario Andretti
Lotus-Ford 79 (JPS21)
1:51,90

Jody Scheckter
Wolf-Ford WR5
1:52,68

Niki Lauda
Brabham-Alfa Romeo
BT46-6, 1:52,29

Alan Jones
Williams-Ford FW06-2
1:53,50

John Watson
Brabham-Alfa Romeo
BT46-5, 1:52,84

Jacques Laffite
Ligier-Matra JS9-01
1:53,54

James Hunt
McLaren-Ford M26/3
1:53,54

Emerson Fittipaldi*)
Fittipaldi-Ford F5A-2
1:54,03

Jean-Pierre Jabouille
Renault RS02
1:53,61

Carlos Reutemann*)
Ferrari 312T3 (033)
1:54,17

Patrick Tambay
McLaren-Ford M26/5
1:54,04

Riccardo Patrese
Arrows-Ford FA1/4
1:54,34

Patrick Depailler
Tyrrell-Ford 008/5
1:54,32

Didier Pironi
Tyrrell-Ford 008/2(4)
1:54,63

Gilles Villeneuve
Ferrari 312T3 (033)
1:54,40

Hector Rebaque
Lotus-Ford 78 (18)
1:55,57

Vittorio Brambilla
Surtees-Ford TS20-01
1:55,86

Rolf Stommelen
Arrows-Ford FA1/3
1:55,18

Keijo Rosberg
Wolf-Ford WR3
1:55,57

Jochen Mass
ATS-Ford HS1-1
1:56,21

Hans-Joachim Stuck
Shadow-Ford DN9/7A
1:56,45

Nelson Piquet
Ensign-Ford N177MN-08
1:56,15

Harald Ertl
Ensign-Ford N177MN-06
1:56,25

Nicht qualifiziert: Clay Regazzoni Shadow-Ford DN9/1A[5A]) 1:56,57; Jean-Pierre Jarier (ATS-Ford HS1-3) 1:57,40; Rupert Keegan (Surtees-Ford TS20-02) 1:57,86; Arturo Merzario (Merzario-Ford A1B/001) 1:58,31. Ausgeschieden in der Vorqualifikation: Rene Arnoux (Martini-Ford Mk23-1) 2:12,25; Brett Lunger (McLaren-Ford M26/6) 2:12,45; bei Regen.

*) Fittipaldi fuhr Trainingszeit mit F5A-1, Reutemann mit 312T3 (032).

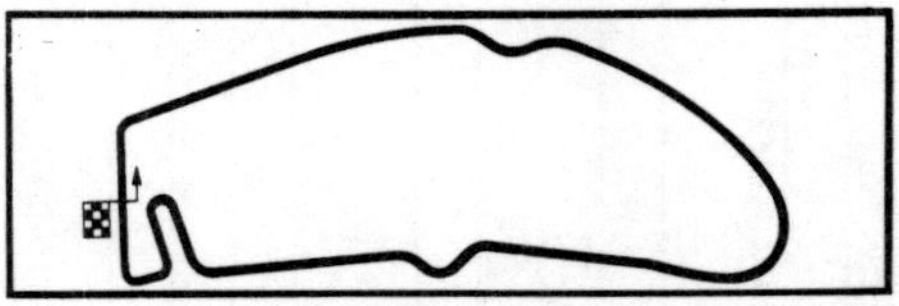

Rekorde: Distanz: Lauda (Ferrari 312T2) 208,469 km/h (1977); Runde: Lauda (Ferrari 312T2) 1:55,99 = 210,680 km/h (1977); Training: Scheckter (Wolf-Ford WR2) 1:53,07 (1977).

Wetter am Renntag: sonnig und heiß, Temperatur: 34 Grad.

Boxenstops:

Stommelen:	1. Runde:	Überprüfen der vorderen Verkleidung nach Startkollision mit Depailler; Platz 23
Rosberg:	2. Runde:	Frontpartie gewechselt nach Startkollision
Reutemann:	4. Runde:	Dampfblasen im Benzinsystem; Platz 8—19
Hunt:	20. Runde:	Reifenwechsel links vorn; Platz 4
Villeneuve:	25. Runde:	Reifenwechsel vorn; Platz 8
Jones:	30. Runde:	Dampfblasenbildung im Benzinsystem; Platz 3

Ausfälle:

Depailler:	1. Runde:	Kollision am Start mit Reutemann, Frontpartie und Monocoque demoliert, Fahrer litt tagelang an Kopf- und Rückenschmerzen; Platz 13
Stuck:	1. Runde:	Kollision mit Mass vor der Ostkurve
Mass:	1. Runde:	Vorderradaufhängung gebrochen, darum Kollision mit Stuck
Jabouille:	5. Runde:	Motor überhitzt; Platz 7
Lauda:	12. Runde:	Motorschaden; Platz 4
Reutemann:	14. Runde:	Dampfblasen im Benzinsystem; Platz 17
Tambay:	17. Runde:	Unfall wegen Reifenschadens links vorn; Platz 10
Brambilla:	25. Runde:	Kein Benzindruck; Platz 12
Jones:	31. Runde:	Benzineinspritzung überhitzt, Dampfblasenbildung; Platz 13
Piquet:	32. Runde:	Motorschaden; Platz 12
Hunt:	34. Runde:	Disqualifikation wegen Verlassens der Strecke; Platz 12
Peterson:	37. Runde:	Getriebeschaden; Platz 2
Ertl:	42. Runde:	Motorschaden; Platz 6

Renndistanz: 45 Runden à 6,789 km = 305,505 km.

Stand nach 1 Runde: 1. Peterson, 2. Andretti, 3. Lauda, 4. Jones, 5. Watson, 6. Hunt, 7. Laffite, 8. Reutemann, 9. Fittipaldi, 10. Villeneuve.

Stand nach 15 Runden: 1. Andretti, 2. Peterson, 3. Jones, 4. Hunt, 5. Laffite, 6. Scheckter, 7. Villeneuve, 8. Pironi, 9. Fittipaldi, 10. Tambay.

Stand nach 30 Runden: 1. Andretti, 2. Peterson, 3. Scheckter, 4. Laffite, 5. Pironi, 6. Fittipaldi, 7. Patrese, 8. Ertl, 9. Villeneuve, 10. Watson.

Ergebnis:

1.	Mario Andretti (USA) Lotus-Ford	1.28:00,90 = 208,233 km/h
2.	Jody Scheckter (Südafrika) Wolf-Ford	15,35 zurück
3.	Jacques Laffite (Frankreich) Ligier-Matra	28,01 zurück
4.	Emerson Fittipaldi (Brasilien) Copersucar-Ford	36,88 zurück
5.	Didier Pironi (Frankreich) Tyrrell-Ford	57,26 zurück
6.	Hector Rebaque (Mexiko) Lotus-Ford	1:37,86 zurück
7.	John Watson (Irland) Brabham-Alfa Romeo	1:39,63 zurück
8.	Gilles Villeneuve (Kanada) Ferrari	1:56,87 zurück
9.	Riccardo Patrese (Italien) Arrows-Ford	1 Runde zurück
10.	Keijo Rosberg (Finnland) Wolf-Ford	3 Runden zurück
11.	Harald Ertl (Österreich/Deutschland) Ensign-Ford*)	4 Runden zurück

*) Ertl wegen Motorschadens an 6. Stelle liegend ausgeschieden, aber klassiert. Stommelen (11.) wegen Verlassens der Strecke disqualifiziert.

Schnellste Runde: Peterson (Lotus-Ford) 1:55,62 = 211,354 km/h.

Schnellste Runde jedes Fahrers im Rennen: Peterson 1:55,62 (26.); Villeneuve 1:55,80 (27.); Hunt 1:55,84 (27.); Jones 1:55,90 (19.); Andretti 1:56,15 (7.); Fittipaldi 1:56,34 (39.); Scheckter 1:56,41 (35.); Rosberg 1:56,53 (12.); Laffite 1:56,59 (24.); Pironi 1:57,11 (37.); Lauda 1:57,12 (11.); Watson 1:57,26 (45.); Jabouille 1:57,41 (5.); Tambay 1:57,55 (14.); Ertl 1:57,67 (5.); Patrese 1:57,76 (18.); Stommelen 1:58,08 (17.); Reutemann 1:58,26 (7.); Brambilla 1:59,06 (5.); Piquet 1:59,16 (29.).

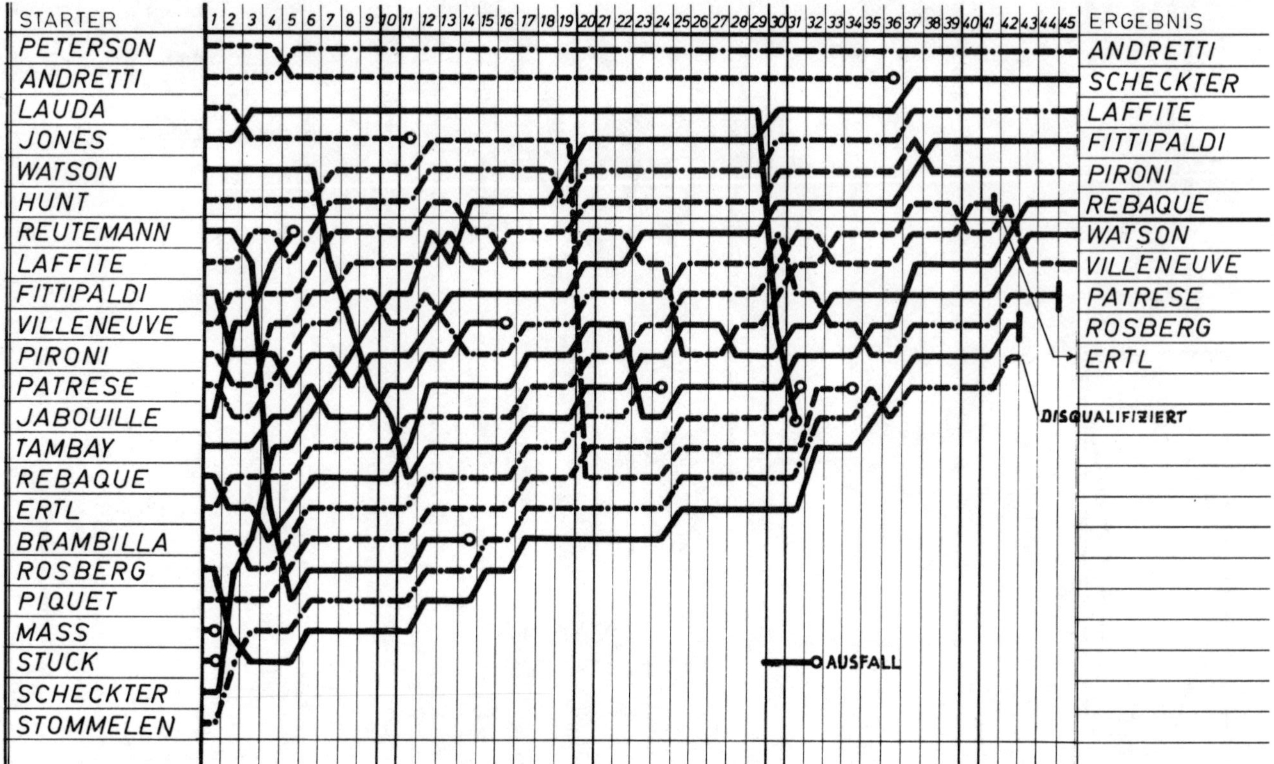
STARTER
PETERSON
ANDRETTI
LAUDA
JONES
WATSON
HUNT
REUTEMANN
LAFFITE
FITTIPALDI
VILLENEUVE
PIRONI
PATRESE
JABOUILLE
TAMBAY
REBAQUE
ERTL
BRAMBILLA
ROSBERG
PIQUET
MASS
STUCK
SCHECKTER
STOMMELEN
1 2 3 4 5 6 7 8 9 10 11 12 13 14 15 16 17 18 19 20 21 22 23 24 25 26 27 28 29 30 31 32 33 34 35 36 37 38 39 40 41 42 43 44 45
ERGEBNIS
ANDRETTI
SCHECKTER
LAFFITE
FITTIPALDI
PIRONI
REBAQUE
WATSON
VILLENEUVE
PATRESE
ROSBERG
ERTL
DISQUALIFIZIERT
AUSFALL

Lauf 12 — Großer Preis von Österreich — Zeltweg, 13. August 1978

1. Training:		2. Training:		3. Training:	
1. Peterson	1:37,71	1. Andretti	1:37,76	1. Lauda	1:39,60
2. Reutemann	1:38,61	2. Peterson	1:38,27	2. Depailler	1:39,81
3. Andretti	1:38,64	3. Jabouille	1:38,32	3. Patrese	1:40,11
4. Laffite	1:38,72	4. Reutemann	1:38,50	4. Jones	1:40,19
5. Fittipaldi	1:38,77	5. Scheckter	1:38,85	5. Scheckter	1:40,25
6. Hunt	1:39,10	6. Watson	1:39,35	6. Laffite	1:40,44
7. Jabouille	1:39,11	7. Fittipaldi	1:39,38	7. Jabouille	1:40,56
8. Pironi	1:39,23	8. Villeneuve	1:39,40	8. Hunt	1:40,84
9. Lauda	1:39,49	9. Laffite	1:39,57	9. Pironi	1:40,91
10. Depailler	1:39,51	10. Tambay	1:39,62	10. Daly	1:41,02
11. Scheckter	1:39,52	11. Jones	1:39,81	11. Regazzoni	1:41,42
12. Tambay	1:39,59	12. Depailler	1:39,85	12. Rosberg	1:41,72
13. Villeneuve	1:39,99	13. Hunt	1:39,91	13. Villeneuve	1:41,86
Watson	1:39,99	14. Lauda	1:40,00	14. Stuck	1:42,00
15. Jones	1:40,18	15. Pironi	1:40,66	15. Rebaque	1:42,30
16. Lunger	1:40,80	16. Patrese	1:40,89	16. Merzario	1:43,01
17. Rebaque	1:40,84	17. Lunger	1:41,11	17. Ertl	1:43,20
18. Piquet	1:41,15	18. Brambilla	1:41,16	18. Brambilla	1:43,67
19. Patrese	1:41,22	19. Rebaque	1:41,25	19. Keegan	1:43,70
20. Brambilla	1:41,40	20. Daly	1:41,74	20. Arnoux	1:43,74
21. Stuck	1:41,58	21. Stuck	1:42,00	21. Lunger	1:44,18
22. Ertl	1:41,60	22. Merzario	1:42,11	22. Mass	1:44,20
23. Arnoux	1:41,84	23. Rosberg	1:42,18	23. Binder	1:44,46
24. Merzario	1:41,85	24. Piquet	1:42,20	24. Tambay	1:48,72
25. Regazzoni	1:41,90	25. Arnoux	1:42,24	25. Reutemann	1:51,03
26. Daly	1:41,92	26. Mass	1:42,86	26. Watson	1:51,67
27. Rosberg	1:42,06	27. Ertl	1:42,94	27. Peterson	2:01,02
28. Mass	1:42,47	28. Keegan	1:43,06	28. Fittipaldi	2:06,81
29. Keegan	1:43,22	29. Regazzoni	1:44,08	29. Andretti	2:06,83
30. Binder	1:50,59	30. Binder	1:44,84	Piquet	—

Startaufstellung:

Carlos Reutemann Ferrari 312T3 (035) 1:38,50	Mario Andretti Lotus-Ford 79 (JPS21) 1:37,76	Jean-Pierre Jabouille Renault RS02 1:38,32	Ronnie Peterson Lotus-Ford 79 (JPS20) 1:37,71
James Hunt*) McLaren-Ford M26/5 1:39,10	Emerson Fittipaldi Fittipaldi-Ford F5A-1 1:38,77	Jody Scheckter Wolf-Ford WR5 1:38,85	Jacques Laffite Ligier-Matra J59-03 1:38,71
Niki Lauda Brabham-Alfa Romeo BT46-6, 1:39,49	John Watson Brabham-Alfa Romeo BT46-5, 1:39,35	Gilles Villeneuve Ferrari 312T3 (034) 1:39,40	Didier Pironi Tyrrell-Ford 008/2(4) 1:39,23
Riccardo Patrese Arrows-Ford A1-2 1:40,11	Patrick Tambay*) McLaren-Ford M26/3 1:39,59	Alan Jones Williams-Ford FW06-1 1:39,81	Patrick Depailler Tyrrell-Ford 008/3(2) 1:39,51
Nelson Piquet McLaren-Ford M23/11 1:41,15	Hector Rebaque Lotus-Ford 78 (18) 1:40,84	Derek Daly Ensign-Ford N177MN-08 1:41,02	Brett Lunger McLaren-Ford M26/6 1:40,80
Harald Ertl Ensign-Ford N177MN-06 1:41,60	Clay Regazzoni Shadow-Ford DN9/1A(5A) 1:41,42	Hans-Joachim Stuck Shadow-Ford DN9/4A(6A) 1:41,58	Vittorio Brambilla Surtees-Ford TS20-02 1:41,16
	Rene Arnoux Martini-Ford Mk23-1 1:41,84		Keijo Rosberg Wolf-Ford WR3 1:41,72

*) Hunt: Trainingszeit mit M26/3; Tambay: Trainingszeit mit M26/5.

Nicht qualifiziert: Arturo Merzario (Merzario-Ford A1B/001) 1:41,85; Jochen Mass (ATS-Ford HS1-1) 1:42,47; Rupert Keegan (Surtees-Ford TS20-02) 1:43,06; Hans Binder (ATS-Ford HS1-2) 1:44,46. In der Vorqualifikation ausgeschieden: Rolf Stommelen (Arrows-Ford A1-1) 1:44,88.

Wetter am Renntag: Regnerisch, kühl, bedeckt, Regenschauer (deshalb Unterbrechung des Rennens); Temperatur: 12 Grad.

Erster Lauf: Boxenstops:

Villeneuve:	8. Runde:	Reifenwechsel; Platz 12
Fittipaldi:	8. Runde:	Reifenwechsel; Platz 17
Jabouille:	8. Runde:	Frontspoiler gewechselt; Platz 13

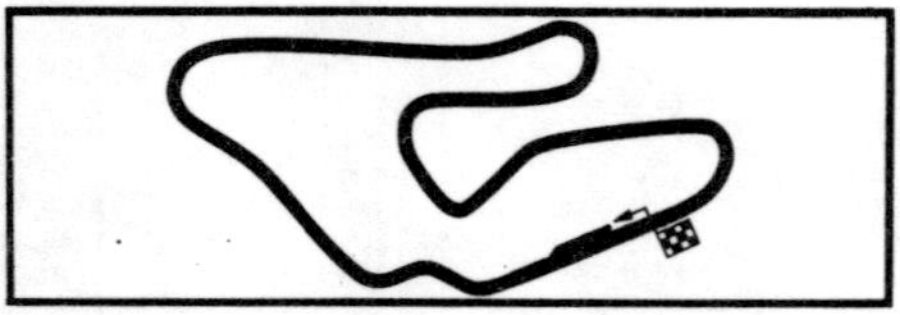

Rekorde (mit Schikane): Distanz: Jones (Shadow-Ford DN7) 197,94 km/h (1977); Runde: Watson (Brabham-Alfa Romeo BT45B) 1:40,96 = 211,89 km/h (1977); Training: Lauda (Ferrari 312T2) 1:39,32 (1977).

Erster Lauf: Ausfälle:

Andretti:	1. Runde:	Kollision mit Reutemann in der Glatz-Kurve; Platz 3
Scheckter:	4. Runde:	Gegen Andrettis Lotus geprallt; Platz 4
Rebaque:	6. Runde:	Kupplungsschaden
Piquet:	6. Runde:	Unfall in Texaco-Schikane
Reutemann:	6. Runde:	In Bosch-Kurve von der Bahn abgekommen; Platz 9
Patrese:	7. Runde:	In Bosch-Kurve von der Bahn abgekommen; Platz 8

Zweiter Lauf: Boxenstops:

Laffite:	5. Runde:	Wechsel auf Slicks, Abstimmungsänderungen; Platz 4—17
Tambay:	6. Runde:	Wechsel auf Slicks; Platz 15—17
Regazzoni:	7. Runde:	Stop nach Dreher, Frontpartie, Hinterradaufhängung überprüft; Platz 12—14
Brambilla:	8. Runde:	Wechsel auf Slicks; Platz 11—15
Stuck:	9. Runde:	Wechsel auf Slicks; Platz 6—12
Lunger:	9. Runde:	Wechsel auf Slicks; Platz 14
Regazzoni:	9. Runde:	Reifenwechsel; Platz 18
Rosberg:	10. Runde:	Reifenwechsel; Platz 9—16
Peterson:	11. Runde:	Wechsel auf Slicks; Platz 1—6
Lauda:	11. Runde:	Wechsel auf Slicks; Platz 3—8
Daly:	11. Runde:	Wechsel auf Slicks; Platz 6—12
Watson:	11. Runde:	Wechsel auf Slicks; Platz 13—15
Depailler:	12. Runde:	Wechsel auf Slicks; Platz 3—9
Fittipaldi:	13. Runde:	Wechsel auf Slicks; Platz 3—11
Pironi:	13. Runde:	Wechsel auf Slicks; Platz 5
Arnoux:	15. Runde:	Wechsel auf Slicks; Platz 11—12
Reutemann:	16. Runde:	Wechsel auf Slicks; Platz 1—3
Jabouille:	18. Runde:	Wechsel auf Slicks; Platz 4—9
Villeneuve:	21. Runde:	Wechsel auf Slicks; Platz 1—2

Zweiter Lauf: Ausfälle:

Patrese:	1. Runde:	Kollision mit Ertl am Start, weil Watson der Motor abstarb
Ertl:	1. Runde:	Kollision mit Patrese am Start
Jones:	1. Runde:	Unfall in Sebring-Kurve (nach leichter Startkollision mit Villeneuve)
Hunt:	2. Runde:	Unfall
Pironi:	14. Runde:	Unfall in Rindt-Kurve; Platz 15
Lauda:	21. Runde:	Unfall in Rindt-Kurve; Radaufhängung rechts hinten gebrochen; Platz 3
Reutemann:	22. Runde:	Disqualifiziert wegen fremder Hilfe (Anschiebens) nach Ausritt in der Hella-Schikane (18. Runde); Platz 9—10
Jabouille:	24. Runde:	Getriebeschaden; Platz 7—10
Stuck:	27. Runde:	Unfall am Sprunghügel; Platz 4
Daly:	31. Runde:	Disqualifiziert wegen fremder Hilfe (Anschiebens) nach Unfall am Sprunghügel; Platz 4
Tambay:	34. Runde:	Unfall am Sprunghügel; Platz 7

Renndistanz: 54 Runden à 5,94248 km = 320,87 km (7+47 Runden).

Stand nach 1 Runde: 1. Peterson, 2. Scheckter, 3. Depailler, 4. Reutemann, 5. Hunt, 6. Laffite, 7. Pironi, 8. Watson, 9. Jabouille, 10. Patrese.

Stand nach 7 Runden (Abbruch): 1. Peterson 12:42,99, 2. Depailler 12:50,37, 3. Watson 12:52,00, 4. Laffite 12:58,49, 5. Pironi 13:00,55, 6. Lauda 13:01,35, 7. Hunt 13:02,15, 8. Regazzoni 13:05,82, 9. Daly 13:06,36, 10. Jones 13:06,48, 11. Rosberg 13:07,29, 12. Villeneuve 13:13,14, 13. Brambilla 13:18,37, 14. Jabouille 13:19,46, 15. Stuck 13:24,83, 16. Tambay 13:25,89, 17. Fittipaldi 13:26,38, 18. Arnoux 13:26,44, 19. Lunger 13:33,60, 20. Patrese 1 Runde zurück, 21. Ertl 1 Runde zurück, 22. Reutemann 2 Runden zurück. Ergebnis = Startaufstellung für den zweiten Lauf.
Nach zweitem Start: Stand nach 1 Runde: 1. Peterson, 2. Depailler, 3. Lauda, 4. Laffite, 5. Daly, 6. Villeneuve, 7. Pironi, 8. Stuck, 9. Fittipaldi, 10. Brambilla.

Stand nach 15 Runden: 1. Reutemann, 2. Villeneuve, 3. Peterson, 4. Jabouille, 5. Lauda, 6. Depailler, 7. Stuck, 8. Lunger, 9. Daly, 10. Brambilla.
Stand nach 30 Runden: 1. Peterson, 2. Depailler, 3. Villeneuve, 4. Daly, 5. Fittipaldi, 6. Brambilla, 7. Tambay, 8. Laffite, 9. Watson, 10. Lunger.

Stand nach 47 Runden (Ergebnis 2. Lauf): 1. Peterson 1.28:38,58 = 189,048 km/h, 2. Depailler 1.29:18,64, 3. Villeneuve 1.29:47,79, 4. Fittipaldi, 5. Brambilla, 6. Laffite, 7. Watson (alle 1 Runde zurück), 8. Lunger, 9. Arnoux (je 2 Runden zurück), 10. Rosberg, 11. Regazzoni (je 7 Runden zurück).

Ergebnis:

1.	Ronnie Peterson (Schweden) Lotus-Ford	1.41:21,57 = 189,95 km/h
2.	Patrick Depailler (Frankreich) Tyrrell-Ford	48,04 zurück
3.	Gilles Villeneuve (Kanada) Ferrari	1:40,36 zurück
4.	Emerson Fittipaldi (Brasilien) Copersucar-Ford	1 Runde zurück
5.	Jacques Laffite (Frankreich) Ligier-Matra	1 Runde zurück
6.	Vittorio Brambilla (Italien) Surtees-Ford	1 Runde zurück
7.	John Watson (Irland) Brabham-Alfa Romeo	1 Runde zurück
8.	Brett Lunger (USA) McLaren-Ford	2 Runden zurück
9.	Rene Arnoux (Frankreich) Martini-Ford	2 Runden zurück

Im Ziel, aber auf Grund zu geringer zurückgelegter Distanz nicht klassiert: Rosberg und Regazzoni (je 47 Runden).

Schnellste Runde: Peterson (Lotus-Ford) 1:43,12 = 207,46 km/h.

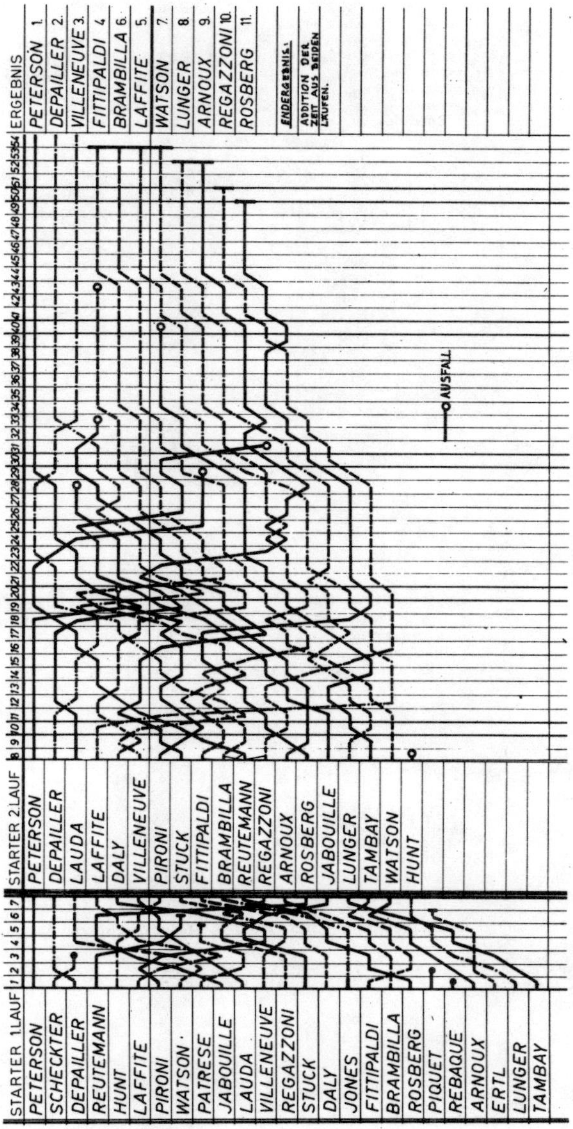

Lauf 13 — Großer Preis von Holland — Zandvoort, 27. August 1978

1. Training		2. Training		3. Training	
1. Peterson	1:16,97	1. Andretti	1:16,96	1. Andretti	1:16,36
2. Reutemann	1:17,34	2. Lauda	1:17,51	2. Peterson	1:17,12
3. Andretti	1:17,46	3. Watson	1:17,73	3. Lauda	1:17,33
4. Laffite	1:17,55	4. Laffite	1:17,94	4. Villeneuve	1:17,54
5. Lauda	1:17,70	5. Villeneuve	1:18,11	5. Reutemann	1:17,59
6. Villeneuve	1:18,21	6. Reutemann	1:18,19	6. Hunt	1:17,67
7. Jabouille	1:18,28	7. Peterson	1:18,20	7. Watson	1:17,88
8. Depailler	1:18,43	8. Hunt	1:18,25	8. Fittipaldi	1:18,30
9. Hunt	1:18,46	9. Jones	1:18,42	9. Laffite	1:18,31
10. Watson	1:18,67	10. Depailler	1:18,76	10. Jones	1:18,46
11. Tambay	1:18,71	11. Patrese	1:18,81	11. Tambay	1:18,50
12. Jones	1:18,78	12. Fittipaldi	1:18,86	Patrese	1:18,50
13. Scheckter	1:18,31	13. Scheckter	1:18,95	13. Scheckter	1:18,57
14. Fittipaldi	1:19,29	14. Tambay	1:19,10	14. Depailler	1:18,79
15. Daily	1:19,39	15. Pironi	1:19,81	15. Jabouille	1:18,91
16. Stuck	1:19,62	16. Stuck	1:19,92	16. Pironi	1:19,59
17. Giacomelli	1:19,83	17. Daly	1:20,03	17. Stuck	1:20,01
18. Patrese	1:19,86	18. Giacomelli	1:20,04	18. Lunger	1:20,03
19. Pironi	1:19,89	19. Rebaque	1:20,10	19. Rebaque	1:20,08
20. Rebaque	1:20,02	20. Jabouille	1:20,24	20. Giacomelli	1:20,16
21. Rosberg	1:20,47	21. Piquet	1:20,65	21. Brambilla	1:20,26
22. Keegan	1:20,52	22. Regazzoni	1:20,81	22. Arnoux	1:20,31
23. Piquet	1:20,64	23. Arnoux	1:20,82	23. Daly	1:20,51
24. Brambilla	1:20,66	24. Merzario	1:20,91	24. Rosberg	1:20,53
25. Regazzoni	1:20,78	25. Brambilla	1:21,02	25. Piquet	1:20,64
26. Lunger	1:20,94	26. Lunger	1:21,24	Merzario	1:20,64
27. Merzario	1:21,08	27. Rosberg	1:21,43	27. Regazzoni	1:20,69
28. Arnoux	1:21,14	28. Keegan	1:21,61	28. Keegan	1:21,02
29. Bleekemolen	1:22,04	29. Mass	1:22,45	29. Bleekemolen	1:21,33
30. Mass	1:22,07	30. Bleekemolen	1:22,53	30. Mass	1:21,82

Startaufstellung:

Ronnie Peterson
Lotus-Ford 79 (JPS20)
1:16,97

Mario Andretti
Lotus-Ford 79 (JPS22)
1:16,36

Carlos Reutemann
Ferrari 312 T3 (036)
1:17,34

Niki Lauda
Brabham-Alfa Romeo
BT46-7, 1:17,33

Jacques Laffite*)
Ligier-Matra JS9-02
1:17,55

Gilles Villeneuve
Ferrari 312T3 (034)
1:17,54

John Watson
Brabham-Alfa Romeo
BT46-5, 1:17,73

James Hunt
McLaren-Ford M26/5
1:17,67

Emerson Fittipaldi
Fittipaldi-Ford F5A-1
1:18,30

Jean-Pierre Jabouille
Renault R.S.02
1:18,28

Patrick Depailler
Tyrrell-Ford 008/3 (2)
1:18,43

Alan Jones
Williams-Ford FW06-1
1:18,42

Patrick Tambay
McLaren-Ford M26/3
1:18,50

Riccardo Patrese
Arrows-Ford A1-1
1:18,50

Derek Daly
Ensign-Ford N177-MN08
1:19,30

Jody Scheckter
Wolf-Ford WR6
1:18,57

Hans-Joachim Stuck
Shadow-Ford DN9/7A
1:19,62

Didier Pironi
Tyrrell-Ford 008/2 (4)
1:19,59

Héctor Rebaque
Lotus-Ford 78 (18)
1:20,02

Bruno Giacomelli
McLaren-Ford M26/7
1:19,83

Vittorio Brambilla
Surtees-Ford TS20-01
1:20,26

Brett Lunger
McLaren-Ford M26/6
1:20,03

Keijo Rosberg
Wolf-Ford WR4
1:20,64

René Arnoux
Martini-Ford Mk23-1
1:20,31

Nelson Piquet
McLaren-Ford M23/11
1:20,64

Rupert Keegan**)
Surtees-Ford TS20-02
1:20,52

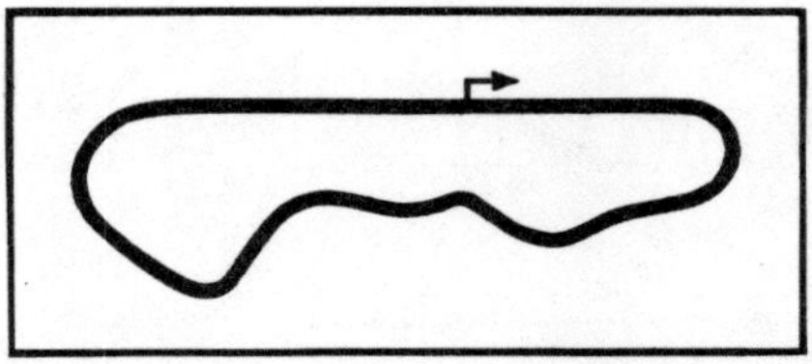

Rekorde Distanz: Lauda (Ferrari 312 T2) 186,88 km/h (1977); Runde: Lauda (Ferrari 312 T2) 1,19,99 = 190, 195 km/h (1977); Training: Lauda (Ferrari 312 B3) 1,18,31 (1974).

Nicht qualifiziert (im Training): Arturo Merzario***) (Merzario-Ford A1B/001) 1:20,64; Clay Regazzoni (Shadow-Ford DN9/8A) 1:20,69; Michael Bleekemolen (ATS-Ford HS1-2) 1:21,33; Jochen Mass (ATS-Ford D1-1) 1:21,82; (in der Vorqualifikation): Harald Ertl (Ensign-Ford N177-MN06) 1:21,00; Danny Ongais (Shadow-Ford DN9/3A) 1:21,41; Rolf Stommelen (Arrows-Ford A1-1) 1:23,37.
*) Trainingszeit mit JS9-03, Motorschaden im Anwärmtraining.
) Wegen Unfalls im Anwärmtraining nicht gestartet. *) Als Reserve gestartet.
Merzario (gleiche Zeit wie Piquet, aber später gefahren) nicht qualifiziert, aber wegen Unfall von Keegan im Aufwärmtraining (Armbruch) im Rennen. Keegan qualifiziert (1:20,52), aber nicht am Start.
Nicht qualifiziert: Clay Regazzoni (Shadow-Ford DN9/8A) 1:20,69; Michael Bleekemolen (ATS-Ford HS1-2) 1:21,33; Jochen Mass (ATS-Ford D1-1) 1:21,82.
Vortraining (31. 7. 1978): 1. Giacomelli (McLaren) 1:19,59; 2. Lunger (McLaren) 1:20,11; 3. Merzario (Merzario) 1:20,32; 4. Rosberg (Wolf) 1:20,46; 5. Piquet (McLaren) 1:20,52; 6. Arnoux (Martini) 1:20,85; 7. Ertl (Ensign) 1:21,00; 8. Ongais (Shadow) 1:21,41; 9. Stommelen (Arrows) 1:22,34. — Nicht qualifiziert: Ertl, Ongais, Stommelen.

Wetter am Renntag: Bedeckt, manchmal heiter, kühl. Temperatur: 15 Grad.

Boxenstops:

Arnoux:	26. Runde:	Reifenwechsel; Platz 18
Brambilla:	30. Runde:	Festgurten, nachdem er in der Schikane geradeaus gefahren war; Platz 18
Brambilla:	33. Runde:	Reifenwechsel; Platz 19

Ausfälle:

Patrese:	1. Runde:	Kollision mit Pironi hinter den Boxen (2. Kurve)
Pironi:	1. Runde:	Kollision mit Patrese
Daly:	11. Runde:	Halbachse gerissen; Platz 11
Depailler:	14. Runde:	Bei Kollision mit Jones Kühler beschädigt, Kühlwasser ausgeronnen, Motor überhitzt; Platz 11
Piquet:	16. Runde:	Getriebeschaden; Platz 16—21
Jones:	18. Runde:	Gasgestänge gebrochen; Platz 8
Rosberg:	21. Runde:	Gasschieber (wegen Sand) hängengeblieben; Platz 17
Brambilla:	35. Runde:	Disqualifikation wegen fremder Hilfe (in der Panorama-Schikane angeschoben); Platz 19
Lunger:	35. Runde:	Motorschaden; Platz 16
Jabouille:	35. Runde:	Motorschaden; Platz 8
Merzario:	40. Runde:	Motorschaden; Platz 16
Arnoux:	40. Runde:	Heckflügel gebrochen; Platz 15
Giacomelli:	61. Runde:	Differentialschaden; Platz 11
Stuck:	57. Runde:	Dreher, Motor nicht mehr in Gang gebracht; Platz 12

Renndistanz: 75 Runden à 4,226 km = 316,95 km.
Stand nach 1 Runde: 1. Andretti, 2. Peterson, 3. Laffite, 4. Lauda, 5. Reutemann, 6. Watson, 7. Fittipaldi, 8. Villeneuve, 9. Hunt, 10. Depailler.
Stand nach 10 Runden: 1. Andretti, 2. Peterson, 3. Lauda, 4. Reutemann, 5. Watson, 6. Fittipaldi, 7. Villeneuve, 8. Laffite, 9. Jones, 10. Hunt.
Stand nach 38 Runden (Halbzeit): 1. Andretti, 2. Peterson, 3. Lauda, 4. Reutemann, 5. Watson, 6. Fittipaldi, 7.Villeneuve, 8. Laffite, 9. Hunt, 10. Tambay.

Ergebnis:

1. Mario Andretti (USA) Lotus-Ford	1.41:04,230 = 188,170 km/h
2. Ronnie Peterson (Schweden) Lotus-Ford	00,320 zurück
3. Niki Lauda (Österreich) Brabham-Alfa Romeo	12,210 zurück
4. John Watson (Irland) Brabham-Alfa Romeo	20,920 zurück
5. Emerson Fittipaldi (Brasilien) Copersucar-Ford	21,500 zurück
6. Gilles Villeneuve (Kanada) Ferrari	45,950 zurück
7. Carlos Reutemann (Argentinien) Ferrari	1:00,500 zurück
8. Jacques Laffite (Frankreich) Ligier-Matra	1 Runde zurück
9. Patrick Tambay (Frankreich) McLaren-Ford	1 Runde zurück
10. James Hunt (England) McLaren-Ford	1 Runde zurück
11. Hector Rebaque (Mexiko) Lotus-Ford	1 Runde zurück
12. Jody Scheckter (Südafrika) Wolf-Ford	2 Runden zurück

Schnellste Runde: Lauda (Brabham-Alfa Romeo) 1:19,57 = 191,198 km/h (57. Runde).
Schnellste Runde jedes Fahrers im Rennen: Lauda 1:19,57 (57.); Andretti 1:19,65 (66.); Peterson 1:19,67 (59.); Fittipaldi 1:20,18 (66.); Watson 1:20,27 (75.); Villeneuve 1:20,59 (58.); Jabouille 1:20,73 (26.); Reutemann 1:20,85 (12.); Jones 1:20,88 (11.); Laffite 1:20,91 (49.); Giacomelli 1:20,94 (55.); Tambay 1:21,01 (60.); Hunt 1:21,29 (24.); Stuck 1:21,47 (55.); Rebaque 1:21,55 (19.); Depailler 1:21,71 (12.); Lunger 1:22,00 (29.); Scheckter 1:22,09 (6.); Daly 1:22,25 (10.); Arnoux 1:22,29 (31.); Piquet 1:22,30 (12.); Rosberg 1:22,48 (10.); Merzario 1:23,32 (40).

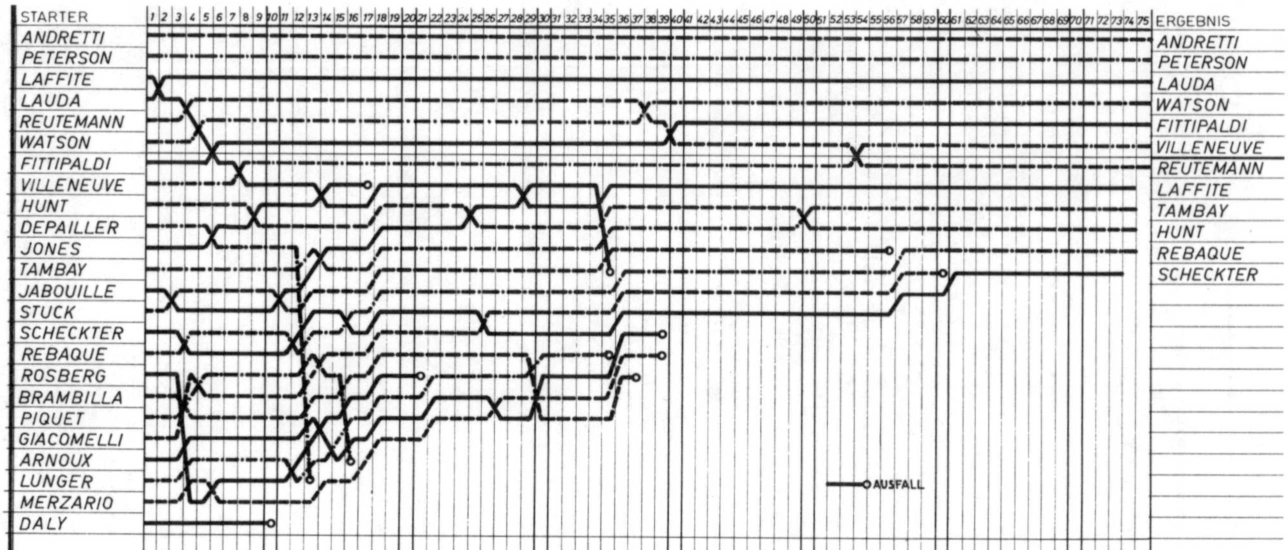
STARTER
ANDRETTI
PETERSON
LAFFITE
LAUDA
REUTEMANN
WATSON
FITTIPALDI
VILLENEUVE
HUNT
DEPAILLER
JONES
TAMBAY
JABOUILLE
STUCK
SCHECKTER
REBAQUE
ROSBERG
BRAMBILLA
PIQUET
GIACOMELLI
ARNOUX
LUNGER
MERZARIO
DALY
1 2 3 4 5 6 7 8 9 10 11 12 13 14 15 16 17 18 19 20 21 22 23 24 25 26 27 28 29 30 31 32 33 34 35 36 37 38 39 40 41 42 43 44 45 46 47 48 49 50 51 52 53 54 55 56 57 58 59 60 61 62 63 64 65 66 67 68 69 70 71 72 73 74 75
ERGEBNIS
ANDRETTI
PETERSON
LAUDA
WATSON
FITTIPALDI
VILLENEUVE
REUTEMANN
LAFFITE
TAMBAY
HUNT
REBAQUE
SCHECKTER
AUSFALL

Lauf 14 — Großer Preis von Italien — Monza, 10. September 1978

1. Training		2. Trainng		3. Training	
1. Andretti	1:37,780	1. Andretti	1:38,401	1. Andretti	1:37,520
2. Peterson	1:38,256	2. Villeneuve	1:38,513	2. Villeneuve	1:37,866
3. Jabouille	1:38,439	3. Reutemann	1:38,959	3. Jabouille	1:37,930
4. Watson	1:38,610	4. Scheckter	1:39,017	4. Lauda	1:38,215
5. Villeneuve	1:39,046	5. Lauda	1:39,092	5. Jones	1:38,271
6. Scheckter	1:39,170	6. Jones	1:39,143	6. Watson	1:38,611
7. Jones	1:39,181	7. Hunt	1:39,166	7. Peterson	1:38,634
8. Laffite	1:39,195	8. Jabouille	1:39,242	8. Laffite	1:38,917
9. Lauda	1:39,378	9. Watson	1:39,376	9. Scheckter	1:38,937
10. Reutemann	1:39,895	10. Regazzoni	1:39,675	10. Hunt	1:38,938
11. Hunt	1:39,475	11. Patrese	1:39,831	11. Reutemann	1:38,969
12. Regazzoni	1:39,621	12. Laffite	1:40,370	12. Fittipaldi	1:39,421
13. Stuck	1:39,701	13. Peterson	1:40,518	13. Pironi	1:39,531
14. Daly	1:40,075	14. Stuck	1:40,550	14. Depailler	1:39,630
15. Fittipaldi	1:40,170	16. Daly	1:40,674	15. Patrese	1:39,717
16. Patrese	1:40,264	15. Fittipaldi	1:40,665	16. Stuck	1:39,882
17. Tambay	1:40,290	17. Depailler	1:40,774	17. Tambay	1:40,163
18. Giacomelli	1:40,725	18. Rebaque	1:41,063	18. Giacomelli	1:40,199
19. Brambilla	1:40,805	19. Brambilla	1:41,088	19. Lunger	1:40,302
20. Piquet	1:40,846	20. Tambay	1:41,202	20. Daly	1:40,382
21. Depailler	1:40,934	21. Pironi	1:41,465	21. Merzario	1:40,702
22. Pironi	1:41,223	22. Giacomelli	1:41,483	22. Brambilla	1:40,860
23. Rebaque	1:41,260	23. Piquet	1:41,548	23. Regazzoni	1:40,880
24. Merzario	1:41,561	24. Bleekemolen	1:42,432	24. Piquet	1:41,080
25. Bleekemolen	1:41,671	25. Ertl	1:43,351	25. Rebaque	1:41,116
26. Ertl	1:43,538	26. Lunger	1:44,285	26. Ertl	1:41,185
27. „Gimax"	1:49,914	27. Merzario	1:45,963	27. Bleekemolen	1:41,814
28. Lunger	1:52,164	28. „Gimax"	1:46,080	28. „Gimax"	1:44,408

Startaufstellung:

	Mario Andretti Lotus-Ford 79 (JPS22) 1:37,520		Gilles Villeneuve Ferrari 312 T3 (034) 1:37,866
Jean-Pierre Jabouille Renault R.S.02 1:37,930		Niki Lauda Brabham-Alfa Romeo BT46-7, 1:38,215	
	Ronnie Peterson*) Lotus-Ford 78 (JPS17) 1:38,256		Alan Jones Williams-Ford FW06-1 1:38,271
John Watson Brabham-Alfa Romeo BT46-5, 1:38,610		Jacques Laffite Ligier-Matra JS9-03 1:38,917	
	Jody Scheckter Wolf-Ford WR6 1:38,959		James Hunt McLaren-Ford M26/5 1:38,938
Carlos Reutemann Ferrari 312 T3 (036) 1:38,959		Riccardo Patrese Arrows-Ford A1-3 1:39,179	
	Emerson Fittipaldi Fittipaldi-Ford F5A-1 1:39,421		Didier Pironi Tyrrell-Ford 008/1 (2) 1:39,531
Clay Regazzoni Shadow-Ford DN9/8A 1:39,621		Patrick Depailler Tyrrell-Ford 008/3 (2) 1:39,630	
	Hans-Joachim Stuck Shadow-Ford DN9/7A 1:39,701		Derek Daly Ensign-Ford N177-MN07 1:40,075
Patrick Tambay McLaren-Ford M26/3 1:40,163		Bruno Giacomelli McLaren-Ford M26/7 1:40,199	
	Brett Lunger McLaren-Ford M26/6 1:40,302		Arturo Merzario**) Merzario-Ford A2 1:40,702
Vittorio Brambilla Surtees-Ford TS20-01 1:40,805		Nelson Piquet McLaren-Ford M23/11 1:40,846	

*) Peterson fuhr Trainingszeit mit Lotus 79-2 (JPS20).

Nicht qualifiziert: Hector Rebaque (Lotus-Ford 78 [JPS16]) 1:41,063; Harald Ertl (ATS-Ford HS1-1) 1:41,185; Michael Bleekemolen (ATS-Ford HS1-2) 1:41,677; „Gimax" (Surtees-Ford TS20-03) 1:44,408. Vortraining (3. 9. 1978): 1. Rebaque (Lotus) 1:39,88; 2. Piquet (McLaren) 1:40,11; 3. Lunger (McLaren) 1:40,24; 4. Ertl (Ensign) 1:40,27; 5. Rosberg (Wolf) 1:40,75; 6. Stommelen (Arrows) 1:40,93; 7. Colombo (Merzario) 1:42,55. — Nicht qualifiziert: Ertl, Rosberg, Stommelen, Colombo.

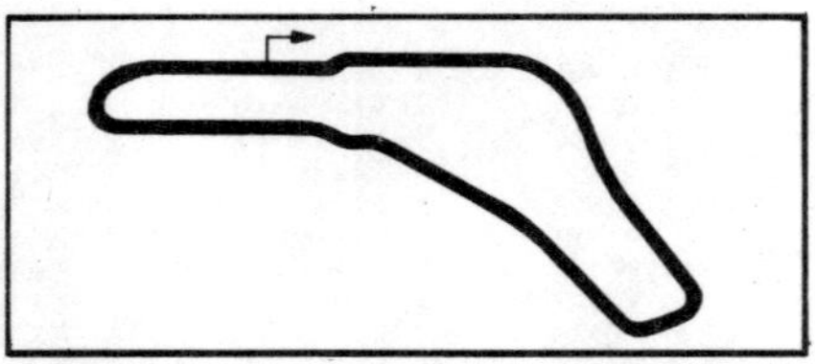

Rekorde (mit drei Schikanen): Distanz: Andretti (Lotus-Ford 78) 206,014 km/h (1977); Runde: Andretti (Lotus-Ford 78) 1:39,10 = 210,696 km/h (1977); Training: Hunt (McLaren-Ford M26) 1:38,08 (1977).

Wetter am Renntag: Heiß, dunstig, Temperatur 22 Grad.

In die Massenkollision nach dem ersten Start verwickelt: Peterson, Brambilla, Lunger, Depailler, Pironi, Reutemann, Regazzoni, Daly, Hunt, Stuck.
Zum zweiten Start nicht mehr angetreten: Peterson, Brambilla, Stuck, Pironi, Lunger.

Boxenstops:

Regazzoni:	4. Runde:	Defekte Bremsleitung, Nachfüllen von Bremsflüssigkeit; Platz 15—18
Jones:	31. Runde:	Reifenwechsel links vorn; Platz 9

Ausfälle:

Jabouille:	6. Runde:	Motorschaden/Ventil; Platz 3
Merzario:	14. Runde:	Motorschaden; Platz 17
Hunt:	19. Runde:	Elektrik; Platz 12
Patrese:	28. Runde:	Motorschaden; Platz 6

Renndistanz: 40 Runden à 5,8 km = 232 km (wegen der Gefahr einbrechender Dunkelheit wurde die ursprünglich vorgesehene Distanz von 52 Runden auf 40 Runden = 75 Prozent, aber volle Punkte, verkürzt).

Stand nach 1 Runde: 1. Villeneuve, 2. Andretti, 3. Jabouille, 4. Lauda, 5. Reutemann, 6. Jones, 7. Patrese, 8. Daly, 9. Laffite, 10. Watson.
Stand nach 10 Runden: 1. Villeneuve, 2. Andretti, 3. Lauda, 4. Reutemann, 5. Watson, 6. Jones, 7. Patrese, 8. Laffite, 9. Tambay, 10. Daly.
Stand nach 20 Runden (Halbzeit): 1. Villeneuve, 2. Andretti, 3. Lauda, 4. Reutemann, 5. Watson, 6. Patrese, 7. Laffite, 8. Jones, 9. Tambay, 10. Daly.
Klassement mit Einrechnung der Strafminute für Villeneuve und Andretti:
Nach 25 Runden: 1. Lauda, 2. Reutemann, 3. Watson, 4. Patrese, 5. Laffite, 6. Jones, 7. Tambay, 8. Daly, 9. Fittipaldi, 10. Piquet, 11. Villeneuve, 12. Andretti.
Nach 35 Runden: 1. Lauda, 2. Watson, 3. Reutemann, 4. Laffite, 5. Tambay, 7. Andretti, 8. Villeneuve, 9. Fittipaldi, 10. Daly.

Ergebnis:

1. Niki Lauda (Österreich) Brabham-Alfa Romeo	1.07:04,54 = 207,526 km/h
2. John Watson (Irland) Brabham-Alfa Romeo	1,48 zurück
3. Carlos Reutemann (Argentinien) Ferrari	20,47 zurück
4. Jacques Laffite (Frankreich) Ligier-Matra	37,53 zurück
5. Patrick Tambay (Frankreich) McLaren-Ford	40,39 zurück
6. Mario Andretti (USA) Lotus-Ford	46,33 zurück
7. Gilles Villeneuve (Kanada) Ferrari	48,48 zurück
8. Emerson Fittipaldi (Brasilien) Copersucar-Ford	55,24 zurück
9. Nelson Piquet (Brasilien) McLaren-Ford	1:06,83 zurück
10. Derek Daly (Irland) Ensign-Ford	1:09,11 zurück
11. Patrick Depailler (Frankreich) Tyrrell-Ford	1:16,57 zurück
12. Jody Scheckter (Südafrika) Wolf-Ford	1 Runde zurück
13. Alan Jones (Australien) Williams-Ford	1 Runde zurück
14. Bruno Giacomelli (Italien) McLaren-Ford	1 Runde zurück
15. Clay Regazzoni (Schweiz) Shadow-Ford	7 Runden zurück

Andretti und Villeneuve wegen Frühstarts je eine Strafminute; Reihung auf der Straße und im Ziel: 1. Andretti, 2. Villeneuve. 3. Lauda. — Andretti hatte Villeneuve in der 35. Runde überholt.

Schnellste Runde: Andretti (Lotus-Ford) 1:38,32 = 212,562 km/h (33. Runde).

Schnellste Runde jedes Fahrers im Rennen: Andretti 1:38,23 (33.); Watson 1:38,77 (37.); Villeneuve 1:38,99 (33.); Lauda 1:39,06 (40.); Jones 1:39,35 (34.); Laffite 1:39.66 (28.); Fittipaldi 1:39,70 (26.); Reutemann 1:39,89 (28.); Patrese 1:40,03 (28.); Tambay 1:40,26 (38.); Depailler 1:40,60 (34.); Jabouille 1:40,67 (5.); Giacomelli 1:40,68 (28.); Hunt 1:40,86 (15.); Piquet 1:40,98 (37.); Daly 1:41,11 (35.); Regazzoni 1:41,25 (31.); Scheckter 1:41,25 (28.); Merzario 1:42,96 (5).

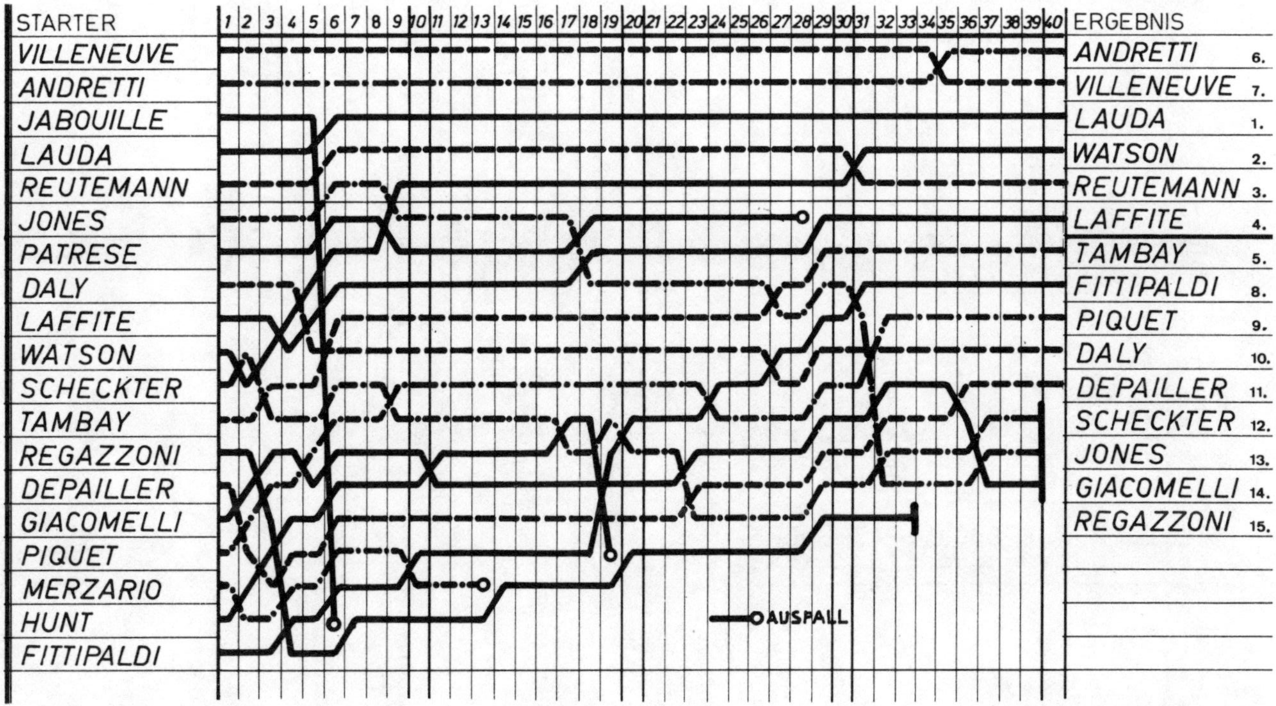

STARTER
1 2 3 4 5 6 7 8 9 10 11 12 13 14 15 16 17 18 19 20 21 22 23 24 25 26 27 28 29 30 31 32 33 34 35 36 37 38 39 40
ERGEBNIS
VILLENEUVE
ANDRETTI
JABOUILLE
LAUDA
REUTEMANN
JONES
PATRESE
DALY
LAFFITE
WATSON
SCHECKTER
TAMBAY
REGAZZONI
DEPAILLER
GIACOMELLI
PIQUET
MERZARIO
HUNT
FITTIPALDI
ANDRETTI 6.
VILLENEUVE 7.
LAUDA 1.
WATSON 2.
REUTEMANN 3.
LAFFITE 4.
TAMBAY 5.
FITTIPALDI 8.
PIQUET 9.
DALY 10.
DEPAILLER 11.
SCHECKTER 12.
JONES 13.
GIACOMELLI 14.
REGAZZONI 15.
AUSFALL

Lauf 15 — Großer Preis der USA — Watkins Glen, 1. Oktober 1978

1. Training		2. Training		3. Training	
1. Andretti	1:38,925	1. Reutemann	1:39,179	1. Andretti	1:38,114
2. Reutemann	1:39,446	2. Andretti	1:39,662	2. Jones	1:39,742
3. Villeneuve	1:39,948	3. Villeneuve	1:39,820	3. Hunt	1:39,991
4. Jarier	1:40,178	4. Lauda	1:39,892	4. Jarier	1:40,034
5. Lauda	1:40,317	5. Watson	1:40,000	5. Villeneuve	1:40,339
6. Hunt	1:40,323	6. Jabouille	1:40,136	6. Lauda	1:40,671
7. Watson	1:40,386	7. Hunt	1:40,142	7. Scheckter	1:40,833
8. Jones	1:40,625	8. Jarier	1:40,146	8. Watson	1:40,994
9. Scheckter	1:40,762	9. Laffite	1:40,228	9. Depailler	1:41,000
10. Depailler	1:40,828	10. Scheckter	1:41,260	10. Fittipaldi	1:41,007
11. Jabouille	1:40,959	11. Fittipaldi	1:41,315	11. Laffite	1:41,111
12. Laffite	1:41,711	12. Stuck	1:41,681	12. Reutemann	1:41,441
13. Regazzoni	1:41,855	13. Rosberg	1:41,773	14. Stuck	1:41,943
14. Fittipaldi	1:41,932	14. Pironi	1:41,815	15. Tambay	1:42,040
15. Tambay	1:41,974	16. Depailler	1:41,962	16. Daly	1:42,218
16. Pironi	1:42,163	16. Jones	1:41,969	13. Jabouille	1:41,448
17. Stuck	1:42,673	17. Daly	1:42,179	17. Rahal	1:42,429
18. Arnoux	1:43,037	18. Regazzoni	1:42,327	18. Arnoux	1:42,653
19. Lunger	1:43,067	19. Arnoux	1:42,541	19. Regazzoni	1:42,721
20. Daly	1:43,083	20. Stommelen	1:42,741	20. Pironi	1:42,819
21. Rosberg	1:43,424	21. Tambay	1:42,811	21. Rebaque	1:43,491
22. Stommelen	1:43,431	22. Rahal	1:42,935	22. Stommelen	1:43,952
23. Bleekemolen	1:43,572	23. Rebaque	1:43,028	23. Bleekemolen	1:43,969
24. Rahal	1:44,125	24. Lunger	1:43,472	24. Lunger	1:44,019
25. Merzario	1:44,467	25. Merzario	1:44,286	25. Merzario	1:44,681
26. Rebaque	1:44,737	26. Bleekemolen	1:44,295	26. Gabbiani	1:45,155
27. Gabbiani	1:46,784	27. Gabbiani	1:45,825	Rosberg	—

Startaufstellung:

Mario Andretti*)
Lotus-Ford 79/3 (JPS21)
1:38,114

Alan Jones
Williams-Ford FW06/02
1:39,742

Carlos Reutemann
Ferrari 312 T3 (035)
1:39,179

Gilles Villeneuve
Ferrari 312 T3 (034)
1:39,820

Niki Lauda
Brabham-Alfa Romeo
BT46/7, 1:39,892

John Watson
Brabham-Alfa Romeo
BT46/8, 1:40,400

James Hunt
McLaren-Ford M26/5
1:39:991

Jeán-Pirre Jarier*)
Lotus-Ford 79/1 (JPS19)
1:40,034

Jean-Pierre Jabouille
Renault R.S.02
1:40,136

Jody Scheckter
Wolf-Ford WR6-2
1:40,762

Jacques Laffite
Ligier-Matra JS9/02
1:40,228

Patrick Depailler
Tyrrell-Ford 008/3-2
1:40,828

Emerson Fittipaldi
Copersucar-Ford F5A/1
1:41,007

Keijo Rosberg
ATS-Ford D1/02
1:41,773

Hans-Joachim Stuck
Shadow-Ford ND9/5A
1:41,681

Didier Pironi
Tyrrell-Ford 008/1
1:41,815

Clay Regazzoni
Shadow-Ford DN9/1A
1:41,855

Derek Daly
Ensign-Ford N177-MN06
1:42,179

Patrick Tambay
McLaren-Ford M26/7
1:41,974

Bobby Rahal
Wolf-Ford WR5
1:42,429

Rene Arnoux
Surtees-Ford TS20/03
1:42,541

Hector Rebaque
Lotus-Ford 78/2
1:43,028

Rolf Stommelen
Arrows-Ford A1/2
1:42,741

Brett Lunger
Ensign-Ford N177-MN07
1:43,067

Michael Bleekemolen
ATS-Ford HS1/2
1:43,572

Arturo Merzario
Merzario-Ford A1/02
1:44,286

*) Andretti fuhr Trainingszeit mit 79/4, Jarier mit 79/3; Andretti übernahm nach Unfall im Aufwärmtraining Jarier's Auto.

Nicht qualifiziert: Beppe Gabbiani (Surtees-Ford TS20/01) 1:45,155.

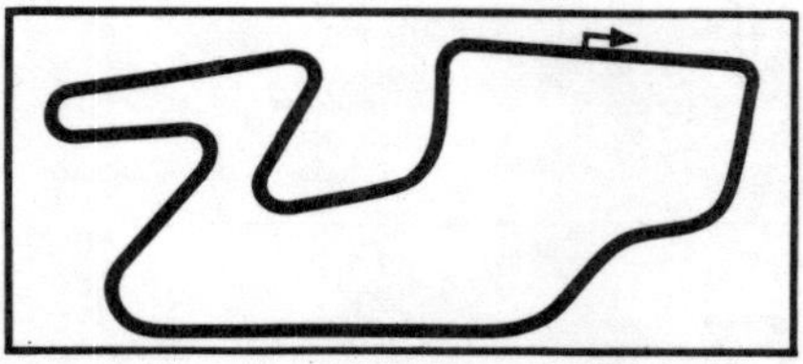

Rekorde: Distanz: Reutemann (Brabham-Ford BT44) 191,705 km/h (1974); Runde: Hunt (McLaren-Ford M23) 1:42,851 = 190,227 km/h (1976); Training: Hunt (McLaren-Ford M26) 1:40,863 (1977).

Wetter am Renntag: Kalt, trocken, zeitweise sonnig.

Boxenstops:

Bleekemolen:	7. Runde:	Überprüfung der neu geschweißten Stoßdämpferhalterung; Platz 22
Jarier:	11. Runde:	Reifenwechsel vorn; Platz 9/11—21
Laffite:	11. Runde:	Reifenwechsel vorn, dauerte eine Minute, weil Zentralverschluß klemmte; Platz 14—23
Stommelen:	13. Runde:	Reparatur der Bremsen, Bremsflüssigkeit gewechselt, dauerte 4 Runden; Platz 22
Bleekemolen:	13. Runde:	Wieder Stoßdämpferüberprüfung; Platz 24
Regazzoni:	18. Runde:	Reifenwechsel vorn; Platz 16
Regazzoni:	19. Runde:	Reifenwechsel rundum; Platz 22
Hunt:	26. Runde:	Reifenwechsel vorn; Platz 6—13

Ausfälle:

Rebaque:	am Start:	Kupplung durchgebrannt; Platz 23
Stuck:	1. Runde:	Nach Motorwechsel aus den Boxen gestartet, mechanische Benzinpumpe defekt, Motor lief nur auf 6 Zylindern; Platz 25
Watson:	9. Runde:	Verteilerfinger gebrochen; Platz 7—9
Rosberg:	22. Runde:	Schaltgestänge gebrochen; Platz 10
Villeneuve:	23. Runde:	Motorschaden; Platz 2
Depailler:	23. Runde:	Antriebswelle gebrochen; Platz 8—19
Andretti:	27. Runde:	Motorschaden; Platz 6
Lauda:	29. Runde:	Motorschaden; Platz 3
Bleekemolen:	43. Runde:	Kein Öldruck, Motor abgestellt; Platz 17
Merzario:	46. Runde:	Getriebe; Platz 15
Jarier:	56. Runde:	Wegen Spritmangels liegengeblieben; Platz 3

Renndistanz: 59 Runden à 5,435 km = 320,65 km.

Stand nach 1 Runde: 1. Andretti, 2. Reutemann, 3. Villeneuve, 4. Jones, 5. Lauda, 6. Jarier, 7. Hunt, 8. Watson, 9. Scheckter, 10. Depailler.

Stand nach 10 Runden: 1. Reutemann, 2. Villeneuve, 3. Andretti, 4. Jones, 5. Lauda, 6. Hunt, 7. Depailler, 8. Jabouille, 9. Scheckter, 10. Jarier.

Stand nach 30 Runden (Halbzeit): 1. Reutemann, 2. Jones, 3. Jabouille, 4. Scheckter, 5. Tambay, 6. Fittipaldi, 7. Pironi, 8. Jarier, 9. Daly, 10. Arnoux.

Ergebnis:

1. Carlos Reutemann (Argentinien) Ferrari	1.40:48,800 = 189,728 km/h
2. Alan Jones (Australien) Williams-Ford	19,739 zurück
3. Jody Scheckter (Südafrika) Wolf-Ford	45,701 zurück
4. Jean-Pierre Jabouille (Frankreich) Renault-Turbo	1.25,007 zurück
5. Emerson Fittipaldi (Brasilien) Copersucar-Ford	1.28,089 zurück
6. Patrick Tambay (Frankreich) McLaren-Ford	1.50,210 zurück
7. James Hunt (England) McLaren-Ford	1 Runde zurück
8. Derek Daly (England) Ensign-Ford	1 Runde zurück
9. Rene Arnoux (Frankreich) Surtees-Ford	1 Runde zurück
10. Didier Pironi (Frankreich) Tyrrell-Ford	1 Runde zurück
11. Jacques Laffite (Frankreich) Ligier-Matra	1 Runde zurück
12. Bobby Rahal (USA) Wolf-Ford	1 Runde zurück
13. Brett Lunger (USA) Ensign-Ford	1 Runde zurück
14. Clay Regazzoni (Schweiz) Shadow-Ford	3 Runden zurück
15. Jan-Pierre Jarier (Frankreich) Lotus-Ford*)	4 Runden zurück
16. Rolf Stommelen (Deutschland) Arrows-Ford	5 Runden zurück

*) Jarier kurz vor Schluß wegen Benzinmangel liegengeblieben, aber gewertet.

Schnellste Runde: Jarier (Lotus-Ford) 1:39,557 = 195,376 km/h (54. Runde).

Schnellste Runde jedes Fahrers im Rennen: Jarier 1:39,557 (54.); Laffite 1:41,047 (54.); Jones 1:41,293 (51.); Villeneuve 1:41,404 (12.); Scheckter 1:41,412 (50.); Jabouille 1:41,421 (40.); Reutemann 1:41,426 (22.); Hunt 1:41,477 (42.); Fittipaldi 1:41,703 (42.); Tambay 1:41,870 (51.); Arnoux 1:42,294 (52.); Daly 1:42,303 (41.); Lauda 1:42,460 (22.); Pironi 1:42,686 (13.); Watson 1:42,736 (14.); Regazzoni 1:42,739 (55.); Depailler 1:42,911 (16.); Andretti 1:43,006 (7.); Rosberg 1:43,629 (8.); Lunger 1:43,944 (19.); Rahal 1:43,983 (26.); Bleekemolen 1:45,097 (37.); Merzario 1:45,206 (12.); Stommelen 1:45,309 (49.).

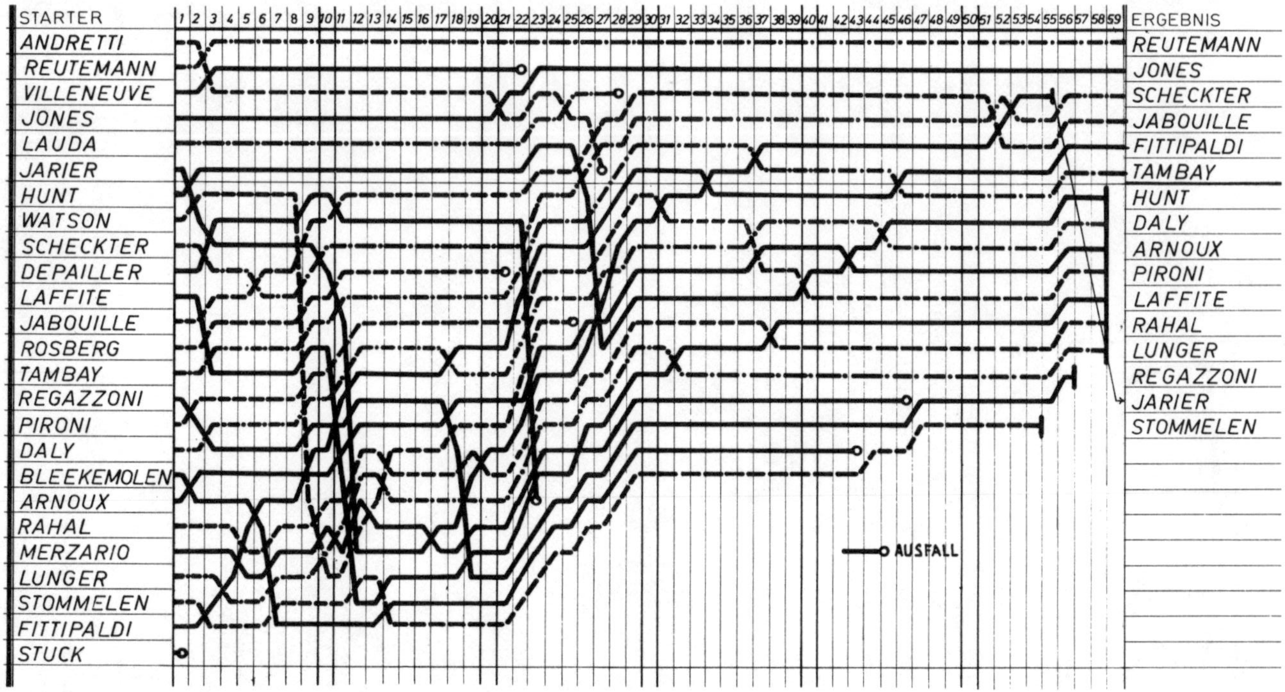
STARTER
ANDRETTI
REUTEMANN
VILLENEUVE
JONES
LAUDA
JARIER
HUNT
WATSON
SCHECKTER
DEPAILLER
LAFFITE
JABOUILLE
ROSBERG
TAMBAY
REGAZZONI
PIRONI
DALY
BLEEKEMOLEN
ARNOUX
RAHAL
MERZARIO
LUNGER
STOMMELEN
FITTIPALDI
STUCK
1 2 3 4 5 6 7 8 9 10 11 12 13 14 15 16 17 18 19 20 21 22 23 24 25 26 27 28 29 30 31 32 33 34 35 36 37 38 39 40 41 42 43 44 45 46 47 48 49 50 51 52 53 54 55 56 57 58 59
AUSFALL
ERGEBNIS
REUTEMANN
JONES
SCHECKTER
JABOUILLE
FITTIPALDI
TAMBAY
HUNT
DALY
ARNOUX
PIRONI
LAFFITE
RAHAL
LUNGER
REGAZZONI
JARIER
STOMMELEN

Lauf 16 — Großer Preis von Kanada — Montreal, 8. Oktober 1978

1. Training		2. Training		3. Training	
1. Reutemann	2:02,578	1. Reutemann	1:57,940	1. Jarier	1:38,015
2. Villeneuve	2:04,073	2. Villeneuve	1:58,605	2. Scheckter	1:38,026
3. Stuck	2:05,779	3. Andretti	1:59,071	3. Villeneuve	1:38,230
4. Pironi	2:05,957	4. Stuck	1:59,150	4. Watson	1:38,417
5. Rosberg	2:06,345	5. Scheckter	1:59,916	5. Jones	1:38,861
6. Andretti	2:06,562	6. Jarier	2:00,214	6. Fittipaldi	1:38,930
7. Piquet	2:07,920	7. Jones	2:00,244	7. Lauda	1:39,020
8. Stommelen	2:07,974	8. Daly	2:00,260	8. Stuck	1:39,081
9. Scheckter	2:08,329	9. Pironi	2:00,362	9. Andretti	1:39,236
10. Gabbiani	2:08,702	10. Patrese	2:00,861	10. Laffite	1:39,381
11. Jarier	2:08,775	11. Rosberg	2:02,014	11. Reutemann	1:39,455
12. Regazzoni	2:08,835	12. Stommelen	2:02,023	12. Patrese	1:39,491
13. Daly	2:08,945	13. Gabbiani	2:02,060	13. Depailler	1:39,619
14. Tambay	2:09,034	14. Depailler	2:02,316	14. Piquet	1:39,624
15. Merzario	2:09,694	15. Regazzoni	2:02,351	15. Daly	1:40,042
16. Fittipaldi	2:09,735	16. Tambay	2:02,681	16. Arnoux	1:40,515
17. Jones	2:10,427	17. Arnoux	2:02,776	17. Tambay	1:40,669
18. Watson	2:10,458	18. Fittipaldi	2:03,200	18. Pironi	1:40,959
19. Rahal	2:10,604	19. Hunt	2:03,347	19. Hunt	1:40,970
20. Arnoux	2:10,773	20. Merzario	2:04,148	20. Rahal	1:40,983
21. Jabouille	2:11,288	21. Jabouille	2:04,678	21. Rosberg	1:41,611
22. Hunt	2:11,597	22. Laffite	2:05,273	22. Jabouille	1:41,689
23. Depailler	2:11,975	23. Watson	2:05,758	23. Regazzoni	1:41,739
24. Lauda	2:12,574	24. Rebaque	2:06,309	24. Gabbiani	1:41,799
25. Rebaque	2:13,035	25. Rahal	2:07,282	25. Merzario	1:41,962
26. Laffite	2:13,251	26. Piquet	2:08,433	26. Rebaque	1:42,413
27. Patrese	2:14,815	27. Lauda	2:09,328	27. Stommelen	1:43,267
28. Bleekemolen	2:18,508	28. Bleekemolen	2:12,211	28. Bleekemolen	1:45,553

Startaufstellung:

Jean-Pierre Jarier Lotus-Ford 79/3 (JPS21) 1:38,015	
	Jody Scheckter Wolf-Ford WR 6-2 1:38,026
Gilles Villeneuve Ferrari 312 T3 (034) 1:38,230	
	John Watson Brabham-Alfa Romeo BT 46/8, 1:38,417
Alan Jones Williams-Ford FW 06-2 1:38,861	
	Emerson Fittipaldi Copersucar-Ford F5 A/1 1:38,930
Niki Lauda Brabham-Alfa Romeo BT 46/7, 1:39,020	
	Hans-Joachim Stuck Shadow-Ford DN 9/5A 1:39,081
Mario Andretti Lotus-Ford 79/4 (JPS22) 1:39,236	
	Jacques Laffite Ligier-Matra JS 9/02 1:39,381
Carlos Reutemann Ferrari 312 T3 (035) 1:39,455	
	Riccardo Patrese Arrows-Ford A1/3 1:39,491
Patrick Depailler Tyrrell-Ford 008/3-2 1:39,619	
	Nelson Piquet Brabham-Alfa Romeo BT 46/6, 1:39,624
Derek Daly Ensign-Ford N177-MN06 1:40,042	
	Rene Arnoux Surtees-Ford TS20/03 1:40,515
Patrick Tambay McLaren-Ford M26/7 1:40,669	
	Didier Pironi Tyrrell-Ford 008/1 1:40,959
James Hunt McLaren-Ford M26/5 1:40,970	
	Bobby Rahal Wolf-Ford WR5 1:40,983
Keke Rosberg ATS-Ford D1/02 1:41,611	
	Jean-Pierre Jabouille Renault-Turbo RS02 1:41,689

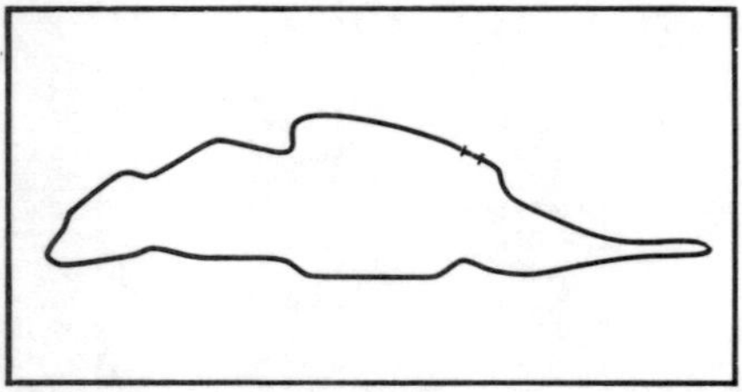

Wurde 1978 auf dieser Strecke zum erstenmal ausgetragen.

Nicht qualifiziert: Clay Regazzoni (Shadow-Ford DN 9) 1:41,739; Beppe Gabbiani (Surtees-Ford TS 20/01) 1:41,799; Arturo Merzario (Merzario-Ford A 1/02) 1:41,962; Hector Rebaque (Lotus-Ford 78/2) 1:42,413; Rolf Stommelen (Arrows-Ford A 1/2) 1:43,267; Michael Bleekemolen (ATS-Ford HS 1/2) 1:45,553.

Wetter am Renntag: sehr kalt, windig, Temperatur: nur 1 Grad.

Boxenstops:

Arnoux:	1. Runde:	Lenkungsreparatur nach Kollision mit Pironi
Watson:	6. Runde:	Überprüfung des Autos nach Kollision mit Andretti; Platz 4—5
Laffite:	12. Runde:	Reifenwechsel; Platz 10
Depailler:	15. Runde:	Reifenwechsel vorn; Platz 5
Rahal:	15., 19., 27. Runde:	Mehrere Boxenstops wegen verschmutzten Benzinsystems und Problemen mit der Zündung
Rosberg:	28. Runde:	Kugelgelenk an der Gemischregulierung gebrochen; Platz 8
Rosberg:	30. Runde:	Motorprobleme wegen Gemischregulierung (vollfett)
Jones:	33. Runde:	Reifenwechsel hinten; Platz 6
Jabouille:	50. Runde:	Bremsen; Platz 14

Ausfälle:

Stuck:	1. Runde:	Kollision mit Fittipaldi in der ersten Schikane, 250 m nach dem Start; Platz 6
Fittipaldi:	1. Runde:	Kollision mit Stuck; Platz 5
Lauda:	6. Runde:	Bremsversagen; Platz 8
Watson:	7. Runde:	Nach Kollision mit Andretti; Platz 4—16
Rahal:	28. Runde:	Verschmutztes Benzinsystem
Arnoux:	37. Runde:	Motorschaden
Jarier:	49. Runde:	Ölkühler gebrochen, Ölleck, Öl auf die hinteren Bremsscheiben, keine Bremswirkung; Platz 1
Hunt:	52. Runde:	Dreher wegen gebrochener Antriebswelle; Platz 9
Laffite:	52. Runde:	Gebrochenes Kegel- und Tellerrad; Platz 12

Renndistanz: 70 Runden à 4,5 km = 315 km.

Stand nach 1 Runde: 1. Jarier, 2. Jones, 3. Villeneuve, 4. Watson, 5. Andretti, 6. Depailler, 7. Lauda, 8. Reutemann, 9. Daly, 10. Piquet.

Stand nach 35 Runden (Halbdistanz): 1. Jarier, 2. Villeneuve, 3. Scheckter, 4. Reutemann, 5. Patrese, 6. Daly, 7. Pironi, 8. Tambay, 9. Depailler, 10. Hunt.

Stand nach 50 Runden: 1. Villeneuve, 2. Scheckter, 3. Reutemann, 4. Patrese, 5. Depailler, 6. Daly, 7. Pironi, 8. Tambay, 9. Hunt, 10. Jones.

Ergebnis:

1.	Gilles Villeneuve (Kanada) Ferrari	1.57:48,196 = 160,410 km/h
2.	Jody Scheckter (Südafrika) Wolf-Ford	13,372 zurück
3.	Carlos Reutemann (Argentinien) Ferrari	19,408 zurück
4.	Riccardo Patrese (Italien) Arrows-Ford	24,667 zurück
5.	Patrick Depailler (Frankreich) Tyrrell-Ford	28,558 zurück
6.	Derek Daly (Irland) Ensign-Ford	54,476 zurück
7.	Didier Pironi (Frankreich) Tyrrell-Ford	1:22,250 zurück
8.	Patrick Tambay (Frankreich) McLaren-Ford	1:27,560 zurück
9.	Alan Jones (Australien) Williams-Ford	1:29,942 zurück
10.	Mario Andretti (USA) Lotus-Ford	1 Runde zurück
11.	Nelson Piquet (Brasilien) Brabham-Alfa Romeo	1 Runde zurück
12.	Jean-Pierre Jabouille (Frankreich) Renault-Turbo	5 Runden zurück

Bei Rennschluß noch im Rennen, aber auf Grund zu geringer zurückgelegter Distanz nicht gewertet: Rosberg (58 Runden).

Schnellste Runde: Jones (Williams-Ford) 1:38,072 = 165,180 km/h (70. Runde).

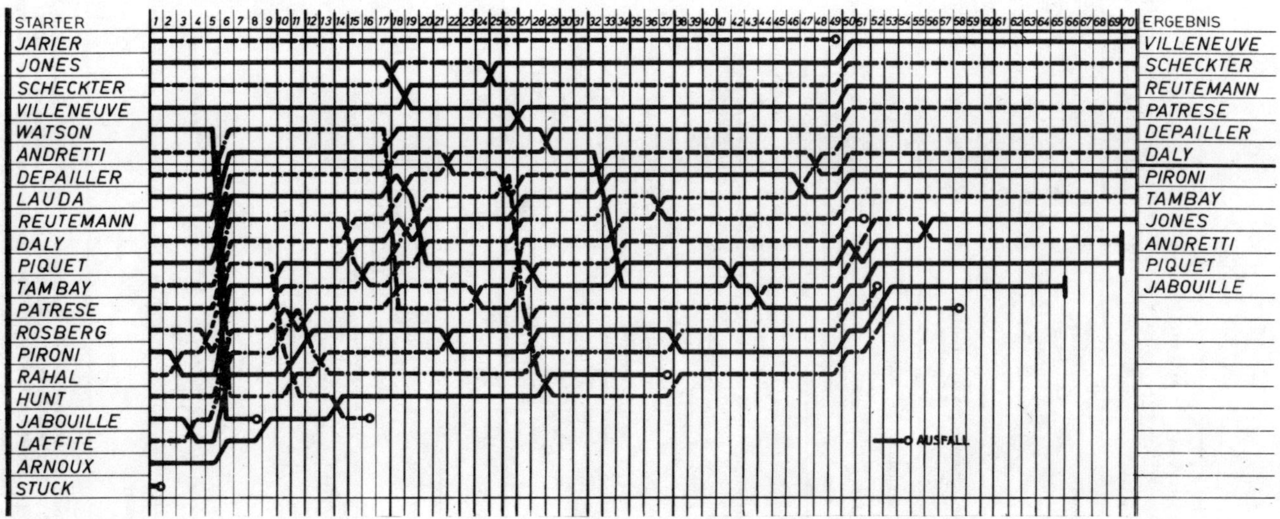
STARTER
JARIER
JONES
SCHECKTER
VILLENEUVE
WATSON
ANDRETTI
DEPAILLER
LAUDA
REUTEMANN
DALY
PIQUET
TAMBAY
PATRESE
ROSBERG
PIRONI
RAHAL
HUNT
JABOUILLE
LAFFITE
ARNOUX
STUCK
1 2 3 4 5 6 7 8 9 10 11 12 13 14 15 16 17 18 19 20 21 22 23 24 25 26 27 28 29 30 31 32 33 34 35 36 37 38 39 40 41 42 43 44 45 46 47 48 49 50 51 52 53 54 55 56 57 58 59 60 61 62 63 64 65 66 67 68 69 70
ERGEBNIS
VILLENEUVE
SCHECKTER
REUTEMANN
PATRESE
DEPAILLER
DALY
PIRONI
TAMBAY
JONES
ANDRETTI
PIQUET
JABOUILLE
AUSFALL

ANALYSE DER 16 WM-LÄUFE 1978

	Pole-Position	Führungskilometer		Sieger	Schnellste Runde
Argentinien	Andretti	Andretti	316,3	Andretti	Hunt/Villeneuve
Brasilien	Peterson	Reutemann	316,9	Reutemann	Reutemann
Südafrika	Lauda	Andretti Scheckter Patrese Depailler Peterson	83,6 24,8 149,7 60,0 2,0	Peterson	Andretti
USA-West	Reutemann	Villeneuve Reutemann	130,0 130,0	Reutemann	Jones
Monaco	Reutemann	Watson Depailler	125,0 123,4	Depailler	Lauda
Belgien	Andretti	Andretti	298,3	Andretti	Peterson
Spanien	Andretti	Hunt Andretti	19,0 236,3	Andretti	Andretti
Schweden	Andretti	Andretti Lauda	152,4 136,9	Lauda	Lauda
Frankreich	Watson	Watson Andretti	2,3 310,0	Andretti	Reutemann
England	Peterson	Andretti Scheckter Lauda Reutemann	96,6 43,0 109,2 70,4	Reutemann	Lauda
Deutschland	Andretti	Peterson Andretti	35,0 270,5	Andretti	Peterson
Österreich	Peterson	Reutemann Villeneuve Peterson	23,6 35,4 261,9	Peterson	Peterson
Holland	Andretti	Andretti	317,0	Andretti	Lauda
Italien	Andretti	Villeneuve Andretti (Lauda	197,2 34,8 232,0)	Lauda	Andretti
USA-Ost	Andretti	Andretti Reutemann	13,5 307,1	Reutemann	Jarier
Kanada	Jarier	Jarier Villeneuve	220,5 94,5	Villeneuve	Jones

Totale Führungskilometer 1978 (ungefähr): 1. Andretti 2129,3; 2. Reutemann 848,0; 3. Lauda 478,1; 4. Villeneuve 457,1; 5. Peterson 298,9; 6. Jarier 220,5; 7. Depailler 183,4; 8. Patrese 149,7; 9. Watson 127,3; 10. Scheckter 67,8; 11. Hunt 19,0 km. In Monza sowohl Führungskilometer für Villeneuve/Andretti (Strafminute) als auch für Lauda (Sieger) gerechnet.

FAHRERWELTMEISTERSCHAFT 1978

	Argentinien	Brasilien	Südafrika	USA-West	Monaco	Belgien	Spanien	Schweden	Frankreich	England	Deutschland	Österreich	Holland	Italien	USA-Ost	Kanada	Total
1. M. Andretti USA, Lotus	9	3	—	6	—	9	9	—	9	—	9	—	9	1	—	—	64
2. R. Peterson S, Lotus	2	—	9	3	—	6	6	4	6	—	—	9	6	—	—	—	51
3. C. Reutemann ARG, Ferrari	—	9	—	9	—	4	—	—	—	9	—	—	—	4	9	4	48
4. N. Lauda A, Brabham	6	4	—	—	6	—	—	9	—	6	—	—	4	9	—	—	44
5. P. Depailler F, Tyrrell	4	—	6	4	9	—	—	—	—	3	—	6	—	—	—	2	34
6. J. Watson IRL, Brabham	—	—	4	—	3	—	2	—	3	4	—	—	3	6	—	—	25
7. J. Scheckter SA, Wolf	—	—	—	—	4	—	3	—	1	—	6	—	—	—	4	6	24
8. J. Laffite F, Ligier	—	—	2	2	—	2	4	—	—	—	4	2	—	3	—	—	19
9. E. Fittipaldi BRAS, Copersucar	—	6	—	—	—	—	—	1	—	—	3	3	2	—	2	—	17
G. Villeneuve CAN, Ferrari	—	—	—	—	—	3	—	—	—	—	—	4	1	—	—	9	17
11. A. Jones AUS, Williams	—	—	3	—	—	—	—	—	2	—	—	—	—	—	6	—	11
R. Patrese I, Arrows	—	—	—	1	1	—	—	6	—	—	—	—	—	—	—	3	11
13. J. Hunt GB, McLaren	3	—	—	—	—	—	1	—	4	—	—	—	—	—	—	—	8
P. Tambay F, McLaren	1	—	—	—	—	—	—	3	—	1	—	—	—	2	1	—	8
15. D. Pironi F, Tyrrell	—	1	1	—	2	1	—	—	—	—	2	—	—	—	—	—	7
16. C. Regazzoni CH, Shadow	—	2	—	—	—	—	—	2	—	—	—	—	—	—	—	—	4
17. J. P. Jabouille F, Renault	—	—	—	—	—	—	—	—	—	—	—	—	—	—	3	—	3
18. H.-J. Stuck BRD, Shadow	—	—	—	—	—	—	—	—	—	2	—	—	—	—	—	—	2
19. H. Rebaque MEX, Lotus	—	—	—	—	—	—	—	—	—	—	1	—	—	—	—	—	1
V. Brambilla I, Surtees	—	—	—	—	—	—	—	—	—	—	—	1	—	—	—	—	1
D. Daly IRL, Ensign	—	—	—	—	—	—	—	—	—	—	—	—	—	—	—	1	1

PLAZIERUNGEN ALLER 46 FAHRER 1978

	Argentinien	Brasilien	Südafrika	USA-West	Monaco	Belgien	Spanien	Schweden	Frankreich	England	Deutschland	Österreich	Holland	Italien	USA-Ost	Kanada
Andretti	①	④	⑦	②	⑪	①	①	○	①	○	①	○	①	⑥	○	⑩
Peterson †	⑤	○	①	④	○	②	②	③	②	○	○	①	②	○	—	—
Reutemann	⑦	①	○	①	⑧	③	○	⑩	⑱	①	○	△	⑦	③	①	③
Lauda	②	③	○	○	②	○	○	①	○	②	○	○	③	①	○	○
Depailler	③	○	②	③	①	○	○	○	○	④	○	②	○	⑪	○	⑤
Watson	○	⑧	③	○	④	○	⑤	○	④	③	⑦	⑦	④	②	○	○
Scheckter	⑩	○	○	○	③	○	④	○	⑥	○	②	○	⑫	⑫	③	②
Laffite	⑯	⑨	⑤	⑤	○	○	③	⑦	⑦	⑩	③	⑤	⑧	④	⑪	○
Fittipaldi	⑨	②	○	⑧	⑨	○	○	⑥	○	○	④	④	⑤	⑧	⑤	○
Villeneuve	⑧	○	○	○	○	④	⑩	⑨	⑫	○	⑧	③	⑥	⑦	○	①
Jones	○	⑪	④	⑦	○	⑩	⑧	○	⑤	○	○	○	○	⑬	②	⑨
Patrese	—	⑩	○	⑥	⑥	○	○	②	⑧	○	⑨	○	○	○	—	④
Hunt	④	○	○	○	○	○	⑥	⑧	③	○	○	○	⑩	○	⑦	○
Tambay	⑥	○	○	○	⑦	—	○	④	⑨	⑥	○	○	⑨	⑤	⑥	⑧
Pironi	⑭	⑥	⑥	○	⑤	⑥	⑫	○	⑩	○	⑤	○	○	○	⑩	⑦
Regazzoni	⑮	⑤	●	⑩	●	○	○	⑤	○	○	●	+	●	+	⑭	●
Jabouille	—	—	○	○	⑩	+	⑬	○	○	○	○	○	○	○	④	⑫
Stuck	⑰	○	●	●	○	○	○	⑪	⑪	⑤	○	○	○	○	○	○
Rebaque	●	○	⑩	✳	✳	✳	○	⑫	●	○	⑥	○	⑪	●	○	●
Brambilla	⑱	●	⑫	○	●	⑬	⑦	○	⑰	⑨	○	⑥	△	○	—	—
Daly	—	—	—	✳	✳	●	—	—	●	○	—	△	○	⑪	⑧	⑥
Lunger	⑬	○	⑪	●	✳	⑦	●	●	○	⑧	✳	⑧	○	○	⑬	—
Giacomelli	—	—	—	—	—	⑧	—	—	○	⑦	—	—	○	⑭	—	—
Mass	⑪	⑦	○	○	●	⑪	⑨	⑬	⑬	⑪	○	●	●	—	—	—
Jarier	⑫	□	⑧	⑪	●	—	—	—	—	—	●	—	—	—	⑮	○
Arnoux	—	—	●	—	✳	⑨	—	—	⑭	—	✳	⑨	○	—	⑨	○
Stommelen	—	—	⑨	⑨	○	○	⑭	⑭	⑮	●	⑪	✳	✳	✳	⑯	●
Piquet	—	—	—	—	—	—	—	—	—	—	○	○	○	⑨	—	⑪
Rosberg	—	—	○	✳	✳	●	✳	⑮	⑯	○	⑩	+	○	✳	○	○
Keegan	○	○	○	□	○	●	⑪	●	○	●	●	●	×	—	—	—
Ickx	—	—	—	—	○	⑫	○	●	—	—	—	—	—	—	—	—
Ertl	—	—	—	—	—	—	—	—	—	—	⑫	○	✳	●	—	—
Rahal	—	—	—	—	—	—	—	—	—	—	—	—	—	—	⑫	○
Merzario	○	●	○	○	✳	✳	●	+	●	○	●	●	○	○	○	●
Leoni	○	○	●	●	—	—	—	—	—	—	—	—	—	—	—	—
Ongais	○	○	—	✳	—	—	—	—	—	—	—	—	✳	—	—	—
Bleekemolen	—	—	—	—	—	—	—	—	—	—	—	—	●	●	○	●
Cheever	●	●	○	—	—	—	—	—	—	—	—	—	—	—	—	—
Colombo	—	—	—	—	—	●	●	—	—	—	—	—	—	✳	—	—
Galica	●	●	—	—	—	—	—	—	—	—	—	—	—	—	—	—
Gabbiani	—	—	—	—	—	—	—	—	—	—	—	—	—	—	●	●
Villota	—	—	—	—	—	—	●	—	—	—	—	—	—	—	—	—
Lees	—	—	—	—	—	—	—	—	—	●	—	—	—	—	—	—
Trimmer	—	—	—	—	—	—	—	—	—	●	—	—	—	—	—	—
Binder	—	—	—	—	—	—	—	—	—	—	—	●	—	—	—	—
„Gimax“	—	—	—	—	—	—	—	—	—	—	—	—	—	●	—	—

Erklärung: Zahl = Resultat, ○ = ausgefallen, gestürzt, aufgegeben, □ = Startverzicht, × = wegen Trainingsunfall nicht am Start, + = nicht klassiert, ● = nicht qualifiziert, ✳ = im Vortraining nicht qualifiziert, — = nicht gefahren, △ = disqualifiziert, aus dem Rennen genommen.

SIEGERMARKEN DER WM-LÄUFE 1950—1978
(Exklusive Indianapolis, das zeitweilig zur Fahrer-WM zählte):

Ferrari	73
Lotus	71
McLaren	24
Tyrrell	21
Brabham	20
BRM	17
Cooper	16
Alfa Romeo	10
Matra	9
Mercedes-Benz	9
Maserati	9
Vanwall	9
March	3
Wolf	3
Honda	2
Eagle	1
Porsche	1
Hesketh	1
Penske	1
Ligier	1
Shadow	1

KONSTRUKTEURBEWERB 1978

	Argentinien	Brasilien	Südafrika	USA-West	Monaco	Belgien	Spanien	Schweden	Frankreich	England	Deutschland	Österreich	Holland	Italien	USA-Ost	Kanada	Total
1. Lotus-Ford	9	3	9	6	—	9	9	4	9	—	9	9	9	1	—	—	86
2. Ferrari	—	9	—	9	—	4	—	—	—	9	—	4	1	4	9	9	58
3. Brabham-Alfa	6	4	4	—	6	—	2	9	3	6	—	—	4	9	—	—	53
4. Tyrrell-Ford	4	1	6	4	9	1	—	—	—	3	2	6	—	—	—	2	38
5. Wolf-Ford	—	—	—	—	4	—	3	—	1	—	6	—	—	—	4	6	24
6. Ligier-Matra	—	—	2	2	—	2	4	—	—	—	4	2	—	3	—	—	19
7. Copersucar-Ford	—	6	—	—	—	—	—	1	—	—	3	3	2	—	2	—	17
8. McLaren-Ford	3	—	—	—	—	—	1	3	4	1	—	—	—	2	1	—	15
9. Arrows-Ford	—	—	—	1	1	—	—	6	—	—	—	—	—	—	—	3	11
Williams-Ford	—	—	3	—	—	—	—	—	2	—	—	—	—	—	6	—	11
11. Shadow-Ford	—	2	—	—	—	—	—	2	—	2	—	—	—	—	—	—	6
12. Renault	—	—	—	—	—	—	—	—	—	—	—	—	—	—	3	—	3
13. Surtees-Ford	—	—	—	—	—	—	—	—	—	—	—	1	—	—	—	—	1
Ensign-Ford	—	—	—	—	—	—	—	—	—	—	—	—	—	—	—	1	1

GRAND-PRIX-SIEGER 1950—1978

27 Große Preise:	Jackie Stewart (Schottland)
25 Große Preise:	Jim Clark (Schottland)
24 Große Preise:	Juan Manuel Fangio (Argentinien)
17 Große Preise:	Niki Lauda (Österreich)
16 Große Preise:	Stirling Moss (England)
14 Große Preise:	Jack Brabham (Australien)
	Graham Hill (England)
	Emerson Fittipaldi (Brasilien)
13 Große Preise:	Alberto Ascari (Italien)
12 Große Preise:	Mario Andretti (USA)
10 Große Preise:	James Hunt (England)
	Ronnie Peterson (Schweden)
9 Große Preise:	Carlos Reutemann (Argentinien)
8 Große Preise:	Jacky Ickx (Belgien)
	Denis Hulme (Neuseeland)
7 Große Preise:	Jody Scheckter (Südafrika)
6 Große Preise:	Tony Brooks (England)
	John Surtees (England)
	Jochen Rindt (Österreich)
5 Große Preise:	Dr. Giuseppe Nino Farina (Italien)
4 Große Preise:	Bruce McLaren (Neuseeland)
	Dan Gurney (USA)
	Clay Regazzoni (Schweiz)
3 Große Preise:	Mike Hawthorn (England)
	Peter Collins (England)
	Phil Hill (USA)
2 Große Preise:	Froilan Gonzales (Argentinien)
	Maurice Trintignant (Frankreich)
	Wolfgang Graf Berghe von Trips (Deutschland)
	Pedro Rodriguez (Mexiko)
	Jo Siffert (Schweiz)
	Peter Revson (USA)
1 Großer Preis:	Luigi Fagioli (Italien)
	Piero Taruffi (Italien)
	Luigi Musso (Italien)
	Joakim Bonnier (Schweden)
	Innes Ireland (Schottland)
	Giancarlo Baghetti (Italien)
	Lorenzo Bandini (Italien)
	Richie Ginther (USA)
	Ludovico Scarfiotti (Italien)
	Peter Gethin (England)
	Francois Cevert (Frankreich)
	Jean-Pierre Beltoise (Frankreich)
	Carlos Pace (Brasilien)
	Jochen Mass (Deutschland)
	Vittorio Brambilla (Italien)
	John Watson (Irland)
	Gunnar Nilsson (Schweden)
	Jacques Laffite (Frankreich)
	Alan Jones (Australien)
	Patrick Depailler (Frankreich)
	Gilles Villeneuve (Kanada)